德国法学教科书译丛

ÖFFENTLICHES WIRTSCHAFTSRECHT

经济公法

2003年第2版

著者 [德] 乌茨·施利斯基 | 译者 喻文光

法律出版社
LAW PRESS CHINA

德国法学教科书译丛
总　序

作为成文法系的代表之一，德国法对世界法制的发展产生过重要影响，其足迹遍及西欧、南美与包括俄罗斯在内的当代东欧国家。在亚洲，它对日本、韩国及我国台湾地区的影响至今犹在。仅德国1892年颁布的、至今还在为德国市场经济服务的有限责任公司法就得到了几乎所有大陆法系国家的效仿，其影响可见一斑。

结合本国国情与本土法学资源，新中国自改革开放以来也逐渐重视德国法的研究与借鉴。当今的中德两国法学与法律交流合作业已向多层次、全方位发展，从首脑对话、政府合作、立法咨询、院校项目到研讨会议、翻译介绍等，精彩纷呈。中国内地赴德研修法科的留学人员也与日俱增。据初步估算，在德学习法律的中国学生或访问学者多达千人，攻读博士学位的也不下百人。

遗憾的是，无论研究德国法的学者，还是在德留学或即将赴德留学的学子们都感到缺少一套新颖的、系统的中文版教材。鉴于此，留德学生联合组成了德国法翻译与编辑队伍，准备全面地、系统地将德国法的最新教材翻译成中文，一方面可为国内研究提供基本素材，另一方面也是为了给留学德国的同学提供基本读物。这些教材都是最新的，连德国学生准备司法考试(Staatsexam)都需要参考它们。

当代德国法浩如烟海，任何法学学科都有无数出版物可供选择。例如民法，除上百种不同层次的教科书(Lehrbuch)外，还有不下十种评论(Kommentar)，有的评论长达数千页。而我们选择的教材具有广泛的代表性，这些教科书的作者都是德国大学法学院具有丰富教学经验的教授，而且多半兼任德国法院的法官。由于做到了法学理论与司法实践相结合，国内师生也可通过这些教科书在较短时间内了解德国法的真实面貌。

在全球化以及欧洲统一进程的双重推动下,古老的德国法也经历了不断的变迁。可以说最近的债法改革根本地改变了百年德国民法典的内容,以适应欧盟指导条例及联合国国际货物销售合同公约的要求。德国法也在借鉴国外的经验。德国的破产法改革就部分尝试了美国模式。而最近的民事诉讼法改革则引进了和解制度。按照新法,法官在开庭时有义务询问双方当事人有无和解的可能,这不能不令人立即联想到中国的调解制度。作为这些教材的必要补充,我们也会陆续将一些重要的德国法律草案说明以及有较高学术价值的论文译成中文并汇编出版,以便您及时了解德国法的动向。

在中国法治进程中,需借鉴一切国家的有益经验,而不必将目标局限于个别国家。我们并非唯德国法论者。每个国家有自己的国情,即使借鉴国外的做法也必须考虑步调与方式。世界法学是多样性的,每个国家都有自己的法律文化与司法传统。所以在处理本国法与外国法的关系时,应当采取立足本土、面向世界的态度,真正地将传统、借鉴与创新结合起来。我们只是盼望您通过这套教科书与德国法保持同步,也热忱欢迎有志德国法的同行、尤其是即将踏上德国征途的同学加入我们的行列。您可与本丛书的任何翻译或编辑人员联系,我们来自祖国各地,遍布德国各大城市,您肯定可以联系上。

感谢中国法学界的前辈对本丛书的关怀,正是前辈的精神在鞭策着我们,使我们有了翻译教科书的设想。也要向本丛书的德国顾问为我们推荐精练而有代表性的教科书以及原作者在翻译过程中给予的无限协助表示由衷的谢意。最后还要感谢法律出版社、尤其是社长贾京平先生以及教育分社社长丁小宣先生的通力合作。

祝您阅读之旅愉快。

吴 越

2002 年夏于法兰克福美因河畔

作者简介

乌茨·施利斯基博士（Dr. Utz Schliesky），生于1966年，1996年获得博士学位，2002年取得教授资格，现为德国基尔大学教授。学术研究方向为欧盟法、国家法和行政法，主攻经济公法和地方自治法。

译者简介

喻文光，女，2001年毕业于中国政法大学宪法与行政法专业，获法学硕士学位，现为德国法兰克福大学法学院博士生。曾在中、德法学期刊发表论文数篇。

中译本序言

作为德国教科书的作者，非常荣幸我的作品被译成中文，进入世界最大的经济体之一。中国正处于经济转型期，为了协调市场经济和公共利益之间的关系，需要国家监管，为此亟需构建一个经过实践考验的法律，以有效调整不同的经济行业，如传统的手工业或新兴的电信业。本人确信，完善的经济公法是市场经济取得成功的关键所在。

本书是作者从事经济公法教学、研究和实务工作经验的总结。该书力图言简意赅地阐明不同法律之间的复杂关系。与此同时，本书还重点论述了欧盟法的相关规定，因为在全球化时代，不可能不从超国家的和国际的视角来认识经济公法。作者希望，中国读者能够通过本书大致了解欧盟和德国的经济公法体系。

在此，对喻文光女士出色而勤奋的翻译工作深表谢意。此外，谨以本书献给我的妻子海克·施利斯基(Heike Schliesky)和儿子马克斯·贝若(Max Bero)，他们是我工作的坚强后盾。

乌茨·施利斯基

2005年12月，丹尼士哈根/基尔

目　录

第二篇 经济行政

第三篇 竞争公法

第四编　特别经济行政法——以个别经济部门为例

缩略语表

a. A	不同观点
a. F.	旧文本
a. a. O.	在指定位置
ABl.	公报
Abs.	段落
AfK	乡镇研究档案
AG	股份公司,地方法院
Anm.	注释
AO	赋税条例
ArbZG	劳动时间法
ArchivPT	邮政和电信档案
ArzneimittelG	药品法
AT	总论部分
Aufl.	版本,版次
B.	决定,决议
BauGB	建设法典
BayObLG	巴伐利亚州最高法院
BB	企业顾问(杂志)
BBankG	联邦银行法
Bd.	册、卷
BDI	德国工业联邦联合会
BDSG	联邦数据保护法
Begr.	理由
BGB	民法典
BGH	联邦最高法院
BGHZ	联邦最高法院民事判决汇编
BHO	联邦预算法
BImSchG	联邦污染排放保护法
BNatSchG	联邦自然保护法
BSG	联邦社会法院
BSGE	联邦社会法院判决汇编
BT	分论部分
BVerfG	联邦宪法法院
BVerfGE	联邦宪法法院判决汇编
BVerwG	联邦行政法院
BVerwGE	联邦行政法院判决汇编
bzw.	或者
CR	计算机和法律
Ders.	同一个
DGO	德国乡镇条例(1935 年制定)
d. h.	也就是说
DJT	德国法学家大会
DOEV	公共行政 (杂志)
DVBl.	德国行政公报 (杂志)
DVP	德国行政实务(杂志)
DZWir	德国经济法(杂志)

EG	欧共体
EGV	建立欧共体条约
ERG	赔偿退休金法
Erl.	注释
ESZB	欧洲中央银行体系
EU	欧盟
EuG	欧洲第一审法院
EuGH	欧洲最高法院
EuGRZ	欧洲基本权利(杂志)
EUV	欧盟条约
EuZW	欧洲经济法(杂志)
EWZ	欧洲经济共同体
EZB	欧洲中央银行
f.	下列
FAG	电信设备法
ff.	下列的
Fn.	脚注
FS	纪念文集
GastG	旅店餐饮业法
Gem.	按照
GemHVO	乡镇预算条例
GenTG	基因技术法
GewArch.	工商业档案(杂志)
GewO	工商条例
GG	基本法
ggf.	如果有这种情况
GmbH	有限责任公司
GmhH-G	有限责任公司法
GO	乡镇条例
GRUR	工商业保护和知识产权法(杂志)
GSG	器械安全法
GueKG	货物运输法
GVOBl.	法律法规公报
GWB	反限制竞争法
h. L.	主流学说
h. M.	主流观点
HGrG	预算基本原则法
HkWP	乡镇理论与实践手册
HPG	自然理疗师法
Hrsg.	主编
Hs.	半句
HStR	国家法手册
HwO	手工业条例
i. d. R.	在一般情况下
i. e. S.	狭义的
i. H. v.	数额为
i. S. d.	在某种意义上
i. V. m.	结合
IHK	工商协会
IHK-G	工商协会权利暂行条例法
JArbSchG	青少年劳动保护法
JOESchG	公众场合青少年保护法
JR	法学瞭望(杂志)
JuS	法学教育(杂志)
JZ	法学家(杂志)
KG (Kammergericht)	州高等法院(柏林州对高等法院的传统称呼)
KrW-/AbfG	循环经济和垃圾处理法
KSchG	解雇保护法
KWG	信贷业法
LG	州法院

LHO	州预算条例
LSchlG	商店营业时间法
LVO	州行政法规
LVwG	州行政法
m. a. W.	换而言之
m. w. N.	通过其他证据
MDR	德国法律月刊
MDStV	媒体服务国家协议
MMR	多媒体和法律(杂志)
n. F.	新的文本
NJW	新法学周刊(杂志)
NordOER	北德公法(杂志)
Nr.	号码
NuR	自然和法
NVwZ	新行政法(杂志)
NVwZ-RR	新行政法(杂志)—判决报道
o. ae.	或者相类似的
OLG	州高等法院
OVG	高等行政法院
PBefG	乘客运输法
PrGS	普鲁士法律汇编
ProdSG	产品安全法
RegTP	电信和邮政监管局
RL	指令
SachvRG	关于建立总体经济发展鉴定专家委员会的法律
SchlHA	石勒苏益格-荷尔斯泰茵州公告(杂志)
SGb	社会法院审判权(杂志)
SGB	社会法典
SH	石勒苏益格-荷尔斯泰茵州
Slg.	汇编
st. Rspr.	已经确定的判决
StGB	刑法典
StWG	经济稳定和发展促进法
TDG	电讯服务法
TEntgV	电信收费监管条例
TKG	电信法
TKLGebV	电信特许专营费用条例
TUDLV	电信普遍服务条例
TUEV	技术监督协会
U.	判决
u. a.	其中,此外
u. U.	也许,可能
UAbs.	下半段
UAG	环境监测法
UIG	环境信息法
UWG	反不正当竞争法
VA	行政行为
VAG	保险监督法
VerwArch.	行政档案(杂志)
VG	行政法院(泛指),初等行政法院
VGH	高等行政法院
VO	条例,命令
VOB	建筑工程发包条例
VR	行政瞭望
VwGO	行政法院法
VwVfG	行政程序法
WiVerw	经济和行政(杂志)
WRP	法律和实践竞争(杂志)

z. B.	例如
ZDH	德国手工业联合总会
ZHR	商法(杂志)
ZIP	经济法与破产(杂志)
ZPO	民事诉讼法
ZRP	法律政策(杂志)

文献索引

一、教　　材

1.《特别行政法》,第一卷,2000 年,第 2 版　诺贝特·阿赫特贝格(Norbert Achterberg)/京特·皮特纳(Guenter Puettner)/托莫斯·维滕贝格(Thomas Wuertenberger)(主编)

2.《特别行政法》,第二卷,2000 年,第 2 版　诺贝特·阿赫特贝格(Norbert Achterberg)/京特·皮特纳(Guenter Puettner)/托莫斯·维滕贝格(Thomas Wuertenberger)(主编)

3.《欧洲法》,2001 年,第 5 版　汉斯-沃尔夫冈·阿恩特(Hans-Wolfgang Arndt)

4.《国民经济政策》,1998 年,第 6 版　汉斯·赫伯特·冯·阿明(Hans Herbert von Armin)

5.《国家法》,1996 年,第 2 版　彼得·巴杜拉(Peter Badura)

6.《经济宪法和经济行政法》,1971 年　彼得·巴杜拉(Peter Badura)

7.《欧洲法》,1997 年,第 6 版　阿尔贝特·布勒克曼(Albert Bleckmann)

8.《国家赔偿法》,2000 年　斯特芬·德特贝克(Steffen Detterbeck)/凯·温特霍斯特(Kay Windthorst)/汉斯-迪特尔·施普尔(Hans-Dieter Sproll)

9.《卡特尔法》,2001 年,第 9 版　福尔克尔·埃梅里希(Volker Emmerich)

10.《一般行政法》,　汉斯-乌韦·埃里克森(Hans-Uwe Erichsen)/

2002 年,第 12 版 迪尔克·埃勒斯(Dirk Ehlers)(主编)
11.《欧洲法》, 1997 年,第 2 版 汉斯·格奥尔格·菲舍尔(Hans Georg Fischer)
12.《经济宪法和经济行政法》, 1999 年,第 3 版 维尔纳·弗罗切尔(Werner Frotsher)
13.《竞争政策》, 1999 年,第 5 版 克劳斯·赫德岑那(Klaus Herdzina)
14.《宪法概论》, 1995 年,第 20 版 康拉德·黑塞(Konrad Hesse)
15.《竞争法基础》, 1996 年 乌尔里希·赫施(Ulrich Hoesch)
16.《电信法概论》, 2001 年 贝恩德·霍尔茨纳格(Bernd Holznagel)/克里斯托夫·恩瑙克斯(Christoph Enaux)/ 克里斯蒂安·宁豪斯(Christian Nienhaus)
17.《经济行政法》,第一卷, 1953 年,第 2 版 恩斯特·鲁道夫·胡贝尔(Ernst Rudolf Huber)
18.《经济行政法》,第二卷, 1954 年,第 2 版 恩斯特·鲁道夫·胡贝尔(Ernst Rudolf Huber)
19.《一般行政法》, 1997 年,第 2 版 彼得－米夏埃尔·胡贝尔(Peter-Michael Huber)
20.《欧洲一体化法》, 2000 年,第 2 版 彼得－米夏埃尔·胡贝尔(Peter-Michael Huber)
21.《一般行政法》, 2001 年,第 2 版 约恩·伊普森(JOern Ipsen)
22.《经济行政法》, 1997 年,第 3 版 汉斯·雅拉斯(Hans Jarass)
23.《宪法(三)》, 1999 年 霍尔格·克雷姆斯(Holger Kremser)/ 安娜·莱斯纳(Anna Leisner)
24.《基本权利》, 2002 年,第 2 版 格瑞特·曼森(Gerrit Manssen)
25.《欧盟经济法》, 伯恩哈德·纳格尔(Bernhard Nagel)

2002 年,第 3 版
26.《欧洲法》,　托莫斯·奥伯曼(Thmomas Oppermann)
1999 年,第 2 版
27.《基本权利—国家法(二)》,　博多·皮罗特(Bodo Pieroth)/伯恩哈德·施林克(Bernhard Schlink)
2002 年,第 18 版
28.《经济法》,　格尔德·林克(Gerd Rinck)/埃伯哈德·施瓦克(Eberhard Schwark)
1986 年,第 6 版
29.《竞争和卡特尔法》,　弗里茨·里特纳(Fritz Rittner)
1999 年,第 6 版
30.《工商业法》,　泽韦林·罗宾斯基(Severin Robinski)
2002 年,第 2 版
31.《经济公法大全》,　赖纳·施密特(Reiner Schmidt)
1998 年
32.《经济公法总论》,　赖纳·施密特(Reiner Schmidt)
1990 年
33.《经济公法分论一》,　赖纳·施密特(Reiner Schmidt)
1995 年
34.《经济公法分论二》,　赖纳·施密特(Reiner Schmidt)
1996 年
35.《欧洲法》,　米夏埃尔·施魏策尔(Michael Schweizter)/瓦尔德马·胡默(Waldemar Hummer)
1996 年,第 5 版
36.《特别行政法》,　乌多·施泰纳(Udo Steiner)(主编)
2003 年,第 7 版
37.《联邦德国国家法》,第三卷第一部分,　克劳斯·施特恩(Klaus Stern)
1988 年
38.《一般经济行政法》,　罗尔夫·施托贝尔(Rolf Stober)
2000 年,第 12 版
39.《特别经济行政法》,　罗尔夫·施托贝尔(Rolf Stober)
2001 年,第 12 版
40.《行政法》,第一卷,　汉斯-尤利乌斯·沃尔夫(Hans-Julius Wolff)/

1999 年,第 11 版　　奥托·巴霍夫(Otto Bachof)/罗尔夫·施托贝尔(Rolf Stober)

二、评论、手册

1.《电信法》(评论),
2000 年,第 2 版　　沃夫冈·比希纳(Wolfgang Buechner)(主编)

2.《欧盟条约和欧共体条约释评》,
2002 年,第 2 版　　克里斯蒂安·卡里斯(Christian Calliess)/马蒂亚斯·鲁费特(Matthias Ruffert)(主编)

3.《乡镇企业》,
1997 年,第 3 版　　乌尔里希·克龙诺格(Ulrich Cronauge)

4.《基本法释评》,第一卷,
1996 年　　霍斯特·德赖尔(Horst Dreier)

5.《基本法释评》,第二卷,
1998 年　　霍斯特·德赖尔(Horst Dreier)

6.《工商条例释评》,活页,
截止到 2002 年 11 月　　卡尔·海因里希·弗里奥夫(Karl Heinrich Friauf)

7.《手工业条例》(评论),
1999 年,第 2 版　　格哈德·霍尼希(Gerhard Honig)

8.《基本法》(评论),
2002 年,第 6 版　　汉斯·雅拉斯(Hans Jarass)/博多·皮罗特(Bodo Pieroth)

9.《行政程序法》(评论),
2000 年,第 7 版　　汉斯－约阿西姆·克纳克(Hans-Joachim Knack)(主编)

10.《工商条例》(评论),活页,
截止到 2002 年 6 月　　兰德曼(Landmann)/罗默(Rohmer)

11.《欧共体条约》(评论),
1999 年,第 2 版　　卡尔·奥托·伦茨(Carl Otto Lenz)(主编)

12.《基本法》(评论),活页,
截止到 2002 年 5 月　　特奥多尔·毛恩茨(Theodor Maunz)/京特·迪里希(Guenter Duerig)(主编)

13.《旅店餐饮业法》(评论),　　里夏德·梅茨纳(Richard Metzner)

1999 年,第 13 版
14.《手工业法》, 1995 年,第 3 版 —— 汉斯 - 约阿西姆 · 穆谢拉克(Hans-Joachim Musielak)/施蒂芬 · 德特贝克(Steffen Detterbeck)
15.《欧洲招投标法手册》, 2001 年,第 2 版 —— 汉斯 - 约阿西姆 · 普里斯(Hans-Joachim Prieß)
16.《行政法院法》(评论),活页, 截止到 2002 年 1 月 —— 弗里德里希 · 肖赫(Friedrich Schoch)/埃伯哈德 · 施密特 - 阿斯曼(Eberhard Schmidt-Aßmann)/赖纳 · 皮茨纳(Rainer Pietzner)
17.《经济行政法和环境法手册》, 1989 年 —— 罗尔夫 · 施托贝尔(Rolf Stober)
18.《商店营业时间法》(评论), 2000 年,第 4 版 —— 罗尔夫 · 施托贝尔(Rolf Stober)
19.《国家的经济行为》, 2000 年 —— 罗尔夫 · 施托贝尔(Rolf Stober)/汉斯彼得 · 福格尔(Hanspeter Vogel)
20.《工商条例实务手册》, 2002 年,第 2 版 —— 德特勒夫 · 施托尔韦克(Detlef Stollenwerk)
21.《工商条例》(评论), 1999 年,第 6 版 —— 德特勒夫 · 施托尔韦克(Detlef Stollenwerk)/罗尔夫 · 旺克(Rolf Wank)

三、专 著

1.《私法形式的行政管理》, 1984 年 —— 迪尔克 · 埃勒斯(Dirk Ehlers)
2.《监督法律关系》, 1992 年 —— 罗尔夫 · 格勒施纳(Rolf Groeschner)
3.《乡镇的纯粹经济活动和乡镇经济企业的“公共目的”》, 1981 年 —— 于尔根 · 希蒂恩(Juergen Hidien)
4.《行政法中的竞争保护》, 1991 年 —— 彼得 - 米夏埃尔 · 胡贝尔(Peter-Michael Huber)

5.《市场竞争中的乡镇经济企业》，2002年 汉斯·雅拉斯(Hans Jarass)

6.《欧共体法中的基本自由结构》，1999年 托尔斯滕·金格林(Thorsten Kingreen)

7.《功能自治》，1997年 温弗里德·克卢特（Winfried Kluth）

8.《欧盟经济宪法》，1993年 恩斯特－约阿西姆·梅斯特梅克（Ernst-Joachim Mestmaecker）

9.《国家经济监督》，1990年 海因茨·默斯鲍尔（Heinz Moesbauer）

10.《基本法对国家经济行为的约束》，1999年 马库斯·默斯特（Markus Moestl）

11.《竞争公法》，1997年 （Utz Schliesky）

12.《作为国家和经济的中介组织的工商协会》，1992年 罗尔夫·施托贝尔(Rolf Stober)

13.《作为企业家的国家》，2001年 施蒂凡·施托尔（Stefan Storr）

14.《行会法》，1997年 彼得·J.特廷格（Peter J Tettinger）

15.《竞争自由的宪法保护及其对私法关系的影响》，2000年 夏瓦拉姆博斯·齐里奥提斯(Chavalambos Tsiliotis)

四、法律和判例汇编

1.《行政法(关于一般行政法、 乌尔里希·黑德（Ulrich Haede）

行政诉讼法和经济行政法的18个案例及分析)》，
2002年,第2版

2.《经济行政法案例汇编》，1984年,第2版　汉斯－于尔根·帕皮尔(Hans-Juergen Papier)

3.《经济公法(德国法律汇编)》，2002年　乌茨·施利斯基(Utz Schliesky)

4.《经济行政法历史渊源》，1986年　罗尔夫·施托贝尔(Rolf Stober)

5.《重要的经济行政法和工商业法汇编》，2000年,第12版　罗尔夫·施托贝尔(Rolf Stober)(主编)

第一篇　经济公法

第一章
引论及经济公法的地位

第一节　经　济　法

经济公法是公法日益重要的组成部分，它由分布在不同法律中的大量法律规范构成。由于没有统一的法典，经济公法具有较强的分散性，这同时也体现了在联邦德国经济生活中的分工区别。经济公法与其他独立的部门法，如环境法或竞争法有很多交叉重叠之处。然而，在教育和考试条例以及实践中，经济公法都被作为特别行政法而视为**独立的法律部门**(eigenes Rechtsgebiet)。但是，人们对于经济公法的详细组成以及具体定义都存在争议，其困难在于如何清晰界分经济公法以及对其进行体系化；不同的考察视角和法律部门的错综复杂又加剧了这一困难，因为经济公法包罗了不同的法律部门，而它们又承载着截然不同的国家调控目的。下图所示的各相关法律部门之间的相互联系是本书介绍和阐述经济公法的出发点和依据。

最上位的概念是通说意义上的**经济法**(Wirtschaftsrecht)，即指对经济生活有重要意义的所有法律规范的总和。经济法的概念不能与基本法中提到的“经济的法”相混淆。基本法第 74 条第 1 款第 11 项把有关“经济的法”的竞合立法权赋予了联邦立法机关。[1]虽然对该条款中的“经济的法”可以依据联邦宪法法院的判例做宽泛理解，即包括所有调整经济生活和经

---

〔1〕 译者注：基本法第 74 条第 1 款第 11 项的规定为：有关经济的法（矿山、工业、能源、手工业、商业、贸易、银行、证券交易制度和私法保险制度）。可见，该条列举的联邦享有的有关“经济的法”的竞合立法权范围较为狭窄。

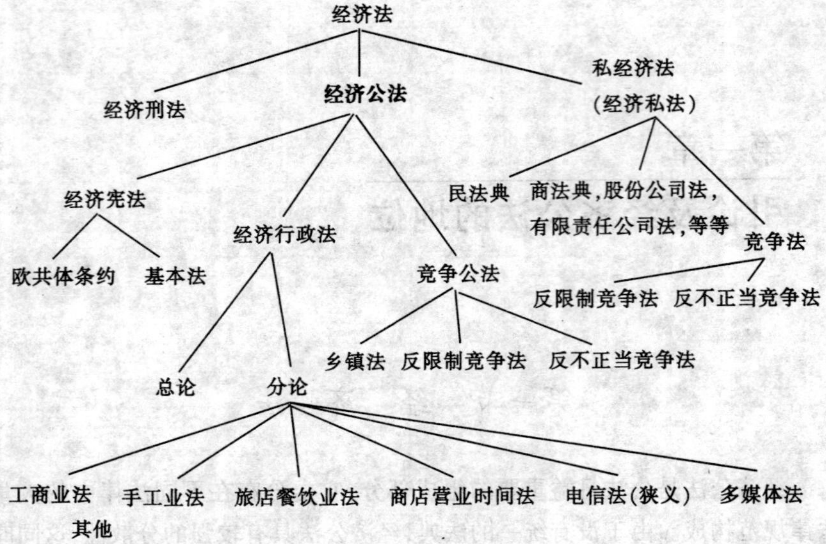

济活动的法律规范(BVerfGE 8,143/148f.;68,319/330),但其实关注一下基本法第70条以下条款所列的一系列立法权就可以发现,联邦享有很多其他的有关经济的立法权。

经济法按上述理解又划分为**经济私法、经济公法和经济刑法**(Privates Wirtschaftsrecht, Oeffentliches Wirtschaftsrecht und Wirtschaftsstrafrecht)。在此,需要注意的是,并不总是能对某部法律,有时甚至是某条法律规定进行严格的公私法分类的。一般地说,经济法总能对经济产生影响,按照当今人们对国家和社会关系的理解,这种影响被视为是社会的组成部分而对立于国家存在的。经济法对国家和社会二元关系的跨越和交叉性在于,国家承担了**对市场的全面的总体责任**(Gesamtverantwortung fuer den Markt),这也是国家对国民经济调控的重要手段。某部法律或某条法律规定属于经济公法还是经济私法,这个问题在实践和案例分析中非常棘手,其原因可归结到传统的公私法分类标准。依照较新的特别法理论,是否归属于经济公法,取决于某个调整经济过程的法规在具体适用时,是否单方面地使某个国家权力主体享有权利、负有义务或者对该主体的组织结构进行规范,如果是,那么该法规就是公法。如果某法规适用的最终主体是私人,则为私法。而经济法领域的特别难点在于,有些法律条款把执行、贯彻经济法律的职能时而赋予私人,时而划归国家行政机关。从而出现了某些法律规范,既可能是公法性的,又可能是私法性的,其可以被归类为中性法。对于那些法律属性只有在具体个案中才能明确的法律规范,可以借助主体理论(从实质意义上理解)来分别确定其属性。

例:反不正当竞争法第1条既可以是经济私法,也可以是竞争公法(详见第三编)。又如:根据反限制竞争法第32条,卡特尔局可以根据该法禁止企业和企业联盟的某个行为。在此,该条款就是公法性的。另据反限制竞争法第33条和第19条,某企业的竞争者可以因为该企业滥用其市场统治地位而要求该企业不作为。在此,该法第33条和第19条则为私法性条款。

参考文献:Ehlers, in: Erichsen (Hrsg.), Allgemeines Verwaltungsrecht, §2 Rn. 14 ff.; P. M. Huber, Allgemeines Verwaltungsrecht, S. 1 ff.; Schliesky, Der Rechtsweg bei wettbewerbsrelevantem Staatshandeln, DOEV 1994, 114 ff.

一、经济私法

私经济法(也称为经济私法)产生的原因在于,国家为经济过程制定了特定的法律方针,但它们并不由国家自己(如通过国家行政机关)执行或监督,而是由市场参与者(市场主体)自行遵照执行。市场主体在此过程中如果要寻求法律救济,则必须通过国家基于司法保护职能所提供的民事诉讼途径。

例:民法典(很多部分),很多消费者保护的法律规定(如一般交易条件法、消费者信贷法),商法及公司法。

参考文献:Fuehrich, Wirtschaftsprivatrecht, 3. Aufl. 1999; Meyer, Wirtschaftsprivatrecht, 2. Aufl. 1996; Schuenemann, Wirtschaftsprivatrecht, 3. Aufl. 1998.

二、经济公法

与经济私法相对应的是经济公法,其常常也被称为经济行政法或广义上的经济行政法。经济公法有别于经济私法的是,它包括**所有的调整经济的法律和所有的把国家和其他公权力主体纳入调整范围的法律规范**(alle Rechtssaetze, die das Wirtschaften regulieren und die dem Staat oder anderen Traegern Oeffentlicher Gewalt zugeordnet sind)。经济公法和经济私法的重要区别在于,国家对经济的影响和作用是否通过国家机构来实现。经济公法涉及的不仅是私人企业间的竞争,而且也牵涉国家自己所从事的经济活动。所以,经济公法是指国家借以设定经济生活的法律框架或规定经济生活的过程的所有法律规范的总称,且此法律规范的遵照执行由国家监督实施。"经济行政法"的概念也常被使用(如在考试和培训条例中),但这种称谓对法律体系化来说是不利的。因为经济行政法作为上位概念是不合适的,它无法包含欧盟法和宪法中关于经济宪法的内容。解决这种体系划分困境的唯一可行途径是把经济宪法作为广义的经济行政法来理解(例如,Jarass, Wirtschaftsverwaltungsrecht, §1 Rn. 29)。但更好的体系划分方法是把宪法和行政法分离,相互区分,同时二者从属于一个共同的上位概念。这种划分方法也适合法律位阶的要求。作为上位概念的经济公法因此包括经济宪法、经济行政法和竞争公法。本书致力于细致研究经济公法的这三个分支部门。

三、经济刑法

除了经济私法和经济公法外,还必须提到作为经济法的另一独立部门法的经济刑法。严格说来,经济刑法从功能上也可以归类到经济公法中,但按照德国法律体系的传统,刑法一直都是第三大部门法,所以在此也应当在经济法中单列出来。经济刑法**对违反经济规范的行为发挥着惩戒制裁的作用**(Ahndung von Verstoeßen gegen wirtschaftliche Verhaltensnormen)。被违反的经济行为规范可能属于经济私法也可能属于经济公法。如果立法者认为违反经济规范的行为非常严重,就动用惩罚措施来确保经济规范得以执行。个别有争议的问题是关于经济公法中的许可的**合法性效力**(Legalisierungswirkung),也就是说,在追究某行为的经济刑事责任和民事责任时,是否可以否定原本合法的行政许可的效力。

例:刑法典中关于诈骗、计算机诈骗、虚假出资、重复质押的规定(刑法典第263,263a,264a,265,289条)。其他的经济法律中也有关于经济刑法的规定,如有限责任公司法第82条的规定:如果公司虚假陈述其资产,可能受到刑法处罚。

参考文献:Broeckers, Der Versicherungsmissbrauch, 1999; Ruehl, Grundfragen der Verwaltungsakzessorietaet, JuS 1999, 521 ff.; Tiedemann, Wirtschaftsstrafrecht-Einfuehrung und UEbersicht, JuS 1989, 689 ff.

第二节　经济宪法

对于经济宪法的内容还没有统一的认识。原因在于:一方面,“经济宪法”的概念虽然被大多数人接受,但并没有得到全面认可。同时,“经济秩序”和“经济制度”的概念也作为它的同义而存在(详见第三章第一节)。另一方面,“经济宪法”的概念本身也在不同的意义上使用。在形式意义上该概念是指基本法中调整经济生活秩序的规定(R. Schmidt, Oeffentliches Wirtschaftsrecht-AT, S. 67、70 f.)。从实质意义上“经济宪法”有时被理解为调整经济生活的所有法律规范,而不论其处于哪一法律位阶(比如:Badura, Wirtschaftsverfassung und Wirtschaftsverwaltung, S. 18; Hirtz, GRUR 1986, 110/113)。但是后一种观点混淆了普通法律和宪法,导致如下后果:一方面会产生把经济政策观点提升到宪法高度的危险,而这些经济政策其实只体现在普通法律中;另一方面给人们造成一种错误的印象,使其认为实际生活中的“经济”现象都能在基本法层面找到对应的宪法规定。所以,这种实质意义上的定义对于明确界定该部门法的概念帮助甚微,故摒弃不用。

以下的“经济宪法”概念采用了形式意义上的定义。**经济宪法**(Wirtschaftsverfassung)是指所有包括经济内容并规定经济制度的宪法规范。鉴于欧盟法的优先适用效力(BVerfGE 73,339/374 f.; 75, 223/240 f.),经济宪法自然包括优先适用的欧盟法律规定,尤其是欧盟条约。

第三节　经济行政法

经济行政法则指所有普通法上的对调整经济的国家机构授予权利,赋予其义务或对这类调整、监督经济的机构进行组织规范的法律规范的总和。像其他法律部门一样，经济行政法也分为总论和分论。在总论部分把对所有行业规范都有普遍意义的问题用法律形式确定下来。关于行政机关的组织形式、活动方式和调整手段也都属于总论部分。这些一般性规范和原则适用于所有的经济部门和每一个影响经济的国家措施。但由于没有统一的法典也存在一些问题需要明确，如哪些法律原则应该被纳入经济行政法总论。在分论部分则对个别经济部门和对经济有影响的特定领域进行法律归类。分论中研究的典型例子包括工商业法、旅店餐饮业法、手工业法或者新兴部门法——电信法（详见第四编）。

例：手工业法和旅店餐饮业法在100年前还是工商条例的组成部分，但随着其重要性日益突出，敦促立法者分别制定了专门法律。国家电信垄断（基本法第87f条）不仅使科技和经济飞速发展，而且催生了一个新的市场，新的电信市场要求制定新的法律规则。立法者以颁布电信法（TKG）的方式满足了这方面的立法需求。

第四节 竞争公法

与经济行政法并行的是竞争公法，它主要是监督竞争性国家行为是否遵守竞争行为规则。竞争公法的主要特征是观察视角的转变，人们不再仅仅局限于考察国家主体，也特别重视国家行为对经济竞争的影响和作用，从而建立一个与人们早已熟知的民法体系相协调的竞争公法体系。这也符合较新的基本权利理论。从事竞争性行为的国家主体与其法律形式和活动形式无关，该行为主体可能是国家机关自己，也可能是国家下属的行政主体或者是某个特别授权的公权力主体。

我们在此界定的竞争公法的研究对象却常常被归入经济行政法范畴，并列入国家的经济活动来讨论。但正如本书第三编所论证的，这种归类并不恰当，它不再适合于实践中出现的各种形式的国家竞争行为。这种不加区分的归类也可以解释为什么人们忽视了对竞争性国家行为设定有效的行为规范界限。当今竞争性的国家行为急剧增加，同时私有化大型项目带来的问题也需要解决，所以越来越多的人逐渐放弃这种把竞争公法融入经济行政法而非独立出来的谨慎做法。

以上论述的经济公法的各个组成部分相互之间不是毫无联系的,也不是完全独立的,而是相互影响相互作用的。这种法律分散性和重叠性的原因在于:一方面没有一部总括的经济公法法典;另一方面,存在不同的经济纲领和目标,这些纲领和目标在过去和现在都主导了国家对经济的影响和调控。当然还有其他的原因,例如,经济的不断发展进步和由此产生的或新分化出来的经济部门和新兴行业,以及国家从以前的垄断行业退出后需要新的监管措施,而这些措施应该由法律来规定。为适应社会和经济的发展变化,立法机关制定了相应的法律。

参考文献: Badura, Wirtschaftsverfassung und Wirtschaftsverwaltung, S. 17 ff.; Breuer, Wirtschaftsverwaltungsrecht im Sog unterschiedlicher Rechtskulturen, in: Festschrift Brohm, 2002, S. 3 ff.; Groeschner, ThuerVBl. 1996, 217 ff., Jarass, Wirtschaftsverwaltungsrecht, § 1 Rn. 16 ff., Schliesky, UEber Notwendigkeit und Gestalt eines Oeffentlichen Wettbewerbsrechts, DVBl. 1999, 78 ff., Schluep, in: Festschrift fuer Walther Hug, 1968, S. 25 ff.; R. Schmidt, Oeffentliches Wirtschaftsrecht-AT, §2; Stober, Allgemeines Wirtschaftsverwaltungsrecht, § 2, ders, DZWirR 1996, 133 ff.

第二章 历史发展

第一节 意 义

对一个部门法的历史进行研究可以使人更容易理解该部门法。回顾一个法律规范的产生历史或更进一步地探究其前身,有利于可靠地、理智地分析和处理实际的法律问题,同时也大大有助于对法条的历史解释。但目前还极少有关于经济公法历史的学术研究成果。这就对经济公法提出了一个疑问:经济公法是否真的有"历史"。不论如何,看来研究经济公法的历史是非常困难的。因为我们现在关于经济公法的理解是以对国家、经济和社会及其相互关系的特定观点为预设前提的,但这种观点并不符合前人对该问题的基本认识。从这个角度来说,以现在形态出现的经济公法是一个非常年轻的法律部门。此外,那些曾经存在的经济制度和理论基础(如果有的话)都对国家调控经济产生过重要的影响,而且这些经济制度在历史发展过程中不断变化。值得怀疑的是,在较早的历史中人们是否能够有意识地来确定某一特定经济制度。这一疑问更多的还涉及当时的国家意志和国家采取调控措施的现实可能性和法律可能性。再者说,国家的经济调控并不是目的,而是为了实现特定的国家目的和完成国家任务,而这些国家目的也随着历史的发展而不断改变。如果说自给自足是古代和中世纪首要的经济目的,并与当时的地主经济相适应,那么虽然直到今天**经济供给**目的(Versorgungsaspekt)还保留着,但已经退居到非常次要的地位,取而代之的是以社会政策、经济结构政策、市场竞争和总体经济平衡为中心的国家目的,此外,当前又增加了一个生态目的。

仅从以上提到的几个方面就可以发现，对经济公法的历史进行勾画是很困难的，但另一方面上述讨论却对经济公法的历史发展趋势给出了有趣的解释，这可以帮助我们理解现行有效的法律。另外，以上论述也说明，对经济公法的历史考察，一方面不能脱离“经济史”，更确切地说是“人类史”；另一方面，作为特别行政法的一个分支，经济公法也与国家的发展紧密相关。所以，研究经济公法史的任务是揭示经济公法的发展路径和结构，这能够帮助我们解释为什么有些法律规范直到今天仍然适用，而有些则被有意摒弃了，原因在于，今天的经济制度以及与它相适应的经济公法都是历史发展的必然结果。不过，我们也要坚决反对用今天的思维模式去解释经济公法的历史脉络。这种方式会导致我们误解经济公法的历史结构而不是使其明朗化。因为经济史自人类有了第一个定居点起就开始了，所以接下来简单阐述古代经济形态和国家对经济的影响措施。

第二节　古代希腊罗马时期

在早期社会形态中出现的经济结构已经具有较强的国家影响特征，所以，人们可以发现，经济公法在古希腊罗马时期已开始萌芽，但这种萌芽与现代经济行政法的联系非常薄弱。

古希腊经济生活的根本思想是：为了**满足需求**（Beduerfnisbefriedigung）而生产和分配货物。当时货币经济在希腊已得到了发展，它促进了商业和商品交换的发展，但也开始依赖从国外进口粮食，这样一来就为国家采取干预措施提供了契机，例如，禁止出口粮食。

罗马也有类似的历史发展。在罗马，从自给自足的小农经济发展出了规模经济，该发展得益于农民的贫困化和严格的债务责任。这种规模经济也是货币经济发展的重要前提，同时也为罗马社会脱离农业经济形态转而发展工商业奠定了基础。当时，除了大量的国有企业（如矿山、采石场）欣欣向荣外，相对自由的手工业也蓬勃发展，这些手工业中只有一部分需要向国家申请特许经营（如粮食）。手工业的发展同时也催生了第一个手工业行会组织——同业公会。商业贸易也在世界范围内发展起来，当然贸易的开展使国家对国外供应的依赖性日益增强，国库开支也随之不断增长（这恰恰是由于大量购进谷物而造成的),从而引发了愈演愈烈的通货膨胀,最终导致了古罗马的经济崩溃。在这一时期出现了很多值得注意的国家调控经济的尝试措施,其中包括历史上的第一个垄断禁止措施。

参考文献:Brentano, Das Wirtschaftsleben der antiken Welt, 1929; Kruber, Theoriegeschichte der Marktwirtschaft, 2002, S. 4 ff.; Neurath, Antike Wirtschaftsgeschichte, 2. Aufl. 1918; Schluep, in: Festschrift fuer Walther Hug, 1968, S. 25 ff.

第三节 弗兰肯帝国时代

经过欧洲民族大迁徙浪潮,弗兰肯帝国在中欧地区继承了罗马帝国的历史遗产。弗兰肯人最初也是耕农和畜牧业者,他们或者组成小型的聚居部落或者单独进行生活和劳作。随着弗兰肯帝国的扩张,他们接受了罗马帝国后期的经济制度和大片占有土地的经济结构,并在新的聚居区适用,而这也促进了自由民数量的减少和农民对土地依附性的加强。在弗兰肯帝国初期,手工业和贸易获得了长足发展。这些手工业者,尤其是在地主庄园中的手工业者,起初都是不自由的。但是在以前的罗马城市,还是有历经民族迁徙变革而幸存下来的自由手工行业。而罗马帝国后期建立起来的对外贸易也在这场动乱中顽强地生存下来,只是必须改变部分贸易路线。定居的身份自由的商人大都把以前的罗马城市作为贸易交流的据点,此外,还产生了其他许多聚居点,它们也成了**重要的商业交流场所**(bedeutenden Handelsorten)(如 Haithabu)。在当时,商人们借助国王的保护而享有相当大的贸易自由,他们通过缴纳保护税而享有特权。在卡尔大帝时代也因此有了发展较为完善的长途贸易,由喜好旅游而又勇敢的定居商人们从事。**关税和铸币**(Zoll-und Muenzwesen)当时已由国家管制。**市场**(Maerkte)是贸易往来的重点,它们有的是从罗马时代保留下来的,有的是新建的。对市场进行法律调整的重要手段是**市场主权**(Marktregal),意即国王有权决定建立新的市场,搬迁现存市场,并有权征收市场关税,国王独家享有确保市场安全和秩序的权力。市场的这些基本结构在历史发展中保留下来,并继续存在于工商业条例第 64 条以下,特别体现在工商业条例第 71a 条中。

参考文献:Conrad, Deutsche Rechtsgeschichte I, 2. Aufl. 1962, S. 82 ff.

第四节　中世纪中叶和晚期

中世纪经济史的一个显著特点是，除了以农业为代表的自然经济以外，发展起了另一种经济形态——**货币经济**（Geldwirtschaft）。随着货币经济的发展，追逐利润和赢利原则变得日益重要，但是基督教禁止借贷的教规却阻碍了经济的发展。不过，这一戒令事实上并没有全面推行，因为犹太教信徒并不受其拘束，他们可以进行赢利性的货币交易。妨碍经济发展的另一原因是关税的征收，它使商品交易成本显著增大。征收关税并不是出于贸易和经济政策目的，而是纯粹为了增加国库收入。

如果没有同期**中世纪城市的产生**（Entstehung des mittelalterlichen Staedtewesens），也不可能有货币经济的发展。随着城市的建立，帝国统治者或君主们定期颁发**经济特权**（wirtschaftliche Privilegien），这种特权保障了市场经营的安全和秩序以及铸币和关税业的正常运行。当时农民对庄园领主的依附关系不断松弛，有时甚至被解除，这对商人和手工业者脱离农民的依附性身份，成为自由职业者（selbstaendige Berufe）起了重要作用。新进城的公民可以通过辛勤的劳动和幸运的机会在较短的时间内积累大量的财富，并由此而形成了最初的资本社会，奥格斯堡的福格尔家族（Fugger）就是一个很好的例证。各城市兴建的经济基础设施（Aufbau einer wirtschaftlichen Infrastruktur）也有利于货币经济的发展，因为它促进了市场交易和商品经济的发展，这也可以说是“经济促进”的一种早期表现形式。商人和手工业者基本上享有经济行为自由，但城市为了市民利益对这种自由的干预也日益增多。在此值得一提的是**库存和仓库法**（Stapel-und Niederlagerecht），该法要求外国商人在本地有义务卸载、出售或转运他们的货物。这说明，我们可以把中世纪时期的城市经济管制措施视为**地域经济行政法**（raeumlich orientierten Wirtschaftsverwaltung）的早期表现形式。因为当时是以城市为界限划定独立的法域，所以，那时的经济管制措施可以被看做早期“经济公法”的一种形式，同时也是地方自治的最初的重要表现形式。一方面，城市给予商人方方面面的特权，并促进商业的发展；另一方面，城市采取了一系列措施监管和规范商业和手工业，来维护法律的安定性，从而最终达到保障商贸持续发展的目的,例如,通过维护安全和秩序、价格监管、工资调控、商品监督、统一货币度量衡、确立城市司法管辖等,来保障法律和市场秩序。

奥托一世时(公元936—973年),随着城市的兴起,商业和交通业也蓬勃发展。许多新建的城市,只要处于水陆贸易的要道,都很快取得了优势地位,吕贝克就是当时的典型例证。在贸易交往中出现了商人合作联盟组织——汉莎,14世纪时汉莎城市组成了"德国汉莎联盟"。这一自治行政的联盟机构采取了很多措施来引导经济发展。另一个重要的新发展是,自从12世纪开始举行**博览会**(Messen)后,商业交往更多地采取书面形式进行。此外,尽管教会禁止收取利息,但银行业还是缓慢发展起来了。

中世纪经济和经济行政的另一重点是12世纪初**同业公会**(Zuenfte)的产生。同业公会是由某一手工行业的成员组成的集体联盟,起初是自愿入会的,后来转变成由城市统治者批准并监督的强制入会的手工业协会。同业公会的基本结构一直保留到今天,例如,手工业者仍有义务必须加入手工业协会,商人仍有义务必须加入工商协会。同业公会对手工业的管制不断增加,其最后取代自由竞争而产生了社团控制权,并享有独立裁判权。另外,具有**能力资格证书**(Erfordernis des Befaehigungsnachweises)也逐渐成为加入手工业同业公会的必要条件,直到现在仍然实行满师出徒考试。最后,由于同业公会阻碍了发明创造,所以有时城市也会在个别情况下取消管制,例如,外来的手工业者可以不入会而被批准从业。但是,不容忽视的是,同业公会为现代手工业法和经济领域里的行业自治奠定了基础。

参考文献:Conrad, Deutsche Rechtsgeschichte I, 2. Aufl. 1962, S. 199 ff.; Droege, in: Jeserich/von Unruh (Hrsg.), Deutsche Verwaltungsgeschichte I, 1983, S. 177 ff.; Gurjewitsch, in: Le Goff (Hrsg.), Der Mensch des Mittelalters, 1996, S. 268 ff., Kulischer, Allgemeine Wirtschaftsgeschichte des Mittelalters und der Neuzeit I, 1954, S. 278 ff.; Stober, Handbuch, S. 98 ff.; Ziekow, Freiheit und Bindung des Gewerbes, S. 16 ff.

第五节 近 代

中世纪晚期的经济制度作为一项基本制度一直延续到近代。值得注意的是，在经济发展进程中，国家进行了更多的干预，以期消除旧的经济制度的弊端。例如，国家针对垄断和同业公会的滥权采取干涉措施，或者负责尽可能地统一货币收入。这些经济干预方式被视为**警察法（“好警察”）的一部分**（Teil des Polizeirechts，“gute Policey”），因为警察法的目的是建立良好的社会秩序。

例：对酒业和博彩业的管制。

从中世纪（晚期）的庄园领主制向近代的领土主权国家的转变过程中，由于国家关系的深刻变化，公共行政管理也发生了巨大变革，其中经济关系首当其冲。在专制统治关系中，不再区分中世纪时的身份、社会和经济等级，国家主权不做任何权力分立，而是集中在一个统治者手中，这种权力除了领土界限外没有其他限制。这种统治关系也改变了经济在社会中的地位。以前的经济生活都是以满足基本生存必需为目的，到了近代，人们更多地从整体上把经济发展看做是一个生活领域，而且经济生活也隶属于专制君主无所不包的统治。经济统治是君主实现政治权力和满足自我经济需要的重要手段。同时国家又通过一项新的**国家职能——“福利救济”**（Staatsaufgabe“Wohlfahrtsfoerderung”）而为自己的统治行为找到了**理论基础**（theoretische Fundierung）和现实目标。与乐善好施的君王形象相适应，享有专制权力的国家也同时担负起保障其臣民物质需要的责任，所以国家闭关锁国的同时非常注意发展国内经济。**重商主义**（Merkantilismus）思想，德语称为**计臣学**（Kameralismus），正体现了这种做法。但必须注意的是，计臣学这一经济和行政学学科有很多不同的变种，纯粹的重商主义和专制主义很少。当时，整个国家被划分为不同的诸侯统治领地，经济制度也因此具有相应的地方特征。该时代的显著特点是，通过国家干预（例如通过农业政策、民族政策或流通政策）实现经济生产能力的提高以及满足本国的经济自给自足需要（例如限制进口和鼓励出口），这也是专制主义统治的基本要求。计划并监督实施这些经济政策需要行使繁多的行政管理职能，仅靠君主和他的私人幕僚根本无法实现，因此必须**设立新的行政机构**（Schaffung neuer Verwaltungseinheiten）来履行这些职能。国家财政向税收财政的转变促进了行政机构的设立，从而产生了财政管理和商业管理。虽然当时的国家努力管理经济,但这离现在意义上的经济公法还相去甚远:在当今看来完全不同的学科在当时都合并在计臣学之下,服务于君主的统治行为,并以确保财政收入为目的。重商主义时期的鲜明特征是强烈的国家干预,这种国家干预的对象也包括国家自己从事的经济活动(eigene wirtschaftliche Taetigkeit des Staates)。当时的经济制度保留了中世纪的一些制度(如行业公会),这些制度并不仅仅是以个人自主权和结社权为基础建立起来的,而且还采取一定程度的国家干预措施,但不能因此就认为当时的经济是高度集中的计划经济。无论如何,从当时的经济制度已经可以看见结构清晰、目的明确的经济行政的萌芽。

参考文献:Blaich, in: Jeserich/Pohl/von Unruh, Deutsche Verwaltungsgeschichte I, 1983, S. 428 ff., J. H. G. von Jusi, Staatswirtschaft, 2. Aufl. 1758, unveraenderter Neudruck 1963; Mayer, Die Verwaltung 2 (1969), 129 ff., R. Schmidt, Oeffentliches Wirtschaftsrecht-AT, S. 7 ff.; Stober, Handbuch, S. 101 ff.

第六节 自由主义时期

国家干预在随后的经济时代明显减弱。启蒙主义思想主张**个人本位**(individuellen Menschen in den Mittelpunkt),个人相对于国家享有自己的自由空间。这种自由主义的新理念也体现在经济领域中,对立于社会经济而存在的国家也因此有了全新的定位。“古典国民经济学”发展了一个以自由市场竞争为基础的自成一统的体系。这一学说的先行者和主要代表人物是亚当·斯密和大卫·李嘉图。经济自由主义的基本思想是:坚信市场竞争是调整经济的“看不见的手”。竞争被视为一个过程,在保证个体的经济自由和尽可能消除所有来自国家的竞争障碍和限制的条件下,公平的竞争程序可以使所有市场主体获得财富。

这一时期对经济学的发展和确定经济公法的基本走向都有重大意义。经济自由主义主张:国家职能只局限于为经济发展设定基本框架。国家有义务排除公民非法行为和外敌入侵对经济发展的干扰,并确保经济自由,也就是说,国家承担防御危险的职能(夜警国家)。此外,国家还应当提供经济基础设施,因此这完全超出了个人和个别组织的经济投资能力。除此以外,国家就不应该干预经济。

在德国,纯粹的经济自由主义理念从来没有得到全面实施,所以在当时不可能存在现代意义上的经济公法。当时德国社会的时代主流仍是专制国家传统,并受到浪漫主义思潮的影响,国家承担的职能远远多于自由主义所主张的有限职能。实践中还存在大量的国家干预,当然比起重商主义时代,国家对经济的干预又减少了很多。在这一时代的晚期成立了德国关税同盟(1834 年),废除了境内关税,促进了自由贸易政策的发展。这一简化了经济交往过程的举措是历史的重要里程碑。但尤其值得强调的是**工商业自由的确定**(Einfuehrung der Gewerbefreiheit),在德国该自由通过两部法律规定确立了下来:1818 年的普鲁士工商业税务谕令和 1811 年的工商业警察法。现在适用的工商业条例就直接来源于此。

参考文献:Groeschner, Das UEberwachungsrechtsverhaeltnis, 1992, S. 3 ff., Kruber, Theoriegeschichte der Marktwirtschaft, 2002, S. 11 ff., Recktenwald (Hrsg.), Adam Smith: Der Wohlstand der Nation, 1978; Woll, Adam Smith-Gruende fuer ein erneutes Studium seiner Werke, ORDO 49 (1998), 191 ff., Ziegler, Geschichte des oekonomischen Denkens, S. 94 ff.; Ziekow, Freiheit und Bindung des Gewerbes, 1992, S. 323 ff.

第七节 国家干预主义时期

以经济自由的思想为基础,早期资本主义制度逐步发展起来,其促成了工业革命并全面地改变了经济结构。该变革导致了平民阶层的贫困化和工人阶级依赖性的加剧。从雇主方面来看,卡特尔和垄断的形成阻碍了竞争规则发挥其应有的作用。这种经济和社会的发展不仅导致了具有革命性的经济、国家和社会理论的诞生,如卡尔·马克思和弗里德里希·恩格斯的理论的诞生,而且引发了国家再次加强对经济循环的干预。除了社会法方面的改革,国家还通过卡特尔法来管制市场。在这一时期第一次出现了今天意义上的经济行政法的表现形式(Stolleis, in: Jeserich/Pohl/von Unruh [Hrsg.], Deutsche Verwaltungsgeschichte IV, 1985, S. 77 f.)。

约翰·梅纳德·凯恩斯(John Maynard Keynes)的学术思想对国家干预主义产生了深刻影响(奠基之作:《利息、就业和货币理论》,1936 年),凯恩斯认为，国家对经济的计划和调控从**总体经济调控**（gesamtwirtschaftlichen Steuerung）角度来说是必要的，这样就可以避免产生经济问题和经济危机。这种思想对当今的经济政策仍然有影响，而且体现在基本法第 109 条和普通法上的经济稳定法（1969 年）中。

第一次和第二次世界大战中的**战时经济法**（Kriegswirtschaftsrecht）也属于国家干预主义的表现形式，虽然它具有完全**不同的国家目的**（anderen staatlichen Zielsetzungen）。虽然这一时期几乎没有什么正面的经验，但却有很多不容低估的反面教训，即哪些经济行政管理方式不能推行。在这个意义上，极不正常的纳粹制度也是一个很好的反面典型，它告诫人们哪些国家经济行政管理方式不允许实行。在当时，法西斯政党通过经济行政法把经济生产变为推行专制独裁以及侵略战争的工具。由于篇幅限制，且因该时期乏善可陈，在此不再多着笔墨。

参考文献：Emmerich, Kartellrecht, S. 11 f.; E. R. Huber, Deutsche Verfassungsgeschichte seit 1789 IV, 1969, S. 1105 ff.; Jaras, Wirtschaftsverwaltungsrecht, § 1 Rn. 9 ff.; Kruber, Theoriegeschichte der Marktwirtschaft, 2002, S. 62 ff.; Entscheidungslinien deutscher Wettbewerbspolitik ORDO 43 (1992), 319 ff.; R. Schmidt, Oeffentliches Wirtschaftsrecht-AT, S. 18 ff.; Stober, Handbuch, S. 118 ff.

第三章
经济宪法

第一节　经济宪法和经济制度

与经济公法相联系的是“经济宪法”、“经济体制”、“经济制度”等概念，它们常常被作为同义词使用。因为经济法只关注与经济相关的法律规定，所以经济体制和经济制度这两个概念在此被排除。而经济制度或经济体制常被理解为有关总体经济调控的自成一体的概念。因此，大量理论或实践中存在的经济制度自身并不能解释什么是法律意义上的经济宪法，这些经济制度可能是国家集中调控的中央集权经济，也可能是通过竞争而实现的非集权的市场经济。对这些经济制度进行研究是国民经济学和国民经济政策的任务。因而，经济制度包括的是经济规范，这些经济规范使以商品生产和分配为目的的经济活动持续正常运行。经济宪法则包括了所有针对经济活动的法律上的规定。

但不容否认的是，某些经济理论观点或某一经济制度的实际特征都会体现在经济公法中。研究不同的经济制度超出了本章探讨的范围，也不是经济行政法教科书的研究任务。本书研究的立足点是：联邦德国实施的市场经济的自我调控模式和立法者为了追求理想的社会市场经济而采取的所有干预措施。

参考文献：von Arnim, Volkswirtschaftspolitik, S. 38 ff.; Bartling/Luzius, Grundzuege der Volkswirtschaftslehre, S. 34 ff.; Siebert, Einfuehrung in die Volkswirtschaftslehre, S. 17 ff.; Heilemann/Wolters (Hrsg.), Gesamtwirtschaftliche Modelle in der Bundesrepublik Deutschland: Erfahrungen und Perspektiven, 1998; Lenel u. a. (Hrsg.), Soziale Marktwirtschaft: Anspruch und Wirtlichkeit seit fuenfzig Jahren, ORDO 48 (1997); Stober, Allgemeines Wirtschaftsverwaltungsrecht, §4.

第二节 经济宪法的概念和结构

"经济宪法"的概念并不统一。大多数情况下人们从形式意义上使用经济宪法的概念,即指基本法上调整经济生活秩序的规定。有时人们也从实质意义上理解经济宪法,即指所有调整经济生活的法律规范的总称,而不论其处于哪一级法律位阶(vgl. Badura, Wirtschaftsverfassung und Wirtschaftsverwaltung, S. 18)。后一种理解缺乏法律说服力,因为它混淆了宪法和普通法,一方面这种做法具有把经济政策观点提升到宪法高度的危险,而这些经济政策其实只体现在一般法律中;另一方面会造成一种错误的印象,使人们认为实际生活中的"经济"现象都能在基本法层面找到对应的宪法规定。所以这种实质意义上的定义对于明确该部门法的概念帮助甚微,因此应当从形式意义出发来理解经济宪法,即经济宪法是指**所有包括经济内容并对经济制度进行规定的宪法规范**(Summe der verfassungsrechtlichen Bestimmungen, die wirtschaftlichen Aussagegehalt haben und so die Ordnung der Wirtschaft determinieren)。经济宪法所涵盖的内容极其重要,因为经济宪法优先适用于普通法上的经济公法规定,而且对法律适用过程中的法律解释也有重要影响。

虽然已经把经济宪法与经济制度的概念区别开来,但人们还是试图在基本法中找到一个自成一体的、协调统一的经济制度规定,正如魏玛宪法曾经规定的那样。在联邦德国初期,由于基本法中没有相应的经济宪法的规定,人们曾尝试通过宪法解释的方式来确定一个明确的经济制度,这就是著名的"经济宪法之争"。联邦宪法法院很早就介入了这场争论,并表达了自己的观点。在一个具有深刻影响的"投资协助判决"(Investitionshilfurteil)中,该宪法法院做出了**"基本法的经济政策中立性原则"**(wirtschaftspolitischen Neutralitaet des Grundgesetzes)的表述(BVerfGE 4, 7/17)。根据其观点,基本法既没有保证政府和立法机关在制定经济政策时享有价值取向自由,也没有保证把社会市场经济作为一项基本经济制度在宪法中明确固定下来。宪法制定者并没有明确决定支持某一种经济制度,因此现行的经济和社会制度根据基本法只是经济制度的一种可能性,但绝不是唯一被允许的经济制度,不过,每一时期实行的经济政策都受到基本法的一般原则的约束。联邦宪法法院后来更进一步明确了经济政策中立性原则,即立法者可以在法律中确定他认为符合实际的经济政策,只要在立法过程中充分注意了基本法,尤其是基本权利的规定。由于缺乏一个由宪法明确规定的经济制度,联邦宪法法院依据**基本法的具体条款**(Einzelaussagen des Grundgesetzes)来审查经济政策措施以及经济公法规范的合宪性。中立性并不代表宪法对该问题持无所谓的态度,而是指**宪法的开放性**(Offenheit der Verfassung),即一方面经济不能在没有宪法约束的情形下自由发展,另一方面,基本法既没有决定支持也没有反对某一确定的经济制度。

联邦宪法法院的某些表述似乎又暗示了存在一个系统的经济制度的可能性(BVerfGE 32, 311/317)。人们可能基于宪法的系统联系而赞同上述观点,但这种观点更多是描述性的而不具有实证法性质,而且常需要援引具体的基本权利作为依据,如基本法第12条。认为单个宪法规定有实际法律后果的观点最终还是要依赖宪法系统解释方法来论证,宪法法院在基本权案件中常使用系统解释的方法。根据该系统解释,基本权利既不能被单个孤立地解释,也不能扩大地解释;每一项基本权利都与其他宪法规定有系统联系,整部宪法内部都是一个统一的整体(BVerfGE 1, 14/32; 34, 165/183; 39, 334/368)。

上述宪法系统联系的观点依据的不是所设想的某个特定经济制度,而是基本法自身的整体内在联系,基本法整体上被视为规定自由权利的基本制度,其同时受到自由主义思想的影响。所以,如果要判断国家的有关经济措施是否符合宪法,基本权利则是首先应该考虑的基本法具体规定,因为基本权利恰好可以用来考察某些限制个人经济活动自由的措施是否符合宪法。而且在解释基本权利时,不能不考虑到某一基本权利与其他基本权利在保护范围方面的重叠、互补和联系,也不能忽视基本法所确定的基本原则(BVerfGE 50, 290/336)。在此,笔者完全赞同 R. Schmidt (Oeffentliches Wirtschaftsrecht-AT, S. 77)的总结:"联邦宪法法院没有明确定义的经济宪法实际上是公民的基本自由和各项基本权利保护范围的总和。立法者在调控经济时不能侵犯基本权利。”

例：雇员的参与决定权通过1976年的共同决定法得到了扩大，但联邦宪法法院当时的审查依据并不是原告主张的诉讼理由——作为经济宪法的得到基本法确认的社会市场经济，而是基本法上的某些基本权利规定，如基本法第14条第1款、第9条第1款、第12条第1款、第2条第1款(BVerfGE 50, 290/336 ff.)。

所以，**基本法上的个别条款**(punktuellen Aussagen des Grundgesetzes)非常重要，在审查关于国家经济措施的合宪性时必须要援引和使用它们。这些具体条款也防止了极端经济制度的实施。

例：基本法第12条第1款第1句规定的职业自由(结合基本法第19条第2款和第79条第3款的规定)防止在德国引入中央集权的计划经济；基本法第14条第1款第1句防止废除私有财产制或推行全面社会化；从基本法第20条第1款规定的社会国家原则可以得出结论：不受任何国家约束的曼彻斯特自由主义(Manchester-Liberalismus)不符合基本法的原则。经济政策的开放性并不排除各联邦州在州宪法中规定社会经济制度作为基本经济制度，例如，2000年莱法州宪法第51条的规定。不过，各州在制定这样的宪法规定时要遵守联邦宪法和欧盟法的界限。

两德统一也没有改变代表经济政策开放性的基本法经济政策中立原则，虽然在联邦德国和民主德国签订的关于货币、经济和社会联盟的国家条约中(签订于1990年5月18日，BGBl. Ⅱ S. 518)第1条第1款第3句规定：“经济联盟的基础是社会市场经济，其是缔约双方的共同经济制度”，但两德国家条约第1条第1款第2句还强调了社会市场经济制度的基本要素：私有财产制度、市场竞争、自由定价和劳动力、资本、商品和服务的全面自由流动。两德统一条约中的这些规定曾被用来质疑德国宪法经济政策中立的原则。但是必须强调的是，即使联系两德统一条约，基本法也没有改变相关的基本原则，同时也没有在基本法中新引入一个“经济宪法”。虽然两德条约得到了联邦国会和联邦参议院的2/3多数通过，但因为宪法条文并没有修改，所以两德条约第 1 条第 3 款关于经济制度的规定并没有被纳入基本法，因此其也不具有形式意义上的宪法效力，而是像整个国家条约一样按照基本法第 59 条第 2 款第 1 句的规定，只具有普通法的性质。此外，由于整个统一程序都是依照基本法原第 23 条第 2 句进行的，即新的联邦州加入基本法适用区域，基本法保持不变是其加入的前提条件，因此，基本法的经济政策中立原则也就继续有效。

可以确定的是，从基本法中不能推断出德国确定要实施某一特定国民经济模式。不过，基本法中的大量有关经济的宪法条文可以被认定为“经济宪法”，这些宪法条文是衡量国家经济活动的标准。在具体个案中，依据基本法的相关具体条文来审查国家经济活动的合宪性。

因为德国是欧盟的成员国，所以在考察经济宪法问题时不能只局限于基本法。虽然在欧盟条约（EUV）和欧共体条约（EGV）中都没有严格的国家法意义上的“宪法”，但是却有实质意义上的宪法规定。欧洲一体化的初衷就是建立一个经济共同体，这一共同体范围到现在已经扩大了很多。因此，在欧共体条约中有很多对经济公法非常重要的规定。根据欧盟法的优先适用效力（P. M. Huber, Recht der europaeischen Integration, § 9 Rn. 13 ff.），欧共体条约优先适用于成员国宪法，所以**经济宪法的内容必须补充欧共体法律中关于经济的基本原则**（Wirtschaftsverfassungsrecht um die Aussagen des EGV mit wirtschaftlichem Gehalt zu ergaenzen）。在经济公法中也恰好体现了欧洲一体化取得的巨大进步以及共同体法律对成员国法律制度的深刻影响。因此，经济宪法不能只从国家法的角度来理解。共同体法的优先性表现在，欧盟法律规范要优先适用，而且成员国法律（即使是宪法）如与其冲突则不能适用。

欧共体条约第 4 条第 1 款（Art. 4 Abs. 1 EGV）因而具有了重大意义，因为该条款是关于成员国经济政策的原则规定，而且规定欧共体自己也要遵守**自由竞争的开放市场经济的原则**（Grundsatz einer offenen Marktwirtschaft mit freiem Wettbewerb）。由此确立了一个关于经济制度的法律框架，它虽然给成员国留下了很大的自由决定空间，但是却明确认可了一个确定的经济制度，而不像基本法那样保持开放性。因此，下一节就深入研究共同体法上的基本规定。

参考文献：Badura, Staatsziele und Garantien der Wirtschaftsverfassung in Deutschland und Europa, in: Festschrift fuer Klaus Stern, 1997, S. 409 ff., Bleckmann, Grundzuege des Wirtschaftsverfassungsrechts der Bundesrepublik Deutschland, JuS 1991, 536 ff.; Frotscher, Wirtschaftsverfassungs-und Wirtschaftsverwaltungsrecht, § § 2 ff.; Kroells, Grundgesetz und kapitalistische Marktwirtschaft, 1994; Mestmaecker, Die Wirtschaftsverfassung in der Europaeischen Union, 1993; Oppermann, Europarecht, § 12; Papier, Grundgesetz und Wirtschaftsordnung, in: Benda/Maihofer/Vogel (Hrsg.), Handbuch des Verfassungsrechts, S. 799 ff.; R. Schmidt, Staatliche Verantwortung fuer die Wirtschaft, S. 114 ff.; Schmidt-Preuß, Soziale Marktwirtschaft vor dem Hintergrund des Staatsvertrags zur Waehrungs-, Wirtschafts-und Sozialunion, DVBl. 1993, 236 ff.; Sodan, Vorrang der Privatheit als Prinzip der Wirtschaftsverfassung, DOEV 2000, 361 ff.; Tettinger, Verfassungsrecht und Wirtschaftsordnung, DVBl. 1999, 679 ff.

第三节 优先适用的共同体法的规定

探讨经济宪法的具体规定应该首先关注欧盟法的规定。以下只概述特别重要的原则规定，以期使读者了解到欧共体条约对经济公法的重要意义，具体全面的论述请参阅相关专著。此外，本节也会提及对联邦德国经济公法有联系并有现实意义的个别具体问题。因为，虽然欧盟法具有优先适用性，但不容忽视的是，绝大多数欧盟法律都需要由成员国转化成国内法后实施。因此，希望法律适用者不断习惯欧盟法所产生的影响，而且也不要把欧盟法当做一个孤立的法律部门来探讨。法院和行政机关的实践都要求加强对欧盟法的相关研究。

一、总 论

欧共体条约虽然不是严格的国家法意义上的宪法[因为欧盟和欧共体都不具有国家性质(BVerfGE 89, 155/156, 188)]，但是欧共体条约还是被视为“法律共同体的宪法文件”(EuGH, Slg. 1991, I—6079/6102)，欧盟也借助原本旨在建立经济共同体的共同体条约而体现了其经济宪法性(Badura, in: Burmeister [Hrsg.], Festschrift fuer Klaus Stern, S. 409/410)。虽然在该共同体条约中既没有以“经济宪法”为标题的章节，也没有完全共同体化的经济政策，但与基本法相比，该条约包括了很多具体的关于经济宪法的表述。类似于关于基本法中经济宪法的争论，人们也曾经争论过关于共同体条约中经济制度的概念特征，因为关于经济制度的规定非常重要，它奠定了欧共体条约的基础。不过，概念性的争论没有太大的必要性（至少可以日后再见分晓），有重要意义的还是共同体条约的相关具体原则及其内容。

对经济宪法有重大意义的是**欧共体条约第4条第1款**（Art. 4 Abs. 1 EGV）规定的成员国执行特定经济政策的义务，该经济政策必须遵守**自由竞争的开放市场经济的原则**（Grundsatz einer offenen Marktwirtschaft mit freiem Wettbewerb）。**自由竞争**（freier Wettbewerb）作为经济制度被特别强调，不过，**开放的**（offene）市场经济的特征也同时表明，成员国或者欧共体可以对经济采取干预措施。上述理解强调了通过欧共体条约建立的欧洲内部市场的如下特征：一方面，根据自由主义思想确定了经济自由；另一方面，又通过关于市场秩序的规定实施严格的经济调控，这就是国家经济调控。结果就确定了一个宽泛的经济政策，这一经济政策的基础是经济自由、市场经济和不被歪曲的市场竞争。所以，共同体条约并没有保持对成员国经济宪法的中立态度，它更多地从自由市场经济出发来确立经济制度，同时对该制度加以社会公正因素的修正。但在此不能草率地把这一制度等同于德国意义上的社会市场经济。

欧共体条约第2条规定了**欧共体的目标和任务**（Zielsetzung bzw. Aufgabe der Gemeinschaft）。根据该条规定，欧共体的任务是："通过建立一个共同市场和经济、货币联盟以及执行条约第3条和第4条所指的共同政策和措施，在整个共同体内，促进和谐、稳定和持续的经济发展；保持较高的就业率和较高的社会保障水平；促进男女平等；维持稳定的，但没有通货膨胀的经济增长；促进较高水平的竞争能力和水准相当的经济服务；保证较高标准的环境保护和改善环境质量；提高生活水平和质量；促进成员国之间的经济、社会合作与团结。"这一非常原则性的任务描述也体现在成立欧盟的章程中（Art. 1 Abs. 3, Art. 2, 1. Spiegelstrich EUV），因而其对解释整部条约具有重要意义。从上述欧共体目标中可以看出，欧盟的任务大部分都是关于经济和法律制度的有约束力的宪法规定。为了实现这些目的，共同体条约第3条和第4条也授权欧盟可以实施具体行为，根据条约第6条的规定，这些具体行为应该包括环境保护的要求。如果进一步考察欧盟的目标和被授权可采取的行为，就会发现，很多**管制措施和公权力干涉行为**(Regulierungsmaßnahmen und hoheitliche Einflussnahmen)都是必不可少的。而对这些行为的规范不需要也不可能由欧盟委员会来做细节性的具体规定；欧共体条约第5条的**辅助原则**(Subsidiaritaetsprinzip)也禁止这样做，而且这样做也会违背成员国的独立国家原则和侵犯由其保留的国家主权。欧共体条约第5条："当且仅当成员国采取的措施不能充分实现目标，而且由于这些目标涉及范围较大，意义重大，能够通过共同体行为更好地实现欧共体才能采取行动。"

实现欧共体目标的典型手段是成员国采取**"共同的政策"**(gemeinsame Politik)。即成员国为实现共同体条约设定的目标，在某一政策上达成一致并步调统一地采取行动。但基本上各成员国都对各自的政策自负其责并保有主权，欧洲理事会负责这种共同政策的协调，其按照欧盟条约规定的特定的、与制定政策实质相关的程序进行。

例：值得注意的经济政策除了共同体条约第2条规定的目标(建立经济联盟)以外，还有第4条第1款规定的共同体的活动内容：据此规定，成员国和共同体的活动包括"确立一项经济政策，该政策订立的基础是：成员国经济政策的紧密合作、欧洲内部统一市场和共同的目标；该经济政策必须遵守自由竞争的开放的市场经济的原则"。共同体条约第98条以下条款对该规定进行了具体化；第99条规定了欧洲理事会对经济政策的协调程序。

二、共同市场/内部市场

欧洲经济宪法的核心概念是"共同市场"和"内部市场"。这两个概念之间的关系存在争议(Schweitzer/Hummer, Europarecht, Rn. 1066 ff.)，区别二者比较困难，因为在欧共体条约中使用的与共同市场相关的术语并不统一，而且在欧共体条约中没有明确的概念定义。欧共体条约第14条第2款对**内部市场**(Binnenmarkt)的概念做了界定，即内部市场是一个内部没有界限的区域，在该区域内商品、人员、服务和资本的自由流动按照条约的规定受到保护。这里提到了四项基本自由，而他们也是共同市场概念的组成部分。因为共同体的交通、农业和对外贸易有时也被归纳到共同市场的概念中，所以可以得出这样的结论，以上两个概念有部分内容相同(如基本自由),但又不完全等同。虽然欧洲法院倾向于两概念等同使用,例如,该法院认为共同市场在下述情形下可以实现,即“消除共同体内部的贸易壁垒来达到统一市场的融合,实现该共同体市场的条件是尽可能地创造一个内部市场”(EuGH, Slg. 1982, 1409/1431 f.),但是,在欧共体条约中这两个概念被完全不同地使用。欧共体条约第15条既使用了内部市场的概念,也提到了共同市场;而且在条约第94条和第95条分别规定了不同的程序来实现关于共同体市场和内部市场法律规定的欧盟一体化。

尽管如此,可以确定的是,共同市场和内部市场(按照欧共体条约第14条第2款)的重点都是欧共体条约所确定的基本自由;而基本自由同时也是欧洲经济宪法的重点。

参考文献:Cassel (Hrsg.), Europaeische Integration als ordnungspolitische Gestaltungsaufgabe. Probleme der Vertiefung und Erweitung der Europaeischen Union, 1998; Fischer, Europarecht, § 11; P. M. Huber, Recht der Europaeischen Integration, § 17 Rn. 27 ff., Immenga, Binnenmarkt durch europaeisches Gemeinschaftsrecht, JA 1993, 257 ff.; Oppermann, Europarecht, Rn. 1267 ff.; Stober, Allgemeines Wirtschaftsverwaltungsrecht, § 9.

三、基本自由(Grundfreiheiten)

欧共体条约第23条以下条款所规定的基本自由构成了内部市场的基础,内部市场也是自由主义思想的必然体现。基本自由作为共同市场(欧共体法第14条第2款)的核心也是欧盟经济宪法的重点,同时基本自由也有助于内部市场的实现。根据基本自由,在商品、人员、服务和资本流通中原则上禁止某一个成员国对跨国经济交往采取比国内更严重的负担或更严格的阻碍措施。因此,这些基本自由首先是**客观权利**(objektives Recht),它禁止成员国针对欧盟或彼此之间采取管制措施,从而对来自其他成员国的市场参与者造成负担。同时基本自由也保障从事经济活动的欧盟公民的**主观权利**(subjektives Rechte);基本自由还使欧盟公民有权采取“有力措施”对抗来自其所属国家的侵害。公民在实现其个体基本自由的同时,也促成了有优先效力的共同体法律的有效实施。基本自由因此一方面在欧盟及其成员国之间适用,另一方面也适用于成员国和其公民之间的法律关系。虽然基本自由具有主观权利的性质,但他们并不是欧盟法基本权利。因为欧盟法基本权利针对的首先是欧盟及其组织机构,并授予个人防御权以反抗共同体法上的公权力行为。而基本自由却把它的主观权利特征隐藏在公民对抗来自其所属国家的不当侵害的自由中。可见,二者的显著区别就在于法律保护针对的对象不同,通过不同的术语表述可以更加明显地体现这种区别。由于基本自由同时具有客观权利和主观权利的性质,可以将其定义为"与基本权利相类似的权利",但不是真正意义上的基本权利。

基本自由具有第三人效力。欧洲法院认可了基本自由的**直接第三人效力**(unmittelbaren Drittwirkung)(非常有争议)。支持该观点的理由是,国家可能会通过公法规范妨碍基本自由和内部市场的实现,但是,如果私人或私法组织利用他们的意思自治权利而制造某些障碍,使得消除国家限制的措施最终无法进行,那么旨在消除人员和服务障碍的措施也可能无法执行。例如,因为各成员国的工作条件都完全是由私人根据法律自主制定的,所以就存在有关的欧盟法律不能得到统一适用的危险。因而可以根据欧共体条约第39条的规定,禁止私人体育协会不允许某一国籍的人参加活动(EuCH, Slg. 1974, 1405/1419 f.)。

基本自由具有的直接第三人效力也体现了与基本权利理论的重大区别,后者按照通行观点是不具有直接的第三人效力的。这是不把二者等同对待的另一个理由。

参考文献:Classen, Der einzelne als Instrument zur Durchsetzung des Gemeinschaftsrechts, VerwArch. 88 (1997), 645 ff., Ehlers, in: ders. (Hrsg.), Europaeische Grundrechte und Grundfreiheiten, 2002, § 7; Epiney, Neuere Rechtsprechung des EuGH in den Bereichen des institutionellen Rechts und der Grundfreiheiten, NVwZ 1999, 1072 ff.; Jarass, Elemente einer Dogmatik der Grundfreiheiten, EuR 1995, 202 ff.; Kingreen, Die Struktur der Grundfreiheiten des Europaeischen Gemeinschaftsrechts, S. 20 ff.; Nettesheim, Die europarechtlichen Grundrechte auf wirtschaftliche Mobilitaet (Art. 48, 52 EGV), NVwZ 1996, 342 ff.; Odendahl, Die Grundfreiheiten des Waren-Kapital-und Zahlungsverkehrs, JA 1996, 221 ff., 309 ff.; Steindorff, Drittwirkung der Grundfreiheiten im europaeischen Gemeinschaftsrecht, FS Lerche, 1993, S. 575 ff.

(一)商品流通自由(欧共体条约第23条及以下条款)(Warenverkehrsfreiheit, Art. 23ff. EGV)

商品自由流通是欧共体条约的一个基本原则(EuGH, DVBl. 1998,

228)。确立商品的自由流通在1957年成立欧洲经济共同体时被视为实现欧洲共同市场设想的原动力。确立该自由正确的切入点是消除共同体**内部的关税壁垒**(Beseitigung der BinnenZoelle),即废除成员国之间的进出口关税和其他赋税。欧共体条约第23条规定了旨在实现共同体目的的关税联盟,这一关税联盟自从1968年起就全面实现了,此后,其他的阻碍欧共体内部贸易往来的壁垒就凸显出来,急需消除。

商品流通自由本来是制度意义上的客观权利,但通过欧洲法院的判例它却成为了一项**具有可诉性的个人基本自由**(individuell einklagbaren Grundfreiheit)。

1. **保护范围**(Schutzbereich)

从**实质内容的角度**(in sachlicher Hinsicht),欧共体条约第23条指出,第25条和第28条适用于所有来自成员国的商品,或所有来自其他国家但在成员国自由流通的商品。这样一来,商品流通自由的实质保护范围就包括两方面内容:一方面,商品的概念对于是否属于商品流通自由非常重要;另一方面,正如欧共体法第23条第2款明确规定的,商品流通自由受到保护,不受关税或有同样效果的赋税的侵犯(欧共体条约第25条),也不受进出口配额限制或有同样效果的措施的影响(欧共体条约第28条和第31条)。

案例分析步骤提示(Aufbauhinweis):关于如何分析基本自由的案例还没有完全达成共识。以下是根据三阶段审查的观点来建构分析步骤的:分别考察欧共体法上的基本自由的保护范围,侵害事实和合法性。这样的分析结构与基本法上的基本权利审查结构非常类似,但由此产生的争议是,是否在分析考察基本自由时,因为它的客观权利特征,也应该涉及自由权利和平等权利的考察。欧洲法院在它的判例中并没有按以上步骤来审查,而是从客观实质角度来考察。

参考文献:Jarass, Elemente einer Dogmatik der Grundfreiheiten, EuR 1995, 202 ff.; Kingreen, Die Struktur der Grundfreiheiten des Europaeischen Gemeinschaftrechts.

属于商品流通自由保护范围的基本前提是,该流通必须是围绕**商品**(Waren)进行的。所有动产及其孳息都可以理解为商品,他们因为具有货币价值而成为商品交易的对象。比较困难的是如何**区分商品和服务**（Abgrenzung gegenueber Dienstleistungen），以及如何区分商品自由和服务自由（欧共体条约第 49 条）。一个粗略的标准是商品都应该是有形的。但有一个例外，那就是电，虽然电没有具体的形态，但还是被作为商品对待，并享有流通自由。

例：垃圾（Abfaelle）也被作为欧共体条约第 23 条第 2 款意义上的商品，而且不局限于其是否具有再利用价值（str.；s. EuGH，Slg. 1992，I—4431/4478 f.）。

商品流通自由首先保证的是对共同体内部的商品流通不再重新征收关税。共同体条约第 25 条明文禁止再征收新的进出口关税或具有同样效果的赋税。对后一概念可以做较为宽泛的理解，即保障商品流通在进出口方面没有针对外国商品实施实质上的、经济财政上的不平等对待（Oppermann，Europarecht，Rn. 1281）。即使对外国商品造成的经济负担非常小，不论它以何种名义，也不论它以何种方式实施，都是被禁止的，只要施加这种负担的理由仅仅是该商品来自国外。允许对跨境交易的商品征收赋税的情形是，征税不会产生歧视效果，即对国内外商品一视同仁。

例：在欧洲范围内尚未统一的增值税可以继续由各成员国对外国商品征收，因为对国内外商品都同样征收，所以不存在区别对待。

在实践中对保护商品流通更有意义的是，反对进出口数量上的限制或具有同样效果的措施。欧共体条约第 28 条以下条款对此做了规定，其理由是：关税联盟建立后，其他妨碍商品自由流通的壁垒还远没有被清除。因为关税联盟并不能阻止各成员国通过确定的质量或数量要求来侵犯商品流通自由。尤其是成员国自行制定的进出口配额可对内部市场理念构成巨大威胁。因此，欧共体条约第 28 条和第 29 条禁止成员国之间采取出口数量限制和任何具有同样效果的措施。

从**个人的角度来说**（**persoenlicher Hinsicht**），所有符合欧共体条约第 17 条及以下条款所定义的欧盟公民都可以主张自己受到商品流通自由保护的权利。

2. **侵害行为**（Beeintraechtigung）

并不是每一个涉及欧盟公民经济活动的法律规范或其他的公权行为都会侵犯基本自由。跟如何界定基本权利受到侵害的范围的争论类似，对基本自由来说也存在一个重要问题：一个公权力措施在什么条件下构成对基本自由的侵害？回答该问题的可取办法是**对一个侵害行为进行两个步骤的审查**（Beeintraechtigung in zwei Schritten zu pruefen）：首先，必须要有一个公权行为**限缩了**（Verkuerzung）基本自由所**保护的范围**（Schutzbereiches）；其次，这种歧视待遇（Benachteiligung）必须**涉及跨国界**（grenzueberschreitenden Bezug）的商品交流。

针对第一个审查步骤的疑问是，是否侵害行为只能是公权力行为（国家行为或欧共体的行为）。德国的基本权利理论持肯定观点。但在这里要提及基本自由的**第三人效力问题（Problem der Drittwirkung）**，大多数人根据欧洲法院在个案中的一些表述认可这一第三人效力，但是欧洲法院至今还未对此作出有普遍约束力的表态。

例：欧洲法院在“Bosman”一案中（Slg. 1995, I—4921/5066）对雇员流动自由作出如下判决，“如果废除国籍限制的措施不能有效实施，那么推行废除限制雇员流动自由的措施也困难重重，因为那些不受公法约束的私法社团行使其意思自治权而制定的规定或协议常常会妨碍雇员行使流动自由”。欧洲法院在此也把私法上的约定和某些团体组织以国籍作为入会条件的规定视为对雇员流动自由的侵犯。

欧洲法院最近在关于法国农民抗议一案中（EuGH, DVBl. 1998, 228f.）提出了**保护义务的概念**（Schutzpflicht-Konzeption），从而指出了另一种认定侵害行为的可能办法。欧洲法院在判断某行为是否构成侵犯商品流通自由时并不必然要求它是一个公权行为，该法院认为私人的行为也完全可能构成危害，而且强调，“如果某成员国没有采取措施来制止侵害商品流通自由的行为，虽然该侵害并不是由国家造成的，但是也可以主张商品流通自由”（EuGH, DVBl. 1998, 228f. Rn. 29）。此外，欧洲法院还强调，商品流通自由不仅保护商品流通不受国家采取的积极行为侵害，而且也保护不受成员国之间设定贸易限制的消极措施侵犯。

参考文献：Bleckmann，Europarecht，Rn. 757 ff.；Kainer，Grundfreiheiten und staatliche Schutzpflichten-EuGH，NJW 1998，1931，JuS 2000，431 ff.；Steindorff，Drittwirkung der Grundfreiheiten im europaeischen Gemeinschaftsrecht，FS Lerche，1993，S. 575 ff.

判定是否构成侵害行为的第二步是考察是否存在关于**跨国商品流通的歧视**（grenzueberschreitenden Bezug der Benachteiligung）。这种歧视是指针对国外商品必须存在与内国待遇相比不公正的待遇。外国商品承受的负担和实施区别待遇标准之间还必须有因果关系（Kingreen，Struktur der Grundfreiheiten des Europaeischen Gemeinschaftsrechts，S. 83 f.）。采取区别待遇的标准是国籍的不同和跨境交易的事实。所以，对于欧盟公民从事经济活动这一专门领域，基本自由就是禁止歧视的一般规定（欧共体条约第 12 条）的具体化和专门化，这些基本自由应当创造内部市场并保障其有效运行。

在确定是否存在一个侵害行为时，除了以上两点以外，并**不要求**（nicht zu verlangen）满足**其他的条件**（weitere Anforderungen），如目的性，或者被审查行为造成危害的程度等。

对商品流通自由来说，比较特殊的是，欧共体条约本身已经提到了一些可能的侵害行为，如：进出口关税或具有同样效果的赋税（欧共体条约第 25 条）；进口配额限制（欧共体条约第 28 条）；出口配额限制（欧共体条约第 29 条）；以及所有具有配额限制效果的措施（欧共体条约第 28 条和第 29 条）。

现存的大量侵害商品流通自由的行为都可以在欧共体条约第 28 条以下找到相应的规定。**配额限制**（Mengenmaeßige Beschraenkungen）是指国家对进出口的数额和价值进行硬性控制，这些控制措施可能会导致全面地或部分地禁止进出口或过境贸易（EuGH，Slg. 1968，633/644）。

尤其要注意**具有相同效果的措施**（Maßnahmen gleicher Wirkung）的概念，它们虽然非常细碎地、不经意地隐藏在不同条款中，但却可能对内部市场造成巨大危害。这一概念在欧共体条约中没有具体定义，但是欧洲法院对它的内容做了详细解释。

对该问题有奠基意义的是欧洲法院的 Dassonville 判决（EuGH，Slg.

1974, 837ff.)。在该判决中,欧洲法院对欧共体条约第28条和第29条规定的“具有相同效果的措施”做了定义:“每个措施,只要它适于对欧共体内部贸易造成直接或间接或潜在的障碍。”这一基本定义直到今天还具有重大意义(vgl. etwa EuGH, DVBl. 1998, 228)。具有相同效果的措施首先是指区别对待本国商品和外国商品的措施(即所谓的区别待遇)。欧洲法院在“Cassis de Dijon”判决(EuGH, Slg. 1979, 649 ff.)中再次扩大解释了具有相同效果措施的概念,同时也就明显扩大了商品流通自由的保护范围,即无差别待遇也要接受商品流通自由的审查。这样一来,就不用再追问外国商品在进口时是否受到本国法律的歧视,而是建立一个禁止限制进口国外商品的欧洲法律制度,即只要外国商品遵守欧共体条约第28条和第30条的规定合法地在成员国交易流通,就不能被限制进口。

例:对国内农产品发放“德国品牌质量”的CMA商品标签的行为,按照现有的法律结构可以被视为欧共体条约第28条所指的国家公权力措施,欧洲法院认为(EuZW 2003, 23 ff. m. Anm. Leible),这一国家行为会对成员国之间的自由商品交流产生潜在的限制。即使使用该标签是自愿行为,但是这种强调德国产地的做法还是会促使消费者购买贴有CMA商品标签的货物。

这种无限扩大解释的做法在Keck判决中得以纠正,欧洲法院随之明显缩小了对“具有相同效果的措施”的概念解释。从此,欧洲法院开始区分**商品生产要求和商品经营要求**(Produktanforderungen und Vertriebsanforderungen)。对于商品生产方面的规定,如对重量、形态、成分等提出特定要求即为具有相同效果的措施,因此属于商品流通自由的实质保护范围,这些要求不论是适用于区别待遇还是同等待遇都是被禁止的,这时就可以继续适用“Dassonville”和“Cassis”判例确立的标准。而商品经营方面的要求,如对广告、销售时间、价格和销售地点的要求一般不会阻碍成员国之间的贸易往来,只要他们对所有市场主体一视同仁,并没有在法律上或事实上歧视外国商品。

例:德国的商店营业时间法(详见第四编第四章)确定了店铺关门的时

间,这是对商品经营的要求,但该规定无差别地适用于本国和外国商品销售者。因此,根据欧洲法院的判例,不用考察该法是否违反了商品流通自由。欧洲法院在审查奥地利工商条例的一条规定时援引了“Keck”判例确立的实质歧视的限制解释标准,该法条规定流动兜售商品(与德国的流动营业类似,详见第四编第一章)首先必须要在当地有住所。欧洲法院认为(NVwZ 2000, 425/427),这一住所要求提高了外国商品相对于本国商品进入市场的门槛,因而与欧共体条约第28条的规定不相符。

但是商品生产要求和经营要求之间的界限还需要进一步厘清,因为很多国家规范在调整(商品经营要求意义上的)商品销售方式时却明显涉及关于商品生产的要求。而且,现在的营销策略都把生产和销售作为不可分割的整体来策划。所以,如何界分欧洲法院所确定的商品生产要求和销售要求变得越来越难。对该问题还没有最后盖棺定论,不过,可以确定的是,如果某成员国对外国商品交易采取歧视措施,不论是法律规定上的还是实际发生的,该行为都应当被认定为对商品流通自由的侵害。至于如何认定无差别适用的限制措施,则要依赖欧洲法院确定的商品生产要求和经营要求之间的区别。

例:M有限责任公司在欧洲范围内销售冰棍,在该商品的外包装上都印有“额外增加10%”的字样。在德国,这种销售行为将被视为违反反不正当竞争法第3条(误导宣传)并会遭到禁止。欧洲法院在审前程序中判定(EuGH, Slg. 1995, I—1923),这是违反商品流通自由的行为。欧洲法院进一步发展了“Keck”判例确立的标准并强调根据欧共体条约第28条,这种增加商品自由流通难度的行为是被禁止的,关于商品装配、标签和包装等的具体规定都会造成商品流通的困难,即使这些规定无差别地适用于国内外商品。在本案中,进口商如果想满足反不正当竞争法第3条的要求,就必须将该产品按照销售地点的不同而做不同的改装,而且还要承担因此增加的包装和广告费用。因此,欧洲法院认为该案中存在阻碍欧共体内部贸易的行为。

3. **正当性**(Rechtfertigung)

审查的第三步是考察一个可能侵犯商品流通自由的成员国措施或规定

是否**能够被合理化**（moeglicherweise gerechtfertigt）。因此，我们要在欧共体条约中寻找像德国基本权利理论那样的被认可的**对基本权利的合法限制**（Schranke），即某个由成员国采取的侵犯基本权利的措施或规定是否得到例外许可从而获得合法性。这些合法的限制体现在欧共体条约第 30 条、第 39 条第 3 款、第 45 条第 1 款和第 55 条中。

这些合法的限制并不意味着成员国享有更多的这方面的立法权。实际上，只有经过欧盟法层面的审查，认定侵害行为具有正当性后，各成员国才有权制定法律规定来加大限制商品自由的力度。欧洲法院因此强调，如果（具有次级适用效力的）欧盟法律已经对相关领域做出了最终规定，则不能以正当性为理由而提起上诉。可能出现的情况是，基本自由的实际保护范围已经在审查保护范围阶段考察过了，在该阶段需要考察的是，次级欧盟法是否已经细致地规定了基本自由的保护范围，如果已经非常详尽了，那么，更进一步的考察就可能多余了。

审查欧共体条约合法限制的执行措施时，必须要使用**对限制进行限制**（Gegenschranken）的标准，尤其是**比例原则**（Grundsatz der Verhaeltnismaeßigkeit）（EuGH, Slg. 1983, 2445/2463f.），即该限制措施必须是对实现限制目的合适的、必要的、适当的（狭义比例原则）。

欧共体条约第 30 **条**（Art. 30 EGV）作为合法的限制，对于使那些侵害商品流通自由的行为获得正当性具有重大意义。欧共体条约第 30 条第 1 句例外允许采取一些进出口禁止措施或具有同样效果的措施，只要这些措施是出于以下正当理由，例如：为了公共安全和秩序、社会公德；为了保护人类的生命和身体健康；为了保护动植物；保护具有艺术、历史和文物价值的国家文化事物；或为了保护具有营利性商业性的财产（对于每一个正当理由的详细论述请参阅：Oppermann, Europarecht, Rn. 1302ff., Schweitzer/Hummer, Europarecht, Rn. 1129）。这里提到了为了实现（公共）目的，即成员国为了实现公共目的可以被允许采取限制商品流通自由的措施。至关重要的是，这些限制措施能够通过其追求的目的而被**正当化**（gerechtfertigt）。在此，要再次提到作为**对限制措施进行限制**（Gegenschranke）的基本原则——比例原则：成员国的规制措施（侵犯商品流通自由的措施）必须是为了实现一个公益目的而必要的，也就是说，是恰当的、必要的和合乎比例的。

欧共体条约第30条第2句**明确**规定了其他两个途径**对限制措施进行限制**（ausdrueckliche Gegenschranken）：一方面，被允许的侵害商品流通自由的行为不能因此成为恣意歧视的手段；另一方面，不能成为成员国之间贸易限制的幌子。

另外，即使某个侵犯商品流通自白的行为不属于欧共体条约明文规定的合法限制，但也可能获得合法性。因为欧洲法院在Cassis判例中扩大了欧共体条约确定的合法限制范围，并认可迫切的公共利益基本上也可以作为使行为正当化的理由或作为合法的限制：

"由于缺乏对商品生产和销售的欧盟法统一规定，颁布适用于各自法域的相关商品生产和销售规定，就成为成员国的事务。而由于各国商品销售规定的不同给欧共体内部贸易造成的障碍也必须被容忍，只要这些规定对于满足迫切的要求是必要的，尤其是为了有效监管税务；为了保护公众健康；为了商业交流的公正以及保护消费者（EuGH，Slg. 1979，649/662）。"

"尤其是"一词已经表明，可作为公共利益被合理化的"迫切需要"并没有列举详尽。后来欧洲法院又对这一正当理由名单进行了补充，环境保护、文化原因或通过媒体多样化来保证言论自由等都被包括进来；但纯粹的经济理由则不足以使侵害商品流通的行为获得正当性（EuGH，Slg. 1998，I—1831 Rn. 39；EuGH，NVwZ 2000，425/427）。对于"Cassis"判例确立的标准的归属则有争议。有人认为，它内含了对欧共体条约第28条规定的禁止措施的合法限制，因此应视为是对基本自由的事实上的限缩。正确的观点是：公共利益使"Cassis"判例标准成为不成文的合法限制，也使一个侵犯商品流通自由的行为有了正当化的理由。但由于这些正当理由没有被写入欧共体条约，因此还要根据成文法规定的正当化理由对其进行审查。

"Cassis"判例的另一后果是确立在成员国之间适用"信赖原则"。该原则是指，在某一个成员国合法生产并销售的产品，在另一个成员国基本上应当也必须被允许生产或销售。其理由是：在商品的产地国已经考虑到迫切公共利益而使某一侵害商品流通自由的行为取得正当性，所以，该商品也应该能够在其他国家生产和销售。因此，这一原则也被称为**来源国或原产地原则**（Herkunfts-bzw. Ursprungslandprinzip）。在此起决定作用的是，商品是否已在产地国合法地生产并销售。欧洲法院的该判例也使欧洲理事会有了另一个政治标尺,即具有重要意义的不再必然是法律的协调一体化,成员国规制之间的**相互认可**(gegenseitige Anerkennung)也足以实现商品流通自由。

必须注意的是,按照欧洲法院的观点,在"Cassis"判例中提到的公共利益只能使无差别待遇正当化。对差别待遇则要进行审查,歧视外国商品的措施只能根据欧共体条约第30条的规定被合理化。对无差别对待国内外产品的侵权行为,可以通过其他途径获得正当性,如"Cassis"判例所指的公共利益。比例原则作为**对限制进行的限制**(Gegenschranke),也用来审查"Cassis"判例中确立的正当理由(EuGH, GewArch, 1999, 476/478 f.),这正如该案中"只有这些规定是**必要**(notwendig)时"所表述的那样。

例:德国"纯净标准"规定啤酒生产者在制造啤酒时,除了麦芽、啤酒花、酵母和水以外,不能使用其他添加剂。啤酒税法(Biersteuergesetz, BStG)第10条规定,来自其他国家的饮料,如果不是按照这一纯净标准生产的,则在德国不允许贴"啤酒"标签出售。欧洲理事会和欧洲法院(Slg. 1987, 127 ff.)认为该条款是欧共体条约第28条所指的具有相同效果的侵害商品流通自由的行为。德国进行了申辩,理由是:该条的目的是为了保护民众身体健康和保护消费者。保护身体健康是公共利益,而根据欧共体条约第30条第2句的规定,为了公共利益可以例外允许采取侵害商品流通自由的行为。德国的辩解是否合理呢?这就涉及比例原则。具体来说,如果某制造商使用了其他添加剂,例如大米和玉米等,则根据BStG第10条被禁止在德国作为啤酒销售。很显然,该禁止销售规定不符合比例原则的必要性要求,也就是说,还可以采取其他较为和缓的措施来保护民众健康。此外,还要考虑到在"Cassis"判例中提到的消费者保护的正当理由。在这一点上侵害措施也必须符合比例原则。欧洲法院还认为,规制商品标签的内容对保护消费者也非常重要,即在所出售的产品上必须贴上一个表明该产品种类的适当的标签。在该案中,禁止销售行为不符合比例原则的必要性要求。所以,欧洲法院最后判定,BStG第10条违反了欧共体条约第28条的规定,且该违反行为不具有正当性。又如,西班牙也有一条规定,要求Rioja红葡萄酒在当地只能用瓶子灌装,不能通过闷罐火车运输出口。该规定侵犯了欧共体条约第29条规定的商品流通自由,但却因为出于保护质量和维护 Rioja 葡萄酒声誉的目的而被认为是正当合理的。

参考文献：Arndt，Warenverkehrsfreiheit und nationale Verkehrsbeschraenkungen，ZIP 1994，188 ff.；Epiney，in：Ehlers（Hrsg.），Europaeische Grundrechte und Grundfreiheiten，2002，§ 8，Nagel，Wirtschaftsrecht der Europaeischen Union，S. 61 ff.；Oppermann，Europarecht，§ 18；Schweitzer/Hummer，Europarecht，Rn. 1076 ff.

（二）人员流动自由（欧共体条约第 39 条以下条款）（Arbeitnehmerfreizuegigkeit，Art. 39ff. EGV）

人员流动自由（Personenverkehrsfreiheiten）（欧共体条约第 39 条至第 42 条）是欧共体条约第三章确定的四大自由之一，其他的为开业自由（欧共体条约第 43 条以下条款）、服务自由（欧共体条约第 49 条以下条款）和资本流通和支付往来自由（欧共体条约第 56 条以下条款）。广泛的次级效力法律规范和大量对**欧洲融合持宽容支持态度的判例**（großzuegige，integrationsfreundliche Rechtsprechung）都涉及人员流动自由，该基本自由也因此成为全面保障内部市场雇员权利的主观权利。

1. **保护范围**（Schutzbereich）

根据共同体法，**雇员**（Arbeitnehmer）是指某人在确定的时间内根据他人的指示提供劳务，并获得作为对价的不可忽略不计的报酬。其特点是**非独立从业**（unselbstaendig），不论这种活动是否具有艺术或体育活动的性质。雇员的概念也通过次级法得到显著扩展，例如延伸到学生、法律实习生和非营利性从业人员。

人员自由起先被理解为在就业、薪酬和其他工作条件等方面禁止歧视的特别规定（spezifisches Diskriminierungsverbot）（参见欧共体条约第 39 条第 2 款的规定）。随着历史的发展，该基本自由的保护范围扩大到**社会保障体系**（sozialen Sicherungssysteme）以及解除雇佣关系领域。欧洲法院在实践中也像对待其他基本自由一样，通过把无差别待遇视为侵害基本自由的行为的方式将人员流动自由从禁止歧视的特别规定发展成**禁止限制自由的普遍规定**（allgemeinen Beschraenkungsverbot）（EuGH，Slg. 1995，I—4165/4197；EuGH，EuZW 1999，216/218）。

欧共体条约第 39 条第 1 款保障的首先是欧共体内部的**人员流动自由**

(Freizuegigkeit der Arbeitnehmer),也就是说,保障欧盟公民有权获得平等的就业机会。人员流动自由,特别是欧共体条约第39条第3款第b、c项,与欧共体条约第18条第1款保障的欧盟公民的自由迁徙权和居住权紧密联系,而迁徙和居住权也与基本法第11条的规定不谋而合且发挥了基本权利的作用(Pernice, in: Dreier [Hrsg.], GG I, Art. 11 Rn. 5)。人员流动自由因此修正了所有成员国的外国人法,有些国家的外国人法曾经对外国人入境、拘留和工作许可作了保守的严格的规定。欧共体条约第39条第2款要求废除那些规定,并禁止根据国籍对欧盟雇员在就业、薪酬和其他工作条件方面区别对待。该条款因而保障成员国的雇员**有权在他国获得国民待遇**(Recht auf Inlaendergleichbehandlung)(Oppermann, Europarecht, Rn. 1520)。也就是说,人员流动自由被具体化为:欧盟公民有权获得与工作岗位所在地的成员国国民同等的就业机会或者获得同等的社会和税收优惠待遇。此外,人员流动自由还通过欧共体法第39条第3款规定的所谓"居留和附属权利"(Aufenthalts-und Begleitrecht)得到了补充(详见 Oppermann, Europarecht, Rn. 1536 ff.)。该自由的确切保护范围通过判例不断具体化,目前值得注意的一个发展趋势是:所有欧盟公民如何享有同等的社会法上的权利(EuGH, EuZW 2002, 635 ff.)。

不过,根据欧共体法第39条第4款的规定,人员流动自由不适用于公共行政领域的从业人员。这样做是为了成员国能够借助忠诚的受到本国约束的公职人员来完成自己的某些主权行为(EuGH, Slg. 1980, 3881/3900)。这一规定的思想基础是各成员国一直坚持的主权观念,即国家的根本任务应当由本国公民来完成(参见基本法第33条第4款的规定)。

2. **侵害行为**(Beeintraechtigung)

相对于条约原定的保护目的,在现实生活中肯定有**明显的或隐蔽的歧视行为**(offene und verstecke Diskriminierungen)侵犯人员流动自由。欧洲法院首先区别对欧盟外国雇员的直接的和间接的不平等待遇,这种不平等是与内国雇员相比较而言的。人们对这一区别作出了宽泛解释,即:其他的普遍性限制也可能构成一个侵犯人员流动自由的行为,只要其能够归责于当事国。

例:在"Bosman"判决中(EuGH, Slg. 1995, I—4921 ff.),欧洲法院认

为,协会章程所规定的足球运动员转会费数额是对人员流动自由的限制。具体来说,限制人员流动的行为是指:"妨碍或阻止一个成员国的公民离开原籍,使其不能行使迁徙自由,即构成侵犯人员流动自由,即使该行为在实施时并不涉及当事人的国籍,也是对基本自由的侵犯"(Hobe/Tietje, Jus 1996, 486ff.)。对职业运动员转会时间的限制也是对人员流通自由的侵犯(EuGH, BayVBl. 2001, 142 f.)。

在此,人员流动自由的**第三人效力**(Drittwirkung)也得到了确认:私法主体也可能限制该自由。确认第三人效力的基本想法是:基于劳资双方订立合同的意思自治(基本法第9条第3款第1句),雇员的自由权利,尤其是在订立私法合同时会受到影响或限制(EuGH, DVBl., 2001, 1268)。承认第三人效力必然导致与私法上基本权利的冲突,这只有借助欧盟法的基本规定才能解决。

例:职业运动员可以针对私法性质的体育俱乐部主张自己的人员流动自由(EuGH, Slg. 1995—I—4921 ff.; EuGH, BayVBl. 2001, 142 f.)。

这一第三人效力在次级法层面通过欧盟第1612/68号条例第7条第4款得到具体化,该条例规定:只要规定或允许了对欧盟雇员的歧视性条件,所有劳资合同、个人劳动合同和集体协议中关于就业机会,就业条件、薪酬和其他所有工作条件和终止劳动合同条件的条款规定都是**无效的**(nichtig)。

人员流动自由的保护范围基本上不包括对于内国公民的限制或不平等待遇,即所谓的**内国公民歧视**(Inlaenderdiskriminierungen)。

例:德国联邦邮政当时曾规定,国外雇员可以在培训之后自由选择以公务员或雇员的身份来工作。但德国员工就没有这种选择权。德国人D认为受到了该规定的歧视,并起诉它违反了欧共体法律。欧洲法院在审前程序中认定,该案的事实并没有表明它与涉及人员自由流动的欧盟法案例之间存在任何联系(EuGH, Slg. 1992, I—341/357)。

但在上述案件中,如果存在下述情形则可以适用人员流动自由,即:如果一个本国人像一个欧盟内部的外国人那样行使他的自由流动权,例如使用在国外获得的硕士学位求职或其本人之前曾经在国外工作过。欧洲法院在上述案例(EuGH, Slg. 1992, I—341/356 f.)中指出,该案原告从来没有在欧共体内行使过自由流动权。人员流动自由在这样的案件中无论如何不能适用,因为在此类案件中并没有发生跨越成员国国界的法律事实。

3. **正当性**(Rechtfertigung)

欧共体条约第39条第3款规定了使限制人员流动自由的措施获得正当性的合法限制,即:出于保护公共秩序、安全和健康目的而采取的限制措施是正当合法的。因为这些合法限制与确定人员流动自由的附属权利和居留权之间存有系统联系,所以这些限制保留(合法限制)只适用于欧共体条约第39条第3款提到的附属权利(Oppermann, Europarecht, Rn. 1530; a. A. Arndt, Europarecht, S. 147)。从这一观点出发,则可以得出结论:这些限制不适用于欧共体条约第39条第2款规定的平等待遇。

如果欧洲公民的行为虽然没有影响公共秩序(每一个违法行为都会影响公共秩序),但存在事实上的和足够严重的危害,而且该危害会影响成员国社会基本利益,那么,成员国对这类行为采取限制自由流动的措施则是正当的(EuGH, Slg. 1975, 1219/1231)。在驱除一个实施了违法行为的外国人时常会遇到上述问题,此时起决定作用的是当事人违法行为的严重程度(EuGH, Slg. 1975, 297/307)。

例:由于德国建筑业整体不景气,联邦政府决定,不给外国建筑工人颁发工作居留许可而且还修改了工作居留条例[ArbeitsaufenthalteVO (AAV)]。葡萄牙人P认为这是违法的。德国政府的做法的确违反了欧盟法律。对工作居留条例的修改限制了人员的流动自由,因为P因此不能在其他成员国自由择业和从业。这里涉及欧共体条约第39条第3款第a、c项规定的可以正当化的限制措施,但这些限制只能出于保护公共秩序、安全和健康目的而做出。在普通法上,德国通过居留法第12条第1款具体落实了欧盟法上的这一正当理由。但同时该条法律也明确规定,那些可被正当化的限制措施**不能是出于经济目的**而采取的。因此,对工作居留条例的修改违反了欧盟法。这个案例还同时说明了成员国在多大程度上享有经济政策决策自由。

要求应聘者具有一定程度的外语知识则是正当的限制,但是如果要求必须用某一证书来证明其语言能力则是不正当的限制(EuGH, DVBl. 2001, 1268f.)。

此外,正如商品流通自由那样,侵害人员流动自由的行为也可以通过不成文的“迫切的公共利益理由”而正当化。对所有的正当化理由进行考察时,都要遵守对限制进行限制的基本原则——比例原则(EuGH, BayVBl. 2001, 142/143)。

参考文献:Becker, in: Ehlers (Hrsg.), Europaeische Grundrechte und Grundfreiheiten, 2002, § 9; Everling, Zur Rechtsprechung des Europaeischen Gerichtshofs ueber die Beschaeftigung von EG-Auslaendern in der Oeffentlichen Verwaltung, DVBl. 1990, 225 ff., Oppermann, Europarecht, § 23.

(三)开业自由(欧共体条约第 43 条以下条款)(Niederlassungsfreiheit, Art. 43ff. EGV)

1. **保护范围**(Schutzbereich)

欧共体条约第 43 条至第 48 条规定的开业自由使欧洲公民有权在其他成员国长期**从事自由职业**(selbstaendige Taetigkeit)。开业自由适用于成员国的所有公民及其亲属。

因为以营利活动为目的的欧洲公民的开业自由是作为主观公权利受到保护的,所以有必要明确区分该自由和人员流动自由以及服务自由。开业自由与人员流动自由的区别在于:前者是独立从业,而后者是受雇于人。即:自由从业行为不受他人指示的影响而且对自己的行为负责。“长期性”的特征使开业自由区别于服务自由,即:如果只是在另一个成员国短暂从业,就只享有服务自由;但如果是以固定的商业机构的形式长期从事经济活动,则享有开业自由。

欧共体条约第 43 条首先规定了居留权,然后在第 2 款规定,按照驻在国对其本国国民适用的规范来保护欧洲公民注册和从事自由职业活动以及建立和经营企业,即:欧洲公民在其他成员国享有国民待遇,当然,这也适用于法人。这一与内国公民平等待遇的规定是对欧共体条约第 12 条的具体化,它禁止公开的或隐蔽的歧视意欲开业的欧盟外国人。

虽然欧共体条约第 43 条及以下条款并没有规定与开业自由相关的**附属权利**(Begleitrechte),但在欧共体条约第 39 条第 3 款规定的附属权利在此都同样适用。

例:暂时租用场地用于职业用途也属于开业自由保护的范围(EuGH, Slg. 1985, 1819ff.)。

在其他成员国注册和从事自由职业的前提是,欧洲公民能获得同等的培训机会以及成员国之间互相承认培训证书、毕业证书和高校文凭。为了实现这一前提,欧盟根据欧共体条约第 47 条第 1 款颁布了大量的指令,以促进各国资格证书的相互承认(关于欧盟各国目前相互承认证书的具体状况参见:Oppermann, Europarecht, Rn. 1614 ff.)。

例:1998 年 12 月 21 日颁布的欧盟指令"RiL 89/48"(ABl. EG 1989)及其补充规定——欧盟条例"RiL 92/51"(ABl. EG 1992 Nr. L 209/25)规定欧盟各国相互承认高校文凭,但该学历必须是通过至少 3 年的职业培训获得的。

2. **侵害行为**(Beeintraechtigung)

禁止对开业自由采取歧视措施最初被视为一项特别规定,与此相适应,当时只有基于国籍而做出的公开或隐蔽的歧视才被认为是对开业自由的侵犯。后来,开业自由的适用范围通过欧洲法院的判例不断扩大,所谓的无差别待遇也可能构成对该自由的侵害。所以禁止对开业自由进行限制就成了一项普遍原则。

例:某一成员国不能因为一个来自其他国家的律师已在他国开有律所,而不允许其在本国从事律师职业(EuGH, Slg. 1984, 2971 ff.)。又如,如果某成员国要求专利律师具有该国学历,在该国专利律师簿上登记注册以及在该国有住所或者要求在其母国已经开业,则这些要求都是对开业自由的侵害(Schlussantraege des GA Jacobs, Rs. C—150/01)。

开业自由基本上也具有**直接第三人效力**(unmittelbare Drittwirkung),即保护开业自由不受到私人的侵害。但是对第三人效力的范围存有争议。值得建议的是,第三人保护范围只包括因为第三人的限制而阻碍欧洲公民行使流动自由的侵害行为。

参考文献:Tietje, in: Ehlers (Hrsg.), Europaeische Grundrechte und Grundfreiheiten, 2002, § 10.

3. **正当性** (Rechtfertigung)

欧共体条约第 45 条明确规定了合法的限制措施,即:长期或暂时行使公权力的行为不适用开业自由。此外,欧洲理事会还可以通过多数表决来扩大合法限制的例外范围。欧共体条约第 46 条还规定,成员国有权出于保护公共秩序、安全和健康的目的采取限制措施。上述两类合法限制都涉及公开的或隐蔽的歧视。如果非歧视性限制措施给开业自由造成侵害,只要其有正当的理由并遵守了比例原则,则可以被合理化(Schweitzer/Hummer, Europarecht, Rn. 1175)。

(四)服务自由(欧共体条约第 49 条及以下规定)(Art. 49 ff. EGV)

欧共体条约第 49 条及以下条款补充了其他基本自由未涉及的短期跨国界服务自由。服务自由明确规定,全面消除成员国之间在服务流通方面的公开的或隐蔽的歧视措施。该原则的指导思想是"共同市场","在共同市场中欧共体内部的经济活动都不受国籍和住所的限制"(Generalanwalt Lenz, EuGH, Slg. 1989, 205)。服务自由的**补充作用** (Ergaenzungsfunktion)体现在欧共体条约第 50 条第 1 款中:其他的基本自由应优先适用,服务自由作为**兜底条款** (Auffangtatbestand)处于第二梯队。服务自由不仅约束成员国,而且也直接适用于公民(OVG Muenster, GewArch. 2000, 112 f.)。

1. **保护范围**(Schutzbereich)

服务自由首先禁止限制服务的自由流通,这些服务是由居住在某一成员国的公民向另一成员国的国民提供的(见欧共体条约第 49 条第 1 款的规定)。所有下述由成员国采取的限制措施,不论是否无差别地适用于来自内国或外国的服务提供者,都是被禁止的:即成员国对居住于他国而在本国提供服务的人采取措施来阻止、妨碍其提供服务或减少该服务的吸引力(EuGH in st. Rspr., etwa NVwZ 2001, 183/184)。可以由此推出另一个自由,即为了在他国提供服务而在他国短暂居留的自由(Art. 50 Abs. 3 EGV)。

欧共体条约第50条第1款对服务的**概念**作了定义:"该条约所指的服务是指不能由规定商品、资本流通和人员流动的规范来调整的有偿服务。"因此,该欧盟法上的关于服务的特别定义对于适用欧共体条约第49条以下条款非常重要,该定义不同于国家法上的类似概念。关于此概念达成了共识,即:服务必须是一种**经济活动**(wirtschaftliche Taetigkeit),而且是**有偿的**(entgeltlich)、**跨国界**(grenzueberschreitend)实施的。教会服务和慈善性服务则不具有有偿性,因为二者并不索取经济报酬。欧共体条约第50条第2款提到了一些典型例子,但列举并不详尽。欧盟委员会在考虑到欧洲法院判例的情况下进一步详细解释了服务的概念(ABl. EG 1993 C 334/3)。

由于服务自由相对于其他自由具有补充作用和次级适用性(见欧共体条约第50条第1款的规定),所以有必要对各种自由进行**区别**。服务自由与开业自由的差别在于,服务活动只是暂时从事的(详见 EuGH, Slg. 1995, I—4165 ff.)。服务自由区别于人员流动自由在于,服务是由自由职业者提供的。

从实质内容的角度来说,服务自由首先保护的是**主动的服务自由**(aktive Dienstleistungsfreiheit)(欧共体条约第50条第1款的规定为证),这是服务的通常形式,即服务供给者短暂前往服务需求者所在国向其提供服务。

例:一个丹麦的工匠在德国的弗伦斯堡(Flensburg)履行维修合同。

此外,自1984年起人们就达成共识,服务自由的保护范围也包括**被动服务**(passive bzw. negative Dienstleistungsfreiheit)(EuGH, Slg. 1984, 377/401 ff.)。欧洲法院强调指出,被动的服务自由补充了欧共体条约第50条第3款的规定,而且有助于使那些不能归类到商品、资本流通和人员流动的活动,也都享有流动自由。欧洲法院列举了旅游者、求医者和从事考察旅行和商业旅行的人。也就是说,服务的需求者也可能自己前往某一成员国寻求相关服务,他们也应享有服务自由。

例：一位卢森堡的妇女在德国求医(EuGH, Slg. 1998, I—1931 ff.)。

还有许多具有实际意义的其他情形，例如：随着新媒体日益广泛地运用，服务的需求者和供给者常常根本不需要离开自己的住所即可实施跨越国界的服务。欧洲法院很早就认定电视传播是一种服务，应受到欧共体条约第49条及以下条款的约束。但如果只是对用于电视转播的音像材料、录音制品、电影或其他音像制品进行商业交易，则受到有关商品流通法规的调整(EuGH, Slg. 1974, 409/428)。欧洲法院还确认**通讯服务**(Korrespondenzdienstleistungen)也属于服务自由的保护范围。

例：某金融服务机构在没有事先告知的情况下给欧盟成员国的潜在投资者打电话(即所谓的向潜在主顾打冷不丁电话)(cold calling)，以期通过这种广告方式来争取客户签订期货合同。该金融服务机构所在国的财政部长禁止企业以这种方式争取客户。又如，欧洲法院对欧共体条约第49条做出了如下解释(EuGH, Slg. 1995, I—1141 ff.)：服务提供者给位于另一成员国的潜在客户打电话作出要约邀请，在双方达成协议后，其从本国向客户提供服务的方式也属于第49条指称的服务。需要注意的是，该服务自由也受到保护，不受到服务提供者所在国所作限制的影响(EuGH, a. a. O., 1176)。只要服务是跨国界实施的，就可以享受欧盟法上的服务自由。

最后，还有对服务自由有重要意义的第四种情形，即：服务的供求双方共同前往另一成员国完成该项服务。典型的例子是"旅游活动"，例如，一个德国导游和一个德国的旅行团一起到另一个成员国游览文化景点。这种情况也属于服务自由的范围(EuGH, Slg. 1991, I—727 ff.)。通过这种情形也就确认了另一种对服务自由的解释，即：如果服务供给者不在其执业住所地，而是在另一个成员国提供服务，也属于服务自由保护的范畴，在此，接受服务的人的住所无关紧要。只要服务供给者中至少有一人在其住所以外提供服务，该服务就受到欧共体条约第49条规定的服务自由的保护(EuGH, GewArch. 1999, 476/478)。

服务自由也具有**直接第三人效力**(unmittelbare Drittwirkung)，例如，针对私人协会或职业机构的第三人效力(EuGH, Sgl. 1974, 1405 ff.; Slg.

1976, 1333 ff.)。

根据这些对服务自由的宽泛解释可以看出欧洲公民**主张普遍流动自由**(Recht auf Freizuegigkeit)所经历的发展过程。欧洲法院和各成员国法院的司法活动都促进了这一进程(因为各成员国法院自从1969年12月31日起也开始直接适用欧共体条约第49条及以下条款的规定)(EuGH, Slg. 1981, 3305 ff.)。这一发展又必然促进了**法律的一体化**(Harmonisierung),尤其在**税法**(Steuerrecht)方面,从长远来看,各国的社会法也必须相互协调(Hoefler, NVwZ 2002, 1206 ff.)。

例:德国营业税法(GewStG)第8条第7项第2句以及第12条第2款第2句规定,如果德国企业租赁了某公司的经济货物,但该公司的住所在其他成员国,则该企业除缴纳营业税以外还要交附加税。该税法规定违反了欧共体条约第49条的规定。虽然根据现行欧盟法律,直接税收不属于欧盟法调整范围,但各成员国必须在遵守欧盟法律的前提下行使其保留的权力。欧共体条约第49条第1款禁止服务者由于其住所地而受到歧视,德国税法的上述规定却恰恰导致了这样的歧视,因而与欧盟法的规定不相符(EuGH, BB 2000, 29 ff.)。

2. **侵害行为**(Beeintraechtigung)

服务自由首先针对的保护外国服务不受到**特别歧视**(spezifischen Diskriminierungen),不论该歧视是公开的还是隐蔽的。

例:BRAO第27条规定,律师必须在其注册所在地的高等法院辖区范围内选择律师事务所的住所。欧洲法院(Slg. 1988, 1123 ff.)认定这一规定侵犯了服务自由。德国联邦立法者因此增加了第29a条的规定作为修正。

跟其他基本自由一样,欧洲法院随后又认定了**其他限制措施**(sonstige Beschraenkungen)也是对服务自由的侵害。如果某项规定使成员国之间的服务行为难于在成员国内部,那么该规定就侵犯了服务自由(EuGH, Slg. 1998, I—1897 ff.; Slg. 1998, I—1931/1946)。

典型的例子是要求某项服务必须申请**行政许可**(behoerdliche Erlaubnisse)，而在其他成员国则不需要申请许可。另一种侵犯服务自由的情形是，某企业在一成员国有住所，当其想在另一成员国提供手工业服务时，被要求必须在该国的手工业者登记簿上注册(EuGH, NVwZ 2001, 183/184)。

3. **正当性**(Rechtfertigung)

服务自由的保护并不是毫无限制的，而这些限制也可能被合理化。欧共体条约第55条规定，限制服务自由可参照适用第43条至第48条关于限制开业自由的规定。第45条和第46条的规定对参照适用起着非常重要的作用。第55条和参照适用的第45条使某些关于公权力行使的例外规定获得正当性，例如，公证员行使公证权的行为，这是公证员被授权行使公权力的行为。第55条结合第46条允许出于公共秩序、安全和健康目的而做出某些限制服务自由的措施。由于严格适用**比例原则**(Verhaeltnismaeßigkeitsgrundsatz)，上述正当理由都被严格解释。如欧洲法院强调指出：自由的服务流通作为欧共体的基本原则只能通过法律规定来限制，这些限制必须是为了迫切的公共利益，而且这些限制统一适用于法域范围内的所有自然人和企业，另外，限制不能超出实现立法目的的必要范围(EuGH, Slg. 1991, I—4221/4244)。这样一来，就可以像欧共体条约第30条那样，借助必要性标准来审查具有侵害性的规定是否具有正当性。为此就必须进行比例原则的三阶段审查。比例原则在此具有非常重要的意义，因为随着"阻碍市场进入"成为确认侵害行为的审查标准后，侵害行为的数量就增加了，与此相适应，可能的正当性理由也被增加了，结果是：在忽视欧共体条约第55条参照适用的情况下，确定什么情形可构成**"迫切的公共利益理由"**(zwingenden Gruende des Allgemeininteresses)就变得至关重要(EuGH, GewArch, 1999, 476/478 f.)。运用严格的比例原则审查可以纠正上述过分宽泛解释正当理由的倾向(Hakenberg, in: Lenz [Hrsg.], EGV, Art. 49/50 Rn. 20)。

例：要求在德国只有零星服务业务的企业必须在手工业者登记簿上注册的规定不符合比例原则，因为申请许可程序所花费的时间和费用与服务的微少收入不成比例，从而使得该服务不再具有市场吸引力(EuGH, NVwZ 2001, 183/184)。又如，某一成员国对人寿保险的资本收益，根据签订保险合同的保险公司住所地的不同而征收不同的收益税，如果某保险公司住所地不在该国将征收较高的收益税，这种差别待遇显然无法获得正当性。该税收规定不满足比例原则中的必要性要求，因为还有其他更合适的、更透明的、对服务流通限制更小的课税方式，例如：可对所有保险公司，不论其来自哪个成员国，都统一征收一次性的人寿保险资本收益税（EuGH, Slg. 1998, I—1897/1926 ff.）。

参考文献：Goerlich, Das Dienstleistungsrecht der Europaeischen Wirtschaftsgemeinschaft, DVBl. 1986, 1192 ff.; Hailbronner/Nachbaur, Die Dienstleistungsfreiheit in der Rechtsprechung des EuGH, EuZW 1992, 10 ff.; Oppermann, Europarecht, § 24; Pache, in: Ehlers (Hrsg.), Europaeische Grundrechte und Grundfreiheiten, 2002, § 11.

（五）资本流通和支付往来自由（欧共体条约第 56 条以下）（Kapital- und Zahlungsverkehrsfreiheit, Art. 56 ff. EGV）

欧共体条约第 56 条及以下条款规定了资本流通和支付往来自由。欧共体条约对这些规定保留了进一步作出详细规定的权力，在这种保留前提下，几乎所有限制成员国和第三国之间资本流通（欧共体条约第 56 条第 1 款）和支付往来自由（欧共体条约第 56 条第 2 款）的措施都是被禁止的。

资本的自由流动是建立**内部市场**的非常重要的**前提条件**（Voraussetzung des Binnenmarkes），因为没有资本的自由流动其他的权利就不可能有效行使。资本应当可以不受阻碍地流动到能带来最大收益的地方去，这样才能在资本市场也建立一个不被歪曲的真正的竞争市场体系。为了达到这个目的，就要求资本在成员国内部和成员国之间自由的流入、流经或流出，这必然导致法律的一体化和现代化以及统一的欧盟资本市场。

1. **保护范围**（Schutzbereich）

欧共体条约第 56 条第 1 款保障资本流通自由，即保护以金钱或货币资本形式出现的从一国到另一国的单项价值交换，受到保护的主要是导致货币债权债务关系的交易行为。这说明，货币在欧共体条约中不是商品，而是一项基本自由的客体。**被保护的对象**（Schutzgegenstand）是**资本本身**（Kapital selbst），而不是投资者或者接受资本的人，即保护的是资本不受限制的自由流动。

例：投资；建立企业或参与股份（在这点上资本流通自由优先适用于开

业自由,见欧共体条约第 43 条第 2 款的规定);允许有价证券进入资本市场。

欧共体条约第 56 条第 2 款规定的支付往来自由保护支付手段跨国界地自由往来,即自由进出成员国。支付往来是指资本货币作为合同的对价被单向地转移交换。从体系上说,支付往来自由与资本流通自由被放在一起调整,但二者并不相同,支付往来自由具有补充性和工具性特征,因为其他自由的实现需要支付自由,也就是说,支付自由对行使其他自由是必不可少的。

例:对接受的一项国外服务进行跨国支付。

资本流通自由和支付往来自由之间的差别可以借助一个基本的**商事行为**(Grundgeschaeft)来说明。欧共体条约第 56 条第 1 款保护的是基本商事行为及其实施过程,即以实物或货币资本形式出现的整体价值转让行为。而欧共体条约第 56 条第 2 款保护的是以何种方式支付商品交易、服务给付或资本交易的自由。

例:"如果转让银行证券是为了履行支付商品交易额或给付服务报酬的义务,那么这种转让行为就不能被视为是资本流通。"(EuGH, Slg. 1984, 377/404)

2. **侵害行为**(Beeintraechtigung)

资本流通和支付往来自由保护首先禁止基于参与人国籍、住所地和资本的投资地而采取的**歧视措施**(Diskriminierung)。对这两项自由也可以适用 Dassonville 判例标准,即任何对资本自由流通和自由选择支付手段实施的直接的、间接的、实际的或潜在的阻碍措施都构成侵害自由的行为。有关商品流通自由的判例在一定程度上也可以借鉴运用。为了真正消除这些妨碍措施建立了货币同盟;参加货币同盟的国家之间自第三阶段 1999 年欧元引入后也不可能再采取外汇法上的限制措施。

尚未澄清的争议是,资本和支付自由针对私人的限制措施是否也具有

第三人效力（Drittwirkung）。

3. **正当性**(Rechtfertigung)

针对资本和支付自由也存在**很多统一适用的合法限制**（weitgehend einheitliche Schranken),在这些合法限制中欧共体条约第58条的规定非常重要。欧共体条约第57条和第59条只允许对资本流通自由进行合法限制,而第119f条则只针对限制支付自由的措施,该条款曾允许参加货币同盟的成员国在货币同盟的第二阶段可以限制支付方式,以实现支付平衡。但随着货币同盟第三阶段的实现,即根据欧共体条约第119条第4款和第120条第4款的规定,该限制措施自1999年1月1日起也不再适用。

根据欧共体条约第58条,成员国可以采取某些特定的限制措施。例如欧共体条约第58条第1款第a项允许成员国采取特定的税法上的歧视措施。值得注意的是,根据马斯特利赫特条约的最后一章第7项的解释,这些被允许的歧视性税务规定必须是在1993年底前已经存在,之后不允许再制定新的有歧视效果的税务规定,在这点上毫无限制地适用欧共体条约第56条第1款的规定。从中可以看出,欧盟内部的税务一体化还任重而道远。

欧共体条约第58条第1款第b项允许成员国为了避免违法行为或为了保护公共秩序和安全而采取必需的措施。在此要注意欧共体条约第58条第3款作出的**对限制进行限制的规定**（Gegenschranke)。按照该条款,那些被允许的限制措施既不能成为恣意歧视的手段也不能成为限制资本和支付自由的隐蔽措施。

值得一提的合法限制还有欧共体条约第59条,其允许为了保护经济和货币联盟而采取侵害资本和支付自由的措施。第60条的规定也使根据共同外交和安全政策采取的经济制裁等侵害自由的行为合法化,例如,针对第三国的禁运措施,其中又区分由欧洲理事会采取的紧急措施(Art. 60 Abs. 1 EGV)和由某个成员国采取的紧急措施(Art. 60 Abs. 2 EGV)。

除了明文规定的合法限制外,根据Cassi-de-Dijon判例标准,**无差别适用的侵害措施也可以获得正当性**(auch unterschiedslos anwendbare Beeintraechtigungen gerechtfertigt),只要到目前为止还没有欧共体的规定,但采取侵害措施是必要的,而且侵害措施可以根据迫切公共利益的需要而正当化。

例:西班牙的一条法规要求汇出超过500万以上的比赛塔或其他外国

货币都需要出示汇出国的许可。汇出 100 万以上的比赛塔则需要事前向主管行政机关申报。欧洲法院(EuGH, Slg. 1995, I—4821 ff.)首先否定该案与支付自由有联系,因为该汇款行为并不是为了支付商品交易或给付服务报酬的支付行为。但该案与资本流通自由有关。根据欧共体条约第 56 条第 1 款的规定,被审查的条款侵害了资本流通自由。使其获得正当性的可能依据是欧共体条约第 58 条第 1 款第 b 项规定的合法限制,即为了制止违法行为可以采取必需的措施。这些措施包括确保税收监督的措施以及与违法行为斗争的措施,如反对逃税、反对为毒品交易和恐怖活动洗钱。关键的问题是,要求在向境外汇款前必须取得国家许可或提前申报是否是实现上述目的的必要措施。所以要审查其是否符合比例原则。欧洲法院在经过比例原则审查后得出结论:事前向行政机关申报具有较小侵害性的措施对于保护上述法益就足够了,要求取得国家许可则违反了欧共体条约第 56 条第 1 款所保护的资本流通自由(该案的详细判决参见 EuGH, Slg. 2002, I—2157 ff.)。

参考文献:Fischer, Die Kapitalverkehrsfreiheit in der Rechtsprechung des EuGH, Zeus 2000, 391 ff.; von Wilmowsky, in: Ehlers (Hrsg.), Europaeische Grundrechte und Grundfreiheiten, 2002, § 12.

(六)货币联盟(Die Waehrungsunion)

对每个公民来说,对欧盟最有切身感受的就是使用共同的货币——欧元。对于资本和支付自由来说,使用共同的货币是实现这一自由的巨大进步,但不是最终结果。欧共体条约第 98 条及以下条款是实行共同的经济和货币政策的法律基础。

货币联盟的成立经过了一个较长的筹备期。最开始是为了克服自 1969 年开始的欧共体危机(Oppermann, Europarecht, Rn. 26 ff.),1971 年 3 月 22 日欧洲理事会和各成员国政府代表做出了第一个相关决定。1978 年成立的**欧洲货币体系**[das Europaeische Waehrungssystem (EWS)]和**欧洲货币单位**[Die Europaeische Waehrungseinheit(ECU)]迈出了决定性的一步。现已实现的货币联盟的正式发展要追溯到 1988/89 年的“Delors”报告,该报告的绝大部分和马斯特利赫特条约一起都被吸纳进了欧共体条约(Oppermann, Europarecht, Rn. 1008 ff.),从而获得了优先适用的法律地位。该报告的目的是建立一个货币联盟区,在该区域内经济政策都围绕共同的宏观经济目的而制定。

货币联盟的正式成立经历了三个发展阶段。在第一阶段(从1990年7月1日至1993年12月31日)加强了成员国经济政策的协调和对欧共体及各成员国财政政策的多边监督。在**第二个阶段**(从1994年1月1至1998年12月31日)注重对成员国国民经济标准值进行协调(即所谓的一致性标准)。为了顺利进入第二阶段各成员国基本上都确立了全面的资本流通和支付往来自由。欧盟委员会和理事会负责监督各成员国的财政状况和所负国债的额度。**欧洲货币局**(das Europaeische Waehrungsinstitut)的成立从制度上保障了欧洲经济和货币联盟第二阶段的发展,其任务是作为欧洲中央银行的临时机构为第三阶段的发展做准备工作(见欧共体条约第117条)。自1999年1月1日起进入**第三阶段**,在该阶段参加货币联盟的成员国都用欧元作为统一货币替换本国货币。该阶段的欧元转换技术过渡期持续到2002年12月31日,此后参加国的货币即失去流通效力。第三阶段一开始就确定了欧元的兑换比率(一欧元兑换1.95583马克),该决定不可撤销。

如果要进入货币联盟第三阶段,则必须满足一个重要条件,即:必须遵守或至少不断靠近**趋同标准**(Konvergenzkriterien)(欧共体条约第121条)。欧洲理事会联合各国国家和政府首脑在1998年5月3日共同决定了哪些成员国可以进入货币联盟的第三阶段。当时,希腊和瑞典因为被认为没有满足趋同标准,只能与选择不加入货币联盟的英国和丹麦一起在随后满足趋同标准时加入货币联盟(预计日期为2001年1月1日)。

根据欧共体条约第121条的规定,趋同标准具有下述要求:

1. **价格稳定**(Preisstabilitaet),即某成员国通货膨胀率最多不能超过欧盟内三个经济发展最好国家通胀率的1.5%;

2. **没有过高的财政赤字**(Kein uebermaeßiges Defizit der Oeffentlichen Hand),如果某成员国年新增财政赤字超过3%,总体的国债超过国民生产总值的60%,则不满足趋同标准,不过,欧洲理事会对于该问题有很大的决定权;

3. 至少在两年内坚持**遵守欧洲货币体系中汇率机制的正常浮动幅度**

(Einhaltung der normalen Bandbreiten des Wechselkursmechanismus),在这期间欧洲货币体系中的相关货币不能贬值;

4. **稳定的长期利率**(Niveau der langfristigen Zinssaetze),某成员国长期国债的兑换利率不超过三个物价最稳定的成员国利息率的2%。

为进入货币联盟第三阶段所做的准备工作在当时引发了**激烈的社会大讨论**,人们尤其关注以下问题:共同的货币是否具有政治和经济意义;只有货币联盟而没有经济联盟(这有别于欧共体条约中"经济和货币联盟"的称谓)是否能保证币值稳定;成员国是否都已经真正满足了货币联盟所要求的合同上的和经济上的前提条件;哪些国家可以加入货币联盟等。这些问题也引起了**法律上的思考**(rechtliche Frage),例如:把货币权力转让给欧共体是否会**架空国家主权**[nationale Staatlichkeit (Souveraenitaet) derart entleert],而只给国家残留一些不具有实质意义的权力;此外,是否会破坏民主原则和公权力的民主合法性,因为货币主权的欧盟一体化意味着**传统国家主权的上交**(Abgabe eines klassischen Bestandteils der staatlichen Souveraenitaet)。曾有一个引起媒体广泛关注的宪法诉愿本可以解释上述问题,但是德国联邦宪法法院在1998年3月31日做出了起诉理由不成立的驳回裁定(BVerfGE 97, 350 ff.)。法院认为基本法第88条第2款和第23条已经提供了足够的法律依据来允许联邦政府和联邦议会决定加入货币联盟。联邦政府和议会承担的维持币值稳定的责任是一种不具有可诉性的自由裁量,在该自由裁量范围内可以决定加入货币联盟,因为马斯特利赫特条约已经预先明确规定了其他的决定步骤。联邦宪法法院认为被诉行为并没有违反基本法第14条第1款的规定,理由如下:

基本法第14条第1款保障人们有权占有、使用、管理和支配实物和货币财产,从而保证个人具有行使自由权利的经济基础。马克被其他货币替代后,货币兑换信赖的国家保证也变成了对另一种货币的兑换保证,适用的法律基础也随之发生了变化,即从财产法的角度来保障表现为金钱形式的自由权利。批准加入货币联盟的决定是一种对财产内容和权利的限制(即基本法第14条第1款第2句所规定的合法限制),所以马克必须在换算成欧元后得到兑换。基本法第88条第2句和第23条的规定为批准加入货币联盟提供了充分的法律依据。[1] 联邦宪法认为在该案中基本法第 38 条第 1 款和第 2 款的规定[2]都没有被违反，因为联邦议会在货币主权被一体化后仍然保有具有实质意义的任务和职权，所以原告的民主参与权并没有因此受到侵害。

建立经济和货币联盟的目标在欧共体条约的基本原则条款，尤其是第 4 条中就已有明确规定，但是在该条中经济和货币联盟是作为两个不同的目标被分别规定的，而且这两个不同的目标对欧洲一体化的深度产生了不同的影响。虽然欧盟倡导者最初想同时建立经济和货币联盟，但现实却不尽如人意。因为各成员国并不想在经济政策方面也一体化，所以现在建立起了货币联盟，而不存在经济联盟。对经济政策来说，欧共体条约只是在条约中约定各国在经济政策方面紧密合作，也就是说保持经济政策**协调一致**(Koordinierung der Wirtschaftspolitik)(见欧共体条约第 98 条及以下条款规定)，但经济政策的最终决定权还是由各成员国保留。欧洲中央银行体系(ESZB)的首要任务是稳定价格(欧共体条约第 105 条第 1 款)，但成员国之间经济政策的不一致会影响其完成该任务。货币联盟具有重大的经济和政治意义，所以从货币联盟的发展中就可以看到欧洲统一进程的发展，货币联盟甚至还可能决定欧盟的未来。目前还未解决的问题是，按照什么标准和程序在联邦、州和乡镇层面来实现趋同标准。因为联邦德国 2002 年就违反了财政赤字不得超过 3% 的趋同标准，所以必须对这一问题进行深入探讨，从而找出解决问题的办法。

货币联盟第三阶段的制度保障是**欧洲中央银行体系**[das Europaeische System der Zentralbanken (ESZB)]，它由欧洲中央银行(EZB)和成员国国家中央银行组成(见欧共体条约第 105 条以下条款的规定)。欧洲中央银行具有法人资格(欧共体条约第 107 条第 2 款)，**独立**(unabhaengig)行使职权(欧共体条约第 108 条)(这点是在德国的敦促下)。欧洲中央银行体系的

---

〔1〕 译者注：基本法第 88 条第 2 句的规定为：联邦银行的任务和职权在欧盟范围内委托给独立的、主要负责稳定物价的欧洲中央银行。在基本法第 23 条中也规定了“为了实现统一的欧洲，联邦德国参与欧洲联盟的发展。经联邦参议院批准，联邦可以制定法律移交有关主权”。

〔2〕 译者注：基本法第 38 条主要规定的是联邦议会的选举原则、代表议席和选举权。

首要任务是**保障价格稳定**（Gewaehrleistung der Preisstabilitaet）（欧共体条约第105条第1款），其他所有任务都从属于该目标，例如：确定欧共体的货币政策；进行外汇交易；管理成员国的外汇储备；促进支付系统的顺利运行；发行货币；管理账户、存款业务、公开市场业务和信贷业务，有时还履行特别的信贷监管职能。为完成以上任务，欧洲中央银行可以制定条例、做出决定、建议或表达意见（欧共体条约第110条）。欧洲中央银行的上述权利还通过**听证权**（Anhoerungsrecht）得到补充，即：如果欧盟的其他机构或成员国作出的法律行为涉及欧洲中央银行的管辖权范围，则必须听取欧洲中央银行的意见，欧洲中央银行对相关问题也可以发表意见。

参考文献：von Armin, Volkswirtschaftspolitik, S. 211 ff.; Haede, Zur Rechtmaeßigkeit der Entscheidungen ueber die Europaeische Wirtschafts-und Waehrungsunion JZ 1998, 1095 ff.; Hellermann, Die Europaeische Wirtschafts-und Waehrungsunion als Stabilitaetsgemeinschaft und der nationale Stabilitaetspakt in der bundesstaatlichen Solidargemeinschaft, EuR 2000, 24 ff.; Kilb, Das Europaeische System der Zentralbanken, JA 1999, 262 ff.; ders., Rechtsgrundlagen des Euro, JuS 1999, 10 ff.; Moeschel, An der Schwelle zur Europaeischen Waehrungsunion, JZ 1998, 217 ff.; Schorkopf, Die Einfuehrung des Euro: der europaeische und deutsche Rechtsrahmen, NJW 2001, 3734 ff.; Selmayr, Die Wirtschafts-und Waehrungsunion als Rechtsgemeinschaft, AOeR 124 (1999), 357 ff.; Tietje, Finanzverfassungs-und andere rechtliche Aspekte der Einfuehrung des Euro im Verhaeltnis EU-Bund-Laender-Kommunen, NordOER 1998, 234 ff.

四、欧共体基本权利（EG-Grundrechte）

上述对基本自由的介绍已经表明，欧盟法律对经济公法和欧洲公民的法律地位有重大影响。一般情况下，受到欧盟法约束的是针对欧洲公民行**使公权力的行为**（Ausuebung von Hoheitsgewalt），它又分为**两种情形**：其一，欧盟机构的措施可能直接涉及个人，如欧共体条约第249条所规定的决定（实例为：欧盟委员会不批准某项国家资助的决定），例外情况下欧盟机构还可能颁布针对个人的条例（见欧共体条约第230条第4款的规定）。其二，公民个人也可能间接受到欧盟法的影响，例如，成员国把欧盟法转化为国内法并实施则会影响到公民的权利，或者在个别情况下成员国专门针对个别公民执行某条欧盟法律规定。探讨欧盟法律对公民个人的直接或间接影响的意义在于，可以有助于公民个人权利受到侵害时向本国法院或欧洲法院寻求**法律救济**（详见 Koenig/Sander, Einfuehrung in das EG-Prozessrecht, Rn. 8 ff.）。如果在欧共体条约中已经对该法律救济的程序作了规定，那么人们就不用再费力地在优先适用的欧盟法中寻找基本权利目录（Grundrechtskatalog）。不过，人们还是一致认为，在欧盟法层面**存在基本权利**。自1969年起欧洲法院就确认存在欧盟基本权利而且基本权利是欧盟法的不成文的基本法律原则（EuGH, Slg. 1969, 419 ff.）。这些基本权利是欧洲法院从非法典化的欧盟法基本原则、成员国的宪法制度、欧洲人权宣言和欧盟基本权利宣言中提取出来并通过法律解释的方法具体化的。此后，欧洲法院又发展确立了很多其他基本权利（概述参见：Rengeling, Grundrechtsschutz in der Europaeischen Gemeinschaft, S. 11 ff.）。

由欧洲法院创设的欧共体法上的基本权利自从马斯特利赫特条约签订后就在欧共体的各项条约中确立下来。根据欧盟条约第6条第2款的规定，欧盟法上的基本权利由两方面组成，一方面是欧洲人权宣言中保障的基本人权和基本自由（EuGH, Slg. 1974, 491/507），但是欧洲人权宣言**不能直接约束欧共体的公权力行为**（nicht unmittelbar fuer Hoheitsakte der EG），因为虽然所有成员国都签署了人权宣言，但是由于缺乏相应的授权，欧盟和欧共体都不能直接适用该宣言（EuGH, Gutachten 2/94 vom 28. 3. 1996, JZ 1996, 623 f. mit Anm. Ruffert）。另一方面，成员国具有的共同的宪法传统构成了欧洲基本权利保护的第二个基础，基本权利的创立方式同欧盟法基本原则的确立一样，都是来自成员国的共同宪法传承。基本原则由欧洲法院经过法律比较的斟酌，在考虑了欧洲法律文化的思想史根源后加以最终确定的（Pauly, EuR 1998, 242/254）。因此，欧共体基本权利可以被视为基本法律原则而且是**欧共体条约第220条**提到的**"法律"**的组成部分，法院解释和适用欧共体条约都必须遵守这些法律。欧盟基本权利虽然因为缺乏文字确认而没有宪法文本上的规定，但基本权利的有效行使和保护，如同德国基本法一样，取决于权利保护范围在法官法中的确定。

为了建立一个成文的基本权利条目，1999年成立了一个由前联邦德国总统赫尔佐克（Herzog）领导的由专家组成的委员会，负责制定基本权利条目。于2000年12月7日举行的欧盟峰会在庆典气氛中公布了该委员会的工作成果——**“欧盟基本权利宪章”**（Charta der Grundrechte der Europaeischen Union）。该宪章分为七章，确定了一个现代化的基本权利条目（概览请见：Calliess, in：Ehlers, in：ders. [Hrsg.], Europaeische Grundrechte und Grundfreiheiten, § 19 Rn. 5 ff.；Grabenwarter, DVBl. 2001, 1 ff.），虽然只有一些个别的瑕疵，但该宪章却不具有法律约束力。在欧盟峰会的欢庆气氛中颁布宣言性质的宪章不具有欧共体法上的约束力。不过这个缺陷在一定程度上得到了弥补，因为欧共体各机构已经表示自愿受其约束，另外，该宪章也作为公认的基本权利的衡量标准体现在欧洲法院的判例中。在当时召开的制宪大会上人们还讨论是否将该宪章作为将来的欧洲宪法的一个组成部分。目前该宪章只能作为辅助的论据，而不能作为法律渊源得到应用（zutreffend Ehlers, in：ders. [Hrsg.], Europaeische Grundrechte und Grundfreiheiten, § 13 Rn. 8, 16）。

所以，从目前来看，欧盟基本权利在法律上的重要意义主要体现在法官法中。对经济公法来说，由欧洲法院在判例中确认的以下基本权利具有重大意义（s. auch Ehlers, in：ders. [Hrsg.], Europaeische Grundrechte und Grundfreiheiten, § 13 Rn. 18 ff.；P. M. Huber, Recht der europaeischen Integration, § 8 Rn. 29 ff.）：

职业自由（Berufsfreiheit）（EuGH, Slg. 1974, 491/507 f.；EuGH, EuZW 1995, 109/110 f.）。

财产权（Eigentumsfreiheit）（EuGH, Slg. 1979, 3727/3745；EuGH, EuZW 1994, 688/692）。

经济自由（Wirtschaftsfreiheit）（EuGH, Slg. 1970, 1125/1134；EuGH, Slg. 1991, I—415/552 f.）。

竞争自由（Wettbewerbsfreiheit）（EuGH, Slg. 1985, 531/548 f.）。

贸易自由（Handelsfreiheit）（EuGH, Slg. 1974, 491/507；EuGH, Slg. 1985, 531/548 f.）。

结社自由（Vereinigungsfreiheit）（EuGH, Slg. 1974, 917/925）。

工作自由（Freiheit der Arbeit）（EuGH, Slg. 1974, 491/507）。

住宅不受侵犯权（Unverletzlichkeit der Wohnung）（EuGH, Slg. 1989, 2859/2924）。

作为兜底的一般行动自由(Allgemeine Handlungsfreiheit als Auffang-Grundrecht)(EuGH, Slg. 1987, 2289/2338 f.)。

一般平等原则(Allgemeiner Gleichheitssatz)(EuGH, Slg. 1977, 1753/1771; EuGH, Slg. 1983, 371/387)。

信息自主决定权也逐渐被认可,因为欧共体数据保护条例(BVerfGE 65, 1 ff.)第1条第1款规定,欧共体机构在处理个人数据时,有义务保障"基本权利和基本自由",而且要保护自然人的隐私。

对欧盟基本权利的进一步考察表明,其保护范围与国家法中的基本权利相似,但**并不相同**(nicht identisch),有时候可能落后于基本法对基本权利的保护程度,有时候又可能超过基本法的保护范围。从宪法的角度来说,欧盟法和基本法对基本权利保护程度的不一致并不存在什么问题,因为基本法第23条第1款并不要求基本法上的权利保护与欧盟法完全对应,而是只要求与欧盟层面的保护"具有实质可比性"。

例:Hoechst股份公司拒绝行政机关根据欧盟委员会的决定对其厂房进行搜查。欧盟委员会因此对其做出了执行罚的决定。对此Hoechst公司提起了无效诉讼。在该案中,如果确认搜查令和基于此做出的执行罚侵害了该公司的住宅不受侵犯权,那么该公司就能胜诉。根据联邦宪法法院的判例(E 32, 54/68 ff.),该公司认为它的厂房当然也属于住宅权保护的范围。但是欧洲法院却持有不同观点(EuGH, Slg. 1989, 2859 ff.),并强调指出,住宅不受侵犯的基本权利"虽然在欧共体法律制度中与成员国法一样都适用于私人住宅,但并不适用于企业,因为成员国的法律制度在保护企业生产经营场所不受行政权侵害的方式和范围方面,没有显示出其与私人住宅之间并非不明显的区别"。原告因此败诉。可以说,在住宅不受侵犯的基本权利保护方面,欧共体的保护程度落后于成员国宪法对该权利的保护。

为了使欧盟公民的主观法律地位能与**欧盟机构**(durch Gemeinschaftsorgane)行使公权力的行为相抗衡,确立并发展了欧盟基本权利。为此,欧盟条约规定,该条约第6条第2款在涉及欧盟机构的行为时可以作为司法审查的依据(见欧盟条约第46条第d项的规定)。此外,欧洲法院认为,**各成员国及其国家机构**(die Mitgliedstaaten und ihre nationalen Organe)都要受到欧共体法基本权利的约束。不论如何，成员国在转换和执行欧盟法律时都要遵守欧盟基本权利，欧盟法也为成员国执行法律设定了不可逾越的界限(EuGH, Slg. 1989, 2609/2693)。

欧洲法院**审查基本权利**的步骤基本上遵从了国家法上的基本权利审查模式，即：首先考察每项**基本权利的保护范围**。不过，欧洲法院在这一步的审查很肤浅，不可能与德国联邦宪法法院对保护范围进行的教条主义的深层次的审查相比。欧洲法院对基本权利保护范围不做细致区分的方式很成问题，因为明确每项基本权利保护的权利客体是对侵害行为进行正当化的理由进行理智衡量的重要前提条件。

如何确认侵害欧盟基本权利的行为，目前还没有一个普遍认可的**侵害行为**(Eingriff)概念，但欧洲法院认可的侵害概念要比德国宪法上主流观点认定的侵害范围窄一些。例如，间接的和事实上的影响目前都被认为不具有侵害性质。

可使侵害行为获得正当性的理由和范围还没有完全明确，但跟基本法上的基本权利理论类似，对受到保护的个人自由权利进行侵害，只有具有**基本权利合法限制**(Grundrechtsschranke)的依据才被允许。如果欧洲法院要求侵害行为必须具有“法律依据”，“只有法律规定的理由”才是使侵害行为合法化的正当性理由(EuGH, Slg. 1989, 2859/2924)，那么这种基本权利侵害的法律保留要求就会逐渐在欧盟法层面得到确认。此外，还要注意欧共体条约对欧共体有限的个别授权规定(例如，欧共体条约第82条、第85条、第88条)。在此起决定作用的是欧盟机构的权限。关于权限就涉及另一个问题，即：职能分配规定在多大程度上可以作为基本权利的合法限制，从而使侵害行为合法化(Schliesky, Oeffentliches Wettbewerbsrecht)，该问题在国家宪法上也常被提到，但答案通常是否定的。另外，还必须注意欧盟机构设置与成员国国家机构之间的基本区别，即：欧洲议会并不像国家议会那样是纯粹的立法机关，所以欧盟机构如果要通过法律行为来侵害欧盟公民基本权利，则需要有成员国授权，该授权的民主合法性目前主要来自成员国在欧共体条约中一致同意授予欧盟机构行动权(Pauly, EuR 1998, 242/246 ff.)。

在审查侵害行为的正当性时要注意作为**对限制进行限制**(Gegenschranken)的**比例原则和基本权利实质内容保护原则**（Wesensgehaltsgarantie)。对比例原则的审查与国内法的审查步骤一样，首先要审查采取措施是否是为了实现某些合法的公共利益目的(das legitime Gemeinwohlziel)。而为达到这些目的采取的措施必须是**合适的、必要的和适当的**(狭义比例原则)。比例原则在欧共体条约第5条第3款中也得到了确认，该原则要求欧盟机构在实现条约目的时给个人造成的负担要尽可能小。欧洲法院对比例原则作了如下解释(EuGH,Slg. 1989, 2237/2269)："给经济主体造成经济负担的措施只有对实现被诉法规追求的目的是合适的和必要的，才具有合法性。如果有多个合适的措施可供选择，则要选择造成负担最小的措施；另外，造成的负担和所要达成的目的之间必须有适当的比例关系。"由此可见，对比例原则一般进行三**阶段审查**，不过，审查可能并不总是像以上描述的那么细致。此外，有问题的是，欧洲法院承认欧共体机构享有**评断特权**(Einschaetzungspraerogative)和规章制定裁量权，其涉及比例原则审查的所有三个阶段，而且被更宽泛地解释，这就必然会减弱比例原则审查的结构性，从而导致个案审查的随意性。由此可见，在基本权利保护方面，欧盟法和成员国国内法之间存在各种差别。

例：通过欧盟第404/93号条例在欧共体内建立了一个负责香蕉市场的组织，德国进口商的机会却因此被减少，因为其主要从第三国进口香蕉。联邦德国政府针对该香蕉市场条例根据欧共体条约第230条等条款提起了无效之诉，起诉理由为，德国进口商的欧盟基本权利受到了侵害。欧洲法院从基本权利角度出发，着重审查了财产权和从业自由权，它确认这两项权利是欧盟法上的基本权利，但同时强调，不能毫无限制地主张这些权利，而是要同时考虑到这些权利的社会功能。欧洲法院认为财产权的保护范围没有受到侵犯，因为该案中涉及市场份额，进口商在该市场组织成立之前就已经占有了，而且市场份额也不属于财产权的范围。但欧洲法院认定了对职业自由的侵犯，因为德国进口商的竞争地位因为确立关税配额及其分配机制而受到了影响。但欧共体条约第34条规定的合法限制为此侵害行为提供了法律依据，职业自由的实质内容并没有受到条例的侵犯。在此至关重要的是比例原则的审查，在审查中欧盟立法者享有广泛的评价判断余地。但欧洲法院非常有限地行使其审查权，只有某项措施明显不适合达成目的，或欧盟立法者非常明显地错误判断了采取措施的必要性，欧洲法院才会认定该措施违法[EuGH, Slg. 1994, I—4973 ff.（“Bananenmarktordnung”）]。

在此值得一提的还有**欧盟法上的基本权利和德国基本法上的基本权利之间的关系**（Verhaeltnis der EG-Grundrechte zum Grundrechtschutz durch das Grundgesetz）。一般来说，欧盟法具有优先适用效力，所以只要存在某项欧盟基本权利，就必须首先适用。需要强调的是，这一原则一般只适用于欧盟法上的法律行为和欧洲法院的司法审查，行政机关根据德国法作出的法律行为则只受到基本法上的基本权利的审查。与此相关的另一个问题是，是否应当依据欧盟基本权利来审查德国行政机关执行欧盟法的行为。提出该问题不是为了考虑应该适用哪一层级的基本权利，而是**从法院管辖权限和诉讼法角度**（kompetenz-und prozessrechtlichen Aspekt）来考虑哪个法院有权进行司法审查，即：是由欧洲法院还是德国联邦宪法法院。由此又引发了另一个悬而未决的问题——联邦宪法法院可否审查欧盟法上的措施，本书在此无法作进一步的探讨（详见 Everling, EuR 1990, 195 ff.; Selmayr/Prowald, DVBl. 1999, 269 ff.）。不过，联邦宪法法院在“马斯特利赫特判决”（Maastricht-Urteil）（BVerfGE 89, 155/174 f.）中确认了其审查权限，包括两方面：一方面，宪法法院可审查欧盟机构做出的法律行为是否遵守了**被赋予的公权力界限**（Grenzen der ihnen eingeraeumten Hoheitsrechte）或者是超越了这一界限；另一方面，联邦宪法法院也有权**依据国家法中基本权利的标准**（Maßstab der nationalen Grundrechte）来进行司法审查，理由是：欧盟这一超国家机构行使公权力而做出法律行为，这种公权力虽不同于成员国的国家权力，但会影响到德国享有基本权利的法律主体。涉及推导出来的欧盟法在德国的适用问题则由德国宪法法院和欧洲法院合作行使审查权。在可能导致德国宪法法院和欧盟法院关系紧张的香蕉市场欧盟条例裁定中，德国联邦宪法法院强调指出，因为欧洲法院适应当代法律发展的要求对基本权利进行了有效的保护，所以联邦宪法法院不再涉足此案（BVerfGE 102, 147 ff.）。联邦宪法法院认为欧洲法院对基本权利提供了与基本法具有实质可比性的权利保护（见基本法第 23 条第 1 款第 1 句的规定）。

参考文献：Arndt, Europarecht, S. 99 ff.; Eiffler, Der Grundrechtsschutz durch BVerfG,

EGMR und EuGH, JuS 1999, 1068 ff.; Ehlers (Hrsg.), Europaeische Grundrechte und Grundfreiheiten, § § 13 ff.; Gerstner/Goebel, Grundrechtsschutz in Europa, Jura 1993, 626 ff.; Hiilf/Hoermann, Der Grundrechtsschutz von Unternehmen im europaeischen Verfassfungsverband, NJW 2003, 1 ff.; Kingreen, Die Gemeinschaftsgrundrechte, JuS 2000, 857 ff.; Pietsch, Die Grundrechtcharta im Verfassungskonvent, ZRP 2003, 1 ff.; Rengeling, Grundrechtsschutz in der Europaeischen Gemeinschaft, 1993; Selmayr/Prowald, Abschied von den Solange-Vorbehalten, DVBl. 1999, 269 ff.; Tettinger, Die Charta der Grundrechte der Europaeischen Union, NJW 2001, 1010 ff.; Weber, Die Europaeische Grundrechtscharta-auf dem Weg zu einer europaeischen Verfassung, NJW 2000, 537 ff.

五、欧共体竞争规则(EG-Wettbewerbsregeln)

根据欧共体条约第 4 条第 1 款的规定,成员国和欧共体都有义务遵守**自由竞争的开放市场经济的基本原则**(Grundsatz einer offenen Marktwirtschaft mit freien Wettbewerb),与此相适应,欧共体的任务则是建构一个**保护内部市场竞争不被破坏**(Wettbewerb innerhalb des Binnenmarkts vor Verfaelschungen schuetz)的体制(欧共体条约第 3 条第 1 款第 g 项)。欧共体条约第 81 条及以下条款确立了这一体制并设定了共同市场的竞争规则。欧共体条约的这些规定又可以分为两部分:第 81 条至第 86 条规范**企业**(Unternehmen);第 87 条至第 89 条调整**国家资助**(staatliche Beihilfen)。作出上述分类具有正确的依据,即:不仅活跃在内部市场的企业行为会破坏市场竞争,各成员国的行为也会危害经济竞争。

(一)对企业的规定(欧共体条约第 81 条及以下条款)(Vorschriften fuer Unternehmen, Art. 81 ff. EGV)

竞争在欧共体竞争政策理念中被视为是达到欧共体条约第 2、3 条设定之目标的非常重要的**手段**。但是竞争中固有的伴生现象是,市场主体会努力增强其竞争实力和地位,以便为了自己的利益有朝一日完全排除竞争对手。因此,通过法律规则对竞争进行制度保护,以防止企业通过他们的市场行为破坏、限制甚至排除竞争。

1. 卡特尔禁止条款(欧共体条约第81条)(Kartellverbot, Art. 81 EGV)

欧共体条约第 81 条第 1 款禁止在共同市场中从事经济活动的企业彼此结盟,以危害成员国之间的贸易或者联合起来限制或破坏共同市场的竞争。该条款规定的权利可以**直接适用**,例如,可以在成员国的法院主张该权利。此条款的**适用对象**是私人企业、公用企业(见欧共体条约第 86 条的规定)和企业联盟。根据欧共体条约第 10 条的规定,各成员国不得采取有利于卡特尔的措施。

卡特尔的**第一个构成要件**是行为主体为一个**企业**或企业联盟。像其他构成要件一样,企业的概念在此也被宽泛解释,指每个从事**经济活动**的实体,不论法律形式和投资方式如何。这种**从功能的角度来定义的企业概念**(funktionale Unternehmensbegriff)囊括了各种形式的经济活动,也**扩大**了欧共体条约第 81 条的**适用范围**。企业联盟则是指多个企业的联合体,组成联盟的重要目的之一是维护成员的利益。

卡特尔的第二个构成要件是实施了被禁止的**特定行为方式**(Handlungsmodalitaet),其包括企业之间的**协议**(Vereinbarungen)、企业联盟的**决定**(Beschluesse)和**所有相互协商达成一致的行为**(alle aufeinander abgestimmten Verhaltensweisen)。欧共体条约第 81 条第 1 款还列举了典型范例,具体解释什么是相互协商一致的行为。该兜底条款扩大了卡特尔禁止的范围,企业之间的协商即使没有发展成为有约束力的协议,但只要其有意在事实上联合起来增强竞争力,就满足了卡特尔禁止的行为要件。在此,组成联盟的方式无关紧要,无论是竞争者之间达成**横向**的协议行为(如价格协议),还是不同层级间的经济主体在**纵向上**协商一致(如独家经营协议),都可能构成卡特尔行为。

第三个构成要件对判断是否构成卡特尔至关重要,即企业的行为阻碍、限制或破坏了竞争,或具有该目的(详见 Emmerich, Kartellrecht, S. 391 ff.)。为了认定限制竞争行为首先要确定实质意义上的或地域意义上的**重要市场**(relevanter Markt)概念,在此,不仅要考虑到限制行为的直接影响,还要考虑到其可能产生的影响。此外,竞争限制行为必须是**明显**的(spuerbar)。欧盟委员会在所谓的小额限制公示(ABl. EG 1997 Nr. C 372/13)中确定,只有参与横向协议的主体的市场或销售份额占到共同市场的 5%,或者是纵向协议占到 10%,该限制协议才被认为是明显的。

最后需要指出的是,欧共体条约第 81 条第 1 款的规定只适用于危害成员国之间贸易的企业行为(即**国家间企业协议条款**)(Zwischenstaatlichkeitsklausel)。这就要求该协议是跨国行为,即来自不同国家的企业达成协议的行为。所以,国家间企业协议条款可以作为竞合条款区别适用于国内法。

欧共体条约第 81 条第 1 款规定了卡特尔禁止条款,第 2 款规定了违反禁止条款的**法律后果**,即:被禁止的企业协议或决定是**无效**的。国家法还规定了其他的法律后果,例如,受到影响的当事人可以根据民法典第 823 条第 2 款结合欧共体条约第 81 条第 1 款主张不作为请求权或损失赔偿请求权。

欧共体条约第 81 条第 3 款规定了**不受卡特尔禁止条款约束**(Freistellung vom Kartellverbot)的例外情形,即:如果企业彼此之间达成的协议可以改善产品生产或促进科技或科学进步,则不在禁止之列。从该条款的字面表述来看,个体或团体都可能被解除卡特尔禁止。解除卡特尔禁止的事务由欧盟委员会负责。如果某行为具有欧共体条约第 81 条第 1 款所指的情形,则可以申请个别解除卡特尔禁止,这是一种受益行政行为。具有实际意义的是通过欧盟条例作出的集体解禁规定(Gruppenfreistellungen)(关于该方面的有效欧盟条例见:Grill, in: Lenz [Hrsg.], EGV, Art. 81 Rn. 49)。针对某些事项而做出的集体解禁决定**明显削弱**了欧共体条约第 81 条第 1 款的普遍适用性。这些解禁条款也体现了欧共体法对国家法的深刻影响,例如:欧共体条约第 81 条第 3 款的规定就是德国反限制竞争法的立法原型(vgl. Amtl. Begr. Zum RegE, BT-Drs. 13/9720, S. 33, 48)。

欧洲理事会 1962 年颁布的**第 17 号欧盟条例**详细规定了确定违反卡特尔禁止行为的**程序**以及申请免受卡特尔禁止的程序,该条例是根据欧共体条约第 83 条的规定制定的。在计划修改该条例时曾经引发了争论,因为欧盟委员会在"关于对执行欧共体条约第 81 条及以下条款的法律规定进行现代化的绿皮书"中(1999 年 4 月 28 日公布)以及在随后关于欧共体条约第 81 条和第 82 条的执行条例的草案中,建议对第 17 号条例作整体性修改。根据该建议,第 17 号条例将被取代,而现行的一般禁止(欧共体条约第 81 条第 1 款),例外许可制度(欧共体条约第 81 条第 3 款)将变为**由法律来统一规定例外情形**(Legalausnahme),这就意味着,不再需要由欧盟委员会作出一个行政许可决定,而是首先由企业自己直接按照法律判断,然后由国家法院或国家卡特尔局来审查是否具备被禁止或免于禁止的要件。进行此项改革的背景是欧盟委员会疲于应付繁琐的许可程序，而没有更多精力投入其他疑难事务。但新规定也可能存在缺点，例如，因为不再需要登记或许可，对企业而言，**法律安定性**（Rechtssicherheit）就减小了，而且也很难保证**法律**在各成员国**统一适用**（Einheitlichkeit der Rechtsanwendung）。

与欧共体条约第 81 条第 3 款规定的卡特尔解禁条款不同的是欧盟委员会如何在个案中确定是否存在卡特尔情形。具体为：企业可以向欧盟委员会通报其计划制定的协议时保证该协议行为没有违反卡特尔禁止条款。欧盟委员会根据申请，用**否定排除法**（Negativattest）审查认定的确不存在被禁止的卡特尔情形（详见欧盟条例第 17 号）。在此，欧盟委员会应当通过行政程序作出**行政决定**。但实践中，这一程序通常是**非正式**的，而且最后只送达一个不具有法律约束力的行政文书（所谓的**安慰信**）（"comfort letter"）。

对于跨国界的企业合并是否适用欧共体条约第 81 条一直存有争议。1989 年 12 月 21 日颁布的**合并监督条例**结束了该争论（Fusionskontrollverordnung）（ABl. EG 1990 Nr. L 257/13，最后一次修改：VO vom 30. 6. 1997，ABl. EG 1997 Nr. L 180/1）。该条例是根据欧共体条约第 83 条和第 308 条制定的，它从次级效力法的层面上调整所有在欧共体范围内有较大影响的企业合并行为（详见：von Wallenberg，Kartellrecht，Rn. 313 ff.）。

2. 禁止滥用市场垄断地位（欧共体条约第 82 条）（Mißbrauchsverbot，Art. 82 EGV）

欧共体条约第 82 条禁止一个或多个企业滥用其在共同体市场上的垄断或重要地位来危害成员国之间的贸易。该条款**可以直接适用**。在国家法层面与之相对应的是反限制竞争法第 19 条的规定，该条规定是在 1998 年修正卡特尔法时以欧共体条约第 82 条的规定为模版，将禁止滥用市场垄断地位转变成一种法定的直接适用的禁止，而以前该法的第 22 条只是授权卡特尔局对滥用市场垄断的行为采取相应措施。一般来说，禁止的不是市场垄断地位的形成或获得，而是对这种地位的**滥用**。根据欧共体条约第 86 条的规定，第 82 条也可以适用于公用企业，而且根据该条款的内容，在某些特定的情况下，建立或保持某一市场垄断地位就已经违反了欧共体法律，相关企业因而负有**私有化的义务**（Privatisierungspflicht）（详见：Grill, in: Lenz［Hrsg.］, EGV, Art. 86 Rn. 12 ff.）。

欧共体条约第 82 条的构成要件是，在一个**重要市场**（relevanter Markt）中一个或多个企业具有**垄断地位**并且**滥用**该垄断地位。考察是否满足该构成要件时，首先要确定什么是重要市场，该市场需要从实质内容、空间和时间角度来界定；欧共体条约第 82 条提到的共同体市场指的就是重要市场。对确定**实质意义上的重要市场**（sachlich relevanter Markt）来说，**需求市场概念**（Bedarfsmarktkonzept）是一个重要依据，即从市场需求方（如消费者）的角度来考察，哪些商品和服务可以同等满足相同需求，因而可相互替代（Emmerich, Kartellrecht, S. 168 ff., 427）。欧盟委员会发布的**关于重要市场的定义之公告**（Bekanntmachung ueber die Definition des relevanten Marktes）（ABl. EG 1997 Nr. C 372/5）对该市场作了详细界定。如果在共同体市场中占有**重要地位**也可以被视为是具有垄断地位。垄断或重要地位不是取决于所占有市场的大小，而是取决于对市场的**经济影响力**。所以，欧洲法院基于热那亚（Genua）港口对交通的重要意义而认为其对市场有重大影响（EuGH, Slg. 1991, I—5889/5928）。

第二个构成要件是在市场上存在单个企业的垄断（独家垄断）或多个企业的联合垄断（寡头垄断）。在实践中这一要件很难证明，需要综合考虑各种因素后作出一个**整体判断**（Gesamturteil），其中，**市场份额**要素非常重要。如果某企业所占市场份额超过 50%，那么该企业肯定被认为具有垄断地位（EuGH, Slg. 1991, I—3359 ff.）。欧洲法院对垄断地位作了一个一般性解释（EuGH, Slg. 1979, 461/520）："垄断地位是指企业对市场的经济影响力，这种影响力使企业能够在很大的范围内可以完全不顾及竞争对手、顾客和消费者而实施行为，从而妨碍在重要市场中保持有效的竞争。"在此起决定作用的是企业的市场影响力，该影响力使有效的市场竞争不再具有保障。

只有**滥用垄断地位**才能构成欧共体条约第 82 条规定的垄断禁止。欧共体条约跟反限制竞争法一样，没有对什么是滥用进行定义，但在第 82 条第 2 款列举了四个被视为滥用垄断地位的典型例子。在对滥用进行解释时要注意欧共体条约第 3 条第 1 款第 g 项，它规定欧共体的首要目标是要在内部市场建立和维持一个不被扭曲的竞争体制。因此，企业的如下行为被视为滥用市场垄断地位：企业凭借其市场影响力使其他企业受到阻碍或歧视，而这种状况不可能出现在一个真正有效的市场竞争中（Emmirich, Kartellrecht, S. 436）。在此，“滥用”是一个从客观角度上来理解的概念，不要求有主观过错。因为如果滥用垄断地位，则无辜的企业也会被牵涉到，所以对于具有垄断地位的企业来说，它们要承担一项**特别的责任**（besondere Verantwortung）——“在实施行为时不能危害共同市场中有效的真正的竞争”（EuGH, Slg. 1983, 3461/3511）。

欧共体条约第 82 条与第 81 条一样只能适用于危害成员国之间贸易的垄断行为（国家间企业协议条款）。危害成员国之间的贸易是适用欧共体条约第 82 条的前提条件，而且该规定可以作为竞合条款区别于国内卡特尔法，尤其是反限制竞争法第 19 条，而适用。如果被审查行为对竞争结构产生了影响，即使是潜在的影响，也构成对成员国之间贸易的危害。

违反禁止滥用垄断地位规定的**法律后果**在优先适用的条约中已作了规定，即直接产生法律效力的禁止。欧盟委员会的禁止决定则具有宣言的性质。欧盟委员会也可以积极呼吁企业实施某些行为。欧盟第 17 号条例因此规定了具体的程序要求。

3. **公用企业（欧共体条约第 86 条）**（Oeffentliche Unternehmen, Art. 86 EGV）

欧共体条约第 86 条的适用范围也包括公用企业。但公用企业的定义没有规定在优先适用的欧盟法中，而是出现在根据欧共体条约第 86 条第 3 款制定的**透明条例**中（Transparenzrichtlinie）（ABl. EG 1980 Nr. L 195/35, 最后一次修改：RL v. 26. 7. 2000 [ABl. EG Nr. L 193/75]）。根据该条例第 2 条的规定，公用企业是指公权力主体基于财产权或股份权或根据制定章程或其他规范企业活动的规章的权利，直接或间接地施加控制性影响的企业。欧共体条约第 86 条第 1 款把适用范围扩大到那些由国家赋予特权或排他性权利的企业。但透明条例仍未解决什么是**企业**的问题（详见 Schliesky, Oeffentliches Wettbewerbsrecht, S. 22 ff.）。对于企业的定义人们常使用**功能型企业的概念**，即不论法律形式和投资模式，只要是从事经济活动的主体都是企业。这样一来，欧共体条约第 86 条的**适用范围**也相应**被扩**

大了。

例:联邦劳动局在给企业介绍领导人员时就被视为是欧共体条约第 86 条意义上的公用企业(EuGH, Slg. 1991, I—1979/2017)。

在公用企业和欧共体的目标之间存在紧张关系,其原因是:一方面,成员国要通过公用企业来完成公共任务;另一方面,欧共体条约的目的是防止破坏竞争的行为。所以,欧共体条约第 86 条的任务就是解决这种紧张关系。

为此,欧共体条约第 86 条**第 1 款**首先规定,公用企业基本上也适用欧共体条约规定的竞争规则,各成员国不能对公用企业采取或保留已采取的违反欧共体条约第 12 条、第 81 条至第 89 条的措施。这就意味着,不仅第 81、82 条(卡特尔禁止和滥用垄断地位禁止)适用于公用企业,第 87 条以下条款(关于**国家补助的规定**)也适用于公用企业,而且不仅是新成立的公用企业,已经存在的企业也受到上述条款的约束(欧共体条约第 86 条第 1 款规定中的"保留"一词指明了这一点)。公用企业和国家垄断行业因此被再三要求**私有化**(见欧共体条约第 31 条)。如果没有欧共体条约第 86 条的规定和欧盟委员会对该规定的严格适用,**开放德国电信市场**(Liberalisierung im Bereich der Telekommunikation)就不可能进行得那么顺利。

但欧共体条约并没有排除存在或新建公用企业的可能性(欧共体条约第 295 条已经明确了这一点)。公用企业的特殊法律地位**需要充分的公共利益来对其进行客观上的合法化正当化**(objektive Rechtfertigung durch hinreichende Oeffentliche Interessen)(EuGH, Slg. 1993, I—2533/2569)。欧共体条约第 86 条要求成员国调整其竞争公法,使之与欧盟法相适应,因为成员国竞争法有时会超越欧盟法设定的界限,尤其是成员国司法和行政机关在具体适用竞争法时,并不总是严格遵守具有约束力的直接适用的欧盟法律规范。

欧共体条约第 86 条**第 2 款对为公共经济利益服务**(mit Dienstleistungen von allgemeinem wirtschaftlichen Interesse)的企业或具有**国家专营**(Finanzmonopol)性质的企业(如烧酒专卖)作了特殊规定。这类企业虽然一般也适用欧共体条约的规定,尤其是相关的竞争规则,但是,如果这些规定可能会在法律上或事实上阻碍公用企业完成其负有的公共任务时,则相关规定不再适用。欧共体条约第 86 条第 2 款可以直接在各成员国适用。作为例外规定,该条款被严格解释(EuGH, Slg. 1997, I—5699/5778),但对于什么是**经济**利益到目前并没有提出过高的要求。所以广播电台和电视台也都被包括在该例外条款的适用范围内。

例:在 1994 年 8 月 1 日之前的就业促进法中规定联邦劳动局享有企业领导人员的独家介绍权,根据欧共体条约第 86 条第 2 款结合第 82 条的规定,该介绍行为被视为不能被合法化的滥用垄断地位的企业行为(EuGH, Slg. 1991, I—1979/2019)。

欧共体条约第 86 条第 2 款(结合关于国家补助的条款)是回答下述问题的关键,即:德国公立银行的设置是否符合欧共体条约的规定。公立银行的设立机构对其债务以法人负债和担保人责任的形式负有赔偿义务,德国私立银行认为该赔偿义务破坏了市场竞争而且是一种不被允许的国家补助,因为公立银行会因此得到金融评级机构更好的资信评价,从而在资本市场上获得成本很低的再融资。德国联邦政府和欧盟委员会在 2001 年和 2002 年经过多次磋商后达成一致:在经过一个较长的过渡期后将取消公立银行的担保人责任,法人负债也将被一种正常的市场经济的财产关系取代。这一决定将引发公立银行结构的巨大转型。

与以上问题有关的是欧共体条约第 16 条的规定,该条款是通过 1997 年的阿姆斯特丹条约新增加的,其赋予公益性质的服务业特别的地位。因为此条款是政治妥协的结果,所以其表述并不是很明确,但其目的是加强为公共利益服务的企业或其他经济形式在竞争中的地位。因此,在解释欧共体条约第 86 条第 2 款时要特别注意第 16 条的规定。

欧共体条约第 86 条**第 3 款**赋予欧盟委员会监督执行该条款的职权,而且赋权其在必要的情况下可以针对成员国颁布条例或决定(EuGH, DVBl. 2001, 1049 f.)。欧盟委员会经常行使该职权,尤其是在电信领域。值得一提的是 1980 年 6 月 25 日颁发的国家与企业之间融资关系透明化条例(**透明条例**)(Transparenzrichtlinie)。该条例有助于欧盟委员会有效行使职权而且使欧盟委员会有权了解成员国与其公用企业之间的资产分配关系和其他融资关系。目前人们正在考虑修改该透明条例,例如要求区别公用企业和私人企业的会计报账方式。随着欧洲市场的进一步开放,欧盟委员会认为有必要更好地审查分析潜在的破坏竞争的行为。

参考文献:Arndt, Europarecht, S. 182 ff. ; Bach, Wettbewerbsrechtliche Schranken fuer staatliche Maßnahmen nach europaeischem Gemeinschaftsrecht, 1992; Britz, Staatliche Foerderung gemeinwirtschaftlicher Dienstleistungen in liberalisierten Maerkten und Europaeisches Wettbewerbsrecht, DVBl. 2000, 1641 ff. ; Doerr/Haus, Das Wettbewerbsrecht des EGV, JuS 2001, 313 ff. ; Emmerich, Kartellrecht, § § 36 ff. ; Hailbronner, Oeffentliche Unternehmen im Binnenmarkt, NJW 1991, 593 ff. ; Kruse, Kommunale Sparkasse im Blickfeld des europaeischen Beihilferechts, NVwZ 2000, 721 ff. ; Quardt, Zur Abschaffung von Anstaltslast und Gewaehrtraegerhaftung, EuZW 2002, 424 ff. ; von Wallenberg, Kartellrecht, 2. Aufl. 2002; Soukup, Auswirkungen der neuen Transparenzrichtlinie auf Oeffentliche Unternehmen, ZOegU 24 (2001), 86 ff. ; Weitbrecht, Europaeisches Kartellrecht 2000/2001, EuZW 2002, 581 ff.

(二)对国家补助的规定(欧共体条约第 87 条及以下条款)(Staatliche Beihilfen, Art. 87 ff. EGV)

欧共体条约第 87 条至第 89 条构成了欧共体竞争规则的第二大部分,这些条款从欧盟法的层次对国家补助进行了调整。其主要内容是欧共体条约第 87 条第 1 款的规定,原则上**禁止国家补助**(Beihilfeverbot),特定的例外情形除外。这些规定其实是对欧共体条约第 2 条和第 3 条第 g 项规定的共同体基本任务和目标的具体化,按照上述两条款,共同体的任务也包括保护内部市场的竞争不被破坏。因为国家补助通常会对市场竞争产生负面影响,所以成员国的某些国家资助行为就要受到欧盟委员会的监督和控制。补助禁止的目的是**避免**因为国家对个别企业或产业的支持而**破坏市场竞争**(Vermeidung von Wettbewerbsverzerrungen)。为了实现这一目的,各成员国就必须向欧盟委员会汇报其将要实施的补助行为,欧盟委员会据此才能真正行使其监督职能。

原则上禁止国家补助的欧盟法规定在**很大程度上介入了成员国独立自主的经济政策**,例如成员国所采取的促进经济发展的措施。由于各成员国越来越倾向于在经济政策经济中包含经济促进措施,所以就可能出现成员国经济政策和欧盟禁止补助原则之间的较大冲突。欧盟自身日益增多的补助措施不在被禁止之列，补助禁止原则只适用于成员国（Nagel，Wirtschaftsrecht der Europaeischen Union，S. 150）。

1. 构成要件（Voraussetzung）

欧共体条约第87条第1款认定，凡是使某些特定的企业或产业受益，但破坏了竞争或具有这种危险的国家补助或由国家出资的具有补助效果的措施，只要它们危害了欧盟成员国之间的贸易，都是与共同体市场不相符合的。对国家补助实行**一般禁止，例外许可**。

对于**补助**的概念要做广义理解。它不仅包括金钱意义上的积极的资助，而且包括所有的不同形式的免除企业负担的措施，这些措施具有同积极的经济资助相同的效果（EuGH，Slg. 1994，I—877/907），其中包括所有改善被资助者竞争地位的措施，例如，免除负担的资助（税务免除）或者是实物资助。判断是否存在补助的决定要素不是国家措施的形式或目的，起决定作用的仅仅是该措施产生了使某企业**受益的结果**。所以从概念上来看，所有的物质资助都包括在内，例如：出租乡镇的办公楼或者是为公共采购合同提供特别的优惠条件；但**一般性的基础设施建设**（allgemeine Infrastrukturmaßnahmen）不包括在内，因为该措施并没有使某一个体单独得到益处。同样被排除的还有国家赔偿给付或者非自愿的国家给付。

例：如果国家机关的担保为企业提供了市场上少见的优惠条件，而企业对国家承担的风险却不支付相应的报酬，则这种国家担保具有补助的性质（详见：Palombini，ThuerVBl. 2001，97 ff.）。德国公立金融机构（州立银行或储蓄所）就具有这样的特点：地方团体法人为其承担债务责任，即所谓的担保连带责任和法人负债，这是一种横向的资助，因此构成欧共体条约第87条意义上的补助。担保连带责任和法人负债使公立金融机构几乎排除了破产的风险，从而使其具有更好的商业信誉和偿付能力，在资本市场中享有私人银行无法比拟的优势。欧盟委员会认为担保责任和法人机构责任虽然具有德国法依据，但构成欧共体条约第87条第1款意义上的补助，不符合共同市场的规定（Quandt，EuZW 2002，424 ff.）。

由于补助的概念非常宽泛，没有一个公认的抽象定义，从而导致实践运用时的困难和不确定。欧盟委员会除了享有欧共体条约第87条第3款赋予的判断余地和自由裁量外,还额外享有司法审查的判断余地来决定某一国家资助构成欧共体条约第 87 条所指的补助措施。补助禁止的适用范围也包括**公用企业**,欧共体条约第 86 条第 1 款已对此作了明确规定(EuGH, Slg. 1977, 595/612)。禁止补助也对成员国的私有化进程起了不可低估的推动作用。

补助禁止涉及**国家补助或由国家出资的补助**(staatliche oder aus staatlichen Mitteln gewaehrte Beihilfen)。从欧共体条约第 87 条第 1 款的字面意义可以得知,资助者除了国家(包括联邦和州)以外,还可以包括所有其他公法人(法人团体、公共机构、基金会)和私法上的组织和机构(由国家控股的私法形式的公司)。区分不同的资助者的目的在于强调补助不仅是指直接来自国家的资助,也包括来自国家委托的或建立的公、私法机构提供的资助。决定是否属于补助的唯一标准是该资助是否是一种可归责于国家的行为(EuGH, DVBl. 2002, 1034/1035 f.)。

接受补助的**对象是个别企业或产业**。欧共体条约第 87 条及以下条款不适用于国家做出的对所有企业一视同仁的措施。优先照顾个别企业或产业是构成补助禁止的关键要素,因为根据欧共体条约第 99 条第 1 款**经济政策**的制定说到底还是**成员国的内部事务**;普遍适用的经济政策不受补助禁止的约束。

例:《德国关于给与在国际航运中悬挂德国国旗的船舶第二国籍的法律》允许此类船舶雇用在德国没有住所和长期居住地的海员,并给与其比德国船员差的工作条件和工资待遇。根据该条款而享有的优惠条件是否是欧共体条约第 87 条第 1 款所指的国家补助呢?欧洲法院对此做出了否定的回答,因为该条款并不是为了给企业提供一个优惠条件而给国家带来额外负担(EuGH, Slg. 1993, I—887 ff.)。在此,至关重要的是,该规定改变了船运企业与雇员签订合同的基础,使船运企业从中受益。但由此所产生的后果(缴纳社会保险费计算基础的不同;由于较低的工资而可能减少的税收收益)是该规定与生俱来的,而并不是为了给相关企业提供某些优惠条件而采取的措施。又如,给能源税一定的税收补偿的国家措施也不属于欧共体条约第 87 条第 1 款所指的国家补助,因为他们针对所有的国内企业,不论该企业从事什么生产活动(EuGH, DVBl. 2002, 186/188)。

此外,补助必须**破坏了竞争或造成了这种威胁**(den Wettbewerb verfaelschen oder zu verfaelschen drohen)。是否破坏竞争要在具体个案中考察,而且不一定非要等到出现危害后果,只要**存在破坏竞争的可能性**(Moeglichkeit einer drohenden Wettbewerbsverfaelschung)就构成补助禁止。欧盟委员会需要举出证据证明某一市场是否还存在竞争。这一点比较容易证明,因为国家措施自然会影响市场竞争行为。是否在事实上明显地限制了竞争并不重要,只要使某一企业相对于竞争者享有了优势地位就构成一种补助。

例:欧盟委员会指责荷兰政府给与建设 Phlilip Morris 卷烟厂 600 万荷兰盾的补助,因为该补助行为不具有欧共体条约第 87 条所指的正当理由。该公司提起了无效之诉,理由是:被诉的限制竞争的行为给市场造成的影响是不明显的,它只是使卷烟的成本降低了 0.11%。但欧洲法院驳回了起诉(EuGH, Slg. 1980, 2671 ff.)。在审查补助时起决定作用的不是在事实上造成了明显的竞争限制,而是只要增强了某一企业的竞争地位就构成补助。

最后,补助还必须**危害了成员国之间的贸易往来**。在此,也不要求这种危害是现实存在的,只要具有这种**倾向性或可能性**就满足这一要件。这里又涉及区别于国内法而适用欧盟法补助禁止的前提条件。

2. 例外情形的构成要件(Ausnahmetatbestaende)

国家补助的禁止并不是毫无例外的。在欧共体条约第 87 条第 2 款和第 3 款就规定了一些例外情形。第 2 款列举了一些**不容置疑**的符合共同市场原则的特定类型的国家补助,第 3 款则授予欧盟委员会**裁量权**,来决定可能符合共同市场的国家补助情形。

根据欧共体条约第 87 条第 2 款,特别许可的补助是**社会补助和救助自然灾害或对不可抗力造成的极大损害**进行补助的行为。第 87 条第 2 款第 c 项专门针对德国,即:为改善因两德分立造成的经济落后而采取的必要补助是允许的。

例:德国大众汽车集团原本可得到 7.8 亿马克的国家补助,用于在萨克森州建立两个新的汽车生产厂,以此来改善东德的经济落后状况。欧盟委员会只批准了其中的5.39亿马克,否决了另外的近2.4亿马克,因为其认为这部分补助不符合共同体法的规定。但萨克森州还是在欧盟委员会做出该决定后支付了9000万马克作为投资补助,该补助被欧盟委员会认定为违反了共同体市场的规定。萨克森州和大众汽车集团据欧共体条约第87条第2款第c项提起了无效之诉。欧洲法院认为(EuGH, EuZW 2000, 115 ff.),该条规定并没有允许对新联邦州的经济落后进行全面补贴。条款中的“德国的分立”指的是1948年后被分而治之的东西德国。因此“由于分立造成的经济落后”指的只是由于在德国内部划分和维持界限造成东德的孤立状态而可能产生的经济落后。统一后原联邦州和新联邦州之间的经济发展不平衡的原因则完全不同,这种经济不平衡主要还是由原先两德政治和经济制度的不同造成的。

欧共体条约第87条第3款规定的不受补助禁止的例外情形使一些原本不允许的补助**有可能得到许可**。由欧盟委员会来决定是否批准关于促进地方经济或某部门经济的补助。如果进一步考察例外情形的构成要件,就会发现,获得正当性的例外情形都是对地方或者欧洲的公共利益有重大意义的补助。**“欧洲的共同利益”**(欧共体条约第87条第3款第b项)是一个不确定法律概念,对其进行具体化要借助欧共体条约第2条和第3条确定的欧共体目标。在这点上欧盟委员会利用**比例原则**进行**审查**。欧洲法院的判决认定,欧盟委员会根据欧共体条约第87条第3款享有**宽泛的自由裁量决定权**(weiten Ermessensspielraum),而且该裁量权还得到了扩大,例如欧盟委员会在判断是否满足解除补助禁止的前提条件方面也享有**判断余地**(Beurteilungsspielraum)。这些判断余地导致了很大程度上的法律不确定性,同时也招致很多责难,因为欧盟委员会完全受到政治判断衡量的左右。

例:国家投资参与一个建设双壳油轮以提高航运安全的科研项目,这是一项国家补助,但根据欧共体条约第87条第3款第c项得到了批准(Beihilfe-Nr. N 556/2002 vom 16. 10. 2002)。

其他的例外情形规定散见于欧共体条约的其他条款中,尤其是在**农业**、**交通**和**开业自由**等方面有一些对补助的例外许可规定。具有重要意义的是,欧盟委员会通过欧共体第 994/98/EG 号条例得到授权,可以根据欧共体条约第 87 条第 3 款(ABl. EG 1998 Nr. L 142/1; naeher Bartosch, NJW 2001, 921 ff.; Koenig/Kuehling, DVBl. 2000, 1025 ff.)针对某些类型的补助颁布负有解禁条件的集体解禁条例,而被许可的补助也同时免除欧共体条约第 88 条第 3 款规定的在实施补助前向欧盟委员会报告的义务。

3. 补助审查程序(Beihilfenkontrollverfahren)

欧共体条约第 88 条规定了欧盟委员会审查补助适当性的基本程序,该程序分为两种,即**事后审和事前审程序**(repressives und praeventives Verfahren)。根据该条第 1 款的规定,欧盟委员会与成员国合作一起持续审查已经实施的补助规定。这是一种对已经实行的或正在实行的补助进行的事后审查。

更重要的是欧共体条约第 88 条第 3 款和第 2 款规定的事前审查程序。如果某成员国想实施一个新的补助,则必须遵守第 3 款规定的**报告义务**(Notifizierungspflicht),即:成员国应当及时向欧盟委员会报告其意欲实施的补助或变相实施的补助,以使欧盟委员会对此发表意见,然后根据欧共体条约第 87 条启动审查程序。在审查程序中也适用第 88 条第 3 款第 3 句规定的**禁止执行**(Durchfuehrungsverbot)补助的规定,该条规定不同于第 87 条,它具有**对成员国直接适用**的效力,违反该条款构成(形式上)的补助违法,而且该违法性不能因为补助结果可能实体上符合共同体市场规定而得到补正(EuGH, Slg. 1991, I—5523/5529)。

为了增加透明度和简化行政程序,欧盟委员会公布了在某些领域内实施补助的欧共体基本要求和必须遵守的程序规定,这些公告免除了某些补助行为向委员会汇报的义务,同时明确了补助许可的范围和可能性。

例:对中小企业提供国家补助的欧共体基本要求(ABl. EG 1996 Nr. C 68/9 vom 6. 3. 1996)规定:对该规定中定义的中小企业而言,欧共体条约第 87 条第 1 款并不适用于小额度的补助,即不适用于从第一次补助起算三年内不能超过 10 万欧洲货币单位的补助。这种补助被称之为“迷你型”补助(EuGH, EuZW 2002, 692 ff.—Bekanntmachung ueber die Zusammenarbeit mit nationalen Gerichten, ABl. EG 1995 Nr. C 312/8)。

根据欧共体条约第 89 条的规定,欧洲理事会可以在欧盟委员会的建议下,听取欧洲议会的意见后,以多数通过来颁布针对欧共体条约第87、88条的**执行条例**(Durchfuehrungsverordnungen)。欧盟委员会经过数次努力终于使“关于适用欧共体条约第93条的特别规定”(**程序条例**)获得通过并自1999年4月起开始生效。欧盟委员会的目的是,通过该条例把次级法规定的很多措施以及分散在单行决定中的具体原则用条例的形式固定下来,这样一来,一方面使程序公开透明,另一方面可以减轻欧盟委员会的工作量。该程序条例第2条第1款具体规定了补助实施的报告义务,第3条和第11条强调了欧共体条约第88条第3款第3句规定的“保持不动义务”(Stillhategebot)(即在欧盟委员会针对补助做出决定前,成员国不得实施该补助)(EuGH, DVBl. 2002, 180 ff.)。新增加的规定是第11条和第14条中的返还补助要求(Rueckforderung von Beihilfen)(详见下文)。联邦参议院对此程序条例却顾虑重重,担心当事人因此很难预见国家资助政策。此外,人们也指责该条例侵犯了国家的行政程序法和行政诉讼法的立法权,认为其不符合欧共体条约第5条规定的辅助原则。

一项补助是否真正符合欧共体法的规定,由欧盟委员会根据欧共体条约第87条进行审查,然后作出有约束力的决定。如果其认定某项补助在实质上符合共同体市场的规定,则该决定在成员国直接生效;由于欧共体条约第87条将裁量决定权授予了欧盟委员会,所以第87条不能直接适用。这就导致被补助企业的竞争者不能根据第87条在国内法院提起诉讼。不过在某些情况下也可以提起**竞争者之诉**(Konkurrentenklagen),例如,利益受到不合法补助侵害的第三人可以根据具有直接适用效力的第88条第3款第3句在**国内法院起诉**补助行为。此外也可以**向欧洲法院寻求司法救济**,例如旨在撤销欧盟委员会做出的确认补助合法的决定(即欧盟委员会根据欧共体条约第88条第2款作出的合法确认决定)而据欧共体条约第230条(现在也可据程序条例第7条第2款至第4款)提起的无效之诉。另外,竞争者也可以针对欧盟委员会拒绝启动主审程序的决定提起无效之诉(程序条例第4条第2款和第3款)或者对欧盟委员会坐视未申报的补助行为而不作为,根据欧共体条例第232条规定提起不作为之诉。

4. 要求收回补助(Rueckforderung von Beihilfen)

根据上述补助审查程序,一项补助行为可能**形式违法**,也可能**实体违**

法。如果补助没有遵守监督程序，则构成形式违法，例如没有遵照欧共体条约第 88 条第 3 款第 1 句的要求履行汇报义务。实体违法是指根据欧共体条约第 87 条，补助不符合共同体市场的要求。

欧盟委员会通过具体决定来确定补助是否符合共同体市场的要求（据程序条例第 7 条第 3 款做出补助合法决定；据程序条例第 7 条第 5 款作出补助违法决定）。欧共体条约第 88 条第 2 款第 1 句规定了**补助违法确认决定的法律后果**，即：当事国必须在欧盟委员会确定的期限内取消补助或者将补助转换为其他形式。根据程序条例第 14 条，欧盟委员会还可以作出**收回补助的决定**（Rueckforderungsentscheidung），要求成员国采取必要的措施从受益者处收回补助。由于没有一个统一的欧盟程序法，所以由成员国自己决定如何收回补助。如果成员国在欧盟委员会做出审查决定前就已经执行了补助，则又构成一个新的违法行为，即违反了欧共体条约第 88 条第 3 款第 3 句在做出决定前禁止执行补助的规定。

如果成员国在法定期间内不执行欧盟委员会的决定，则委员会或者是受到影响的国家都可以根据欧共体条约第 88 条第 2 款第 2 句的规定**直接向欧洲法院提起诉讼**。如果欧洲法院也认定补助违反了欧共体条约第 87 条的规定，则该成员国必须执行法院的判决。违法的补助一般涉及受益行政行为的撤销和补助的收回。收回程序适用**国内程序法**，例如在德国，撤销行政行为适用行政程序法第 48 条的规定（或者是州法相应的规定）；撤回已履行的行政给付的适用行政程序法第 49a 条的规定。国内程序法和欧盟法关于收回的要求之间也可能产生冲突，例如两个不同层级的法律对于相对人的保护措施作出了不同的规定。

例：A 公司是铝生产商。为了避免企业倒闭，1984 年德国莱法州对其支付了 800 万马克的补助，但并没有向欧盟委员会汇报。欧盟委员会从新闻报道中知悉该补助并进行审查后确定，根据欧共体条约第 87 条该补助不符合共同体市场的规定，要求联邦德国收回补助。但联邦德国并没有执行该决定。于是，欧盟委员会向欧洲法院提起了诉讼，欧洲法院做出了维持原决定的判决。莱法州因此不得不撤销 1984 年的受益行政行为，并要求 A 公司返还补助。A 公司不服，向行政法院起诉并主张，其信赖了该补助决定的合法性，据此信赖做出了其他企业行为，而且撤销补助决定的时效已过。

补助的撤回是按照国内相关法律来实施的,但前提条件是,国内法的适用不能使欧盟法上规定的补助撤回得不到实现。在这一点上尤其要遵守由欧共体的忠诚原则(欧共体条约第10条)导出的欧盟法的有效性原则。根据该原则,必须保证欧盟法在整个欧共体范围内有效实施。成员国的司法实践不能妨害欧共体法律的实际效力,也不能使欧共体法律规范得不到实际执行。按照国内法该案涉及的是金钱给付形式的违法受益行政行为的撤销问题(行政程序法第48条第1款第2句,第2款至第4款),而且德国行政法,确切地说是行政程序法第48条第2款中的信赖保护原则和第48条第4款规定的追诉时效期间都妨害了欧盟实体法的有效性。根据欧洲法院的判决和德国联邦行政法院随后作出的判决,为了共同体利益和保护共同体市场的竞争规则都要求撤回该补助而不再适用德国行政程序法第48条的特别规定。判决结论虽然在方法论上有争议,但是该结论却是根据行政程序法第48条第2款第1句所规定的在信赖保护中衡量私人利益和公共利益,对该案涉及的欧共体利益进行考量后做出的正确结论。在撤回违反欧共体法的国家补助时,除了涉及在成员国恢复合法状态的公共利益外,还涉及欧共体执行欧盟法竞争规则的公共利益。在利益衡量中,上述两种公共利益作为撤回补助所维护的利益比预期对立存在的补助受益者的私人既得利益更重要。补助受益者的信赖保护利益(不同于行政程序法第48条第2款的规定)与欧盟法所主张的撤回补助所维护的公共利益相衡量(不用考虑行政程序法第48条第2款第3句提到的不予保护的情形),也可能不具有保护意义。如果国家补助没有遵从欧共体条约第88条规定的必须履行的监督程序,在这种情况下,补助受益者的信赖保护利益就无法和欧盟法上主张撤回所保护的公共利益相抗衡。在本案中不再适用德国行政程序法第48条所规定的追诉时效则体现了对成员国制定撤回补助规定的某种程度的限制,当然这种限制是以利益衡量为前提条件的,而且该限制推导自欧共体条约第87条和第88条并在欧洲法院的判决中被一再强调。

在阿尔坎(Alcan)判决中(EuGH, Slg. 1989, 175 ff. —Alcan I; EuGH, DVBl. 1997, 951 ff. — Alcan II; BVerwG, NJW 1998, 3728 ff.)欧盟法的优先适用性被再次强调,而且在撤回违反欧盟规定的补助案件中,欧盟法的优

先适用性都得到了具体实施(ausdruecklich gebilligt von BVerfG, DVBl. 2000, 900/901)。此后,德国行政程序法第48条的规定根据欧盟法进行了修正,即行政程序法第48条第4款规定的追诉时效和第2款规定的信赖保护既不能违反诚信原则,也不能放纵不当得利。补助受益人因为返还补助所遭受的经济困难不能构成不撤回补助的理由(EuGH, NVwZ 2001, 310/312 f.)。在此,欧共体法并不反对信赖保护,也没有忽视不宜撤回补助的其他原因。是否撤回补助完全取决于个案的具体情况,由行政机关在考虑到所有因素并进行利益权衡后作出决定(EuGH, EuZW 1998, 499 ff. m. Anm. Guendisch)。主张信赖保护的正确途径是根据欧共体条约第230条第4款的规定,针对欧盟委员会做出的确定补助不合法的决定提起无效之诉,从而废除欧盟委员会决定的法律存续力。德国联邦宪法法院在阿尔坎案中再次强调,欧盟法律一般来说要优先适用于德国普通法(BVerfG, DVBl. 2000, 900/901)。

参考文献: von Danwitz, Grundfragen der Europaeischen Beihilfeaufsicht, JZ 2000, 429 ff.; Deckert/SchrOeder, Oeffentliche Unternehmen und EG-Beihilferecht-Gemeinschaftsrechtliche und zivilrechtliche Implikationen, EuR 1998, 291 ff.; Die Vereinbarkeit der "Alcan"-Rechtsprechung des EuGH mit dem deutschen Verfassungsrecht, DZWir 1998, 491 ff.; Frotscher, Wirtschaftsverfassungs-und Wirtschaftsverwaltungsrecht, §§ 18, 19; Happe, Rueckforderung von Zuwendungen nach negativer Kommissionsentscheidung im Beihilfeverfahren, NVwZ 1998, 26 ff.; Jung/Hassold, Die Neuordnung der deutschen und europaeischen Regional-/Strukturfoerderung vor dem Hintergrund der Beihilfenkontrolle und der Agenda 2000, DOEV 2000, 190 ff.; Koenig/Kuehling, Grundfragen des EG-Beihilfenrechts, NJW 2000, 1065 ff.; Kruse, Bemerkungen zur gemeinschaftlichen Verfahrensverordnung fuer die Beihilfekontrolle, NVwZ 1999, 1049 ff.; Luebbig/Martin-Ehlers, Beihilfenrecht der EU, 2003; Nowak, Grundrechtlicher Drittschutz im EG-Beihilfekontrollverfahren, DVBl. 2000, 20 ff.; Oldiges, Die Entwicklung des Subventionsrechts seit 1996, NVwZ 2001, 280 ff.; Schneider, Konturrentenklagen als Instrumente der europaeischen Beihilfeaufsicht, DVBl. 1996, 1301 ff.; Suerbaum, Die Europaeisierung des nationalen Verwaltungsverfahrensrechts am Beispiel der Rueckabwicklung gemeinschaftsrechtswidriger staatlicher Beihilfen, VerwArch. 91 (2000), 169 ff.; Trautwein, Kommunale Wirtschaftsfoerderung und gemeinschaftsrechtliches Beihilfenrecht, BayVBl. 1996, 230 ff.

第四节　基本法的规定

一、基本权利(Grundrechte)

(一)基本法第12条

基本法第12条第1款第1句保护**职业自由**,该条款是职业宪法权利和基本法中经济宪法的一个核心条款。联邦宪法法院很早就把该条款视为对职业自由的统一的基本权利保障(BVerfGE 7, 377/400 ff.),在该条款中,择业和从业作为生活的两个阶段被统一调整。基本法第12条对经济公法具有重要意义,因为职业自由也是联邦宪法法院审查普通法律合宪性的重要依据之一,不符合宪法的普通法律则必须被修正。

1. **保护范围**(Schutzbereich)

基本法第12条**保护范围**的重点是职业自由。**职业**是指长期的而不是临时从事的,用来保障或维持基本生活来源的活动(Manssen, Grundrechte, Rn. 558)。有时也要求该活动是**法律允许的**(BVerwGE 87, 37/40 f.; a. A. aber BVerwGE 96, 293/296 f.),但一般认为这种合法性要求不应影响职业自由的保护范围(BVerwGE 96, 302/308; Stober, Allgemeines Wirtschaftsverwaltungsrecht, S. 182 f.)。对什么是职业不可能做一个穷尽所有可能的统计概括。虽然出于培训和监督的目的,法律或法规列举了个别职业或职业类型(如手工业条例的附录A和B列举了所有被公认的手工业职业,对于职业类型的确认请参见最新的联邦宪法法院判决BVerfG, U. v. 24. 10. 2002, 2 BvF 1/01),但职业和职业自由是一个**动态**的概念,所以基本法第12条第1款具有**面向未来的开放性特征**(BVerfGE 30, 292/334)。

基本法第12条第1款所保护的职业自由不仅包括个人选择并从事的活动,而且也包括**所有以营利为目的**(jede auf Erwerb gerichtete Beschaeftigung),且不是一次性营利的工作。这一宽泛的不依附于人的职业概念关系到基本法所确定的职业自由的保护范围,尤其是关系到职业活动的**经济价值**(wirtschaftliche Verwertung)。因此,某企业为了促进商场成功而做的形象展示以及广告都属于职业自由的保护范围(BVerfG, NJW 2002, 2621/

2622)。**受到**基本法第 12 条第 1 款**保护的"人"**包括所有德国公民和基本法第 19 条第 3 款规定的在德国设立的法人(关于欧盟公民是否只享有较低水平的保护之问题请参见 Bauer/Kahl, JZ 1995, 1077 ff.)。

例:法律要求公共活动主办者必须在电视上对该活动作一个免费的简短通知,这一义务性规定违反了基本法第 12 条第 1 款的规定。违宪的原因在于法律规定活动通知必须免费作出,这违背了基本法第 12 条第 1 款所保护的职业活动或企业经营活动的经济价值(BVerfGE 97, 228 ff.; dazu Tietje, JuS 1999, 644 ff.)。

基本法第 12 条第 1 款第 1 句**保护的职业自由范围比较广泛**,从培训岗位的选择到接受并具体从事某一职业,再到结束职业活动,公民个人都享有主观公权利。基本法赋予权利主体有权自由决定是否接受、保留或放弃所选择职业的就业机会(BVerfGE 84, 132/146; BVerwGE 96, 293/296)。因为职业自由被视为一项统一的基本自由,所以在回答某一行为是否受到基本法第 12 条第 1 款的保护的问题时,不再区分该行为是择业行为还是从业行为。不过择业和从业的区分对侵害行为合法化还是具有重要意义的。

职业自由的另一种表现形式——**企业家的自由**(Unternehmerfreiheit)对于经济法具有重要意义。该自由包括建立企业、经营企业、雇佣员工、销售货物和宣传产品的自由。所有德国公民享有的职业流动的自由(开业自由)以及**工商自由**(Gewerbefreiheit)也都受到该条款的保护,工商自由在普通法上的工商条例第 1 条中得到进一步保障和具体化。职业自由对于**竞争自由**也具有举足轻重的作用;在此,职业自由具体体现了个人成就和生存保障中的个人发展自由。职业自由保证个体在经济和社会制度中的必要自由,因此其是一个**必不可少的基础**,有其支撑,个体才能在社会市场中发挥自己的个性并且凭借自己的能力确保自己已经赢得的市场地位。因此可以说,职业自由是市场竞争的起始条件而且体现了经济领域的个人自由发展权。如果基本法第 12 条第 1 款保护个人在市场经济中实现自我发展,那么就意味着市场主体的行为也是其职业活动的一部分,也应该被视为基本法第 12 条第 1 款第 1 句所保护的竞争自由而得到保障(Schliesky, Oeffentliches Wettbewerbsrecht, S. 196 ff.)。因此企业在市场中的竞争地位也得到保护,该竞争地位是由市场份额来决定的。但上述观点非常有争议,反对者认为竞争自由已在基本法第2条第1款中得到确认,并享有较低程度的保护,支持者则可以在欧盟法中找到支持论据。

2. **侵害行为(Eingriff)**

作为一项传统的防御权,基本法第12条第1款的作用是使个体的职业活动不受到国家行为的过度限制。但该条款保障的不是个体针对国家享有的**工作权**(Recht auf Arbeit),也不保护个体**免受到第三人的竞争威胁**(gegenueber Privaten keinen Schutz vor Konkurrenz)(BVerfGE 94, 372/395, 399 f.)。作为防御权,该条款保护公民不受到各种形式的国家行为的侵害。对于传统的以法律形式或行政行为形式出现的**侵害行为**,该条款都能很好地保护职业自由。联邦宪法法院在确认侵害行为时一般要求该行为**具有限制职业自由的倾向**(berufsregelnde Tendenz)。不过有些**事实上的和间接的侵害**(faktische und mittelbare Eingriffe)也被认定为侵害了职业自由(详见:Schliesky, Oeffentliches Wettbewerbsrecht, S. 215 f.)。但是,基本法第12条第1款所针对的不是每一个间接侵害职业和从业自由的行为,它所针对的主要是直接影响职业自由的或者至少具有客观上限制职业自由倾向的侵权行为。如果进一步考察具有客观限制职业自由倾向的侵权行为,就可以得出结论:联邦宪法法院在认定侵权行为时,要求该侵害行为达到了客观上能够感受到的程度。这就再一次涉及侵害行为的侵害程度特征,侵害程度本来就应该是侵害行为概念的组成部分。如果根据侵害程度即可认定侵害行为,则要求侵害行为具有客观上限制职业自由的倾向就显得不必要了,因而也无须对其进行更深入的审查(持相同观点的有:Breuer, in: Isensee/Kirchhof [Hrsg.], HStR VI, S 148 Rn. 32)。

例:颁发"蓝天使"环保标志是一个认定间接侵害行为的模棱两可的案件。明斯特高等行政法院(NVwZ 2001, 824/825)认为该行为没有侵犯基本法第12条第1款保护的职业自由。联邦宪法法院认为(NJW 2002, 2621 ff.),只要国家发布市场信息的行为是根据有关法律作出的,虽然对重要的竞争因素产生影响,但并没有破坏市场竞争关系,则国家发布市场信息的行为不构成对基本法第12条第1款保护范围的侵害(a. A. Schoch, DVBl. 1991, 667 ff.)。联邦宪法法院还认为(NJW 2002, 2621/2623),如果政府或行政机关的职能能够通过发布公共信息的方式完成,则在职能分工时就应当授权政府可以做出发布信息的行为,而信息发布行为也就成为对基本权利保护范围的一个内在的固有限制(a. A. Ibler, in: FS Maurer, 2001, S. 145 ff.)。

3. **正当性**(Rechtfertigung)

侵害职业自由的国家行为如果**不能被正当化**,则构成对基本权利的侵害。如何认定侵害基本权利的行为一般都涉及基本权利的法律保留,即对侵害基本权利的行为进行正当化需要具有符合宪法的普通法法律依据(BVerwG, NJW 1996, 3161)。法学界经过最初的犹豫和迟疑,现在已经达成共识:事实行政行为或非正式行政活动都会造成事实上的或间接的基本权利侵害,简而言之,法律保留也适用于非传统的侵害行为。对侵犯职业自由的行为进行正当化需要法律依据,基本法第12条第1款第2句的**职业自由法律规制保留**(Regelungsvorbehalt)已经表明了这一点。从字面解释的角度来看,该条款作为调整职业自由法律保留的法律依据整体适用于职业自由;这也是联邦宪法法院一直主张的观点:基本法第12条第1款是一项统一的基本权利。所以在审查限制基本权利的法律之正当性时首先要求其满足合宪性的基本条件,即该法律必须在形式上和实体上都符合宪法(详见:Manssen, Grundrechte, Rn. 140 ff.; Pieroth/Schlink, Grundrechte, Rn. 252 ff.)。

值得注意的是扩大解释侵害概念所产生来的**后果**,即要求具有明确的法律授权依据。在要求侵权行为具有充分的法律依据时必须考虑到侵害概念扩大的事实和侵权行为与法律保留所保持的密切联系,因为处于传统侵权概念影响下形成的法律规范结构曾经在很大程度上是由侵害行为的结构来决定的。但现在侵权行为、法律规范的结构和可预见性都在很大程度上不再像传统的侵权概念那样在法律中明确体现,所以**法律明确性的要求在此需要一定程度的修正**。也就是说,满足明确性要求的法律依据必须更多地考虑国家措施的可预见性和其所产生影响的强烈程度。法律规范必须继续为国家行为设定**前提条件**,确认什么是**公共目的**,确定**法律后果**,该法律后果要明确规定被允许的国家措施可能产生的影响。国家行为的是否可预见及其后果的严重程度直接影响到对法律明确性的要求程度。

比例原则对于实质合宪性具有重大意义，它是对限制职业自由的法律规范的反限制。联邦宪法法院对基本法第12条涉及的比例原则提出了特别的要求，即所谓的**三阶段理论**（Drei-Stufen-Lehre），该理论将比例原则进一步具体化。三阶段理论的基本想法已在基本法第12条第1款中有所体现，即行使职业自由的方式可能影响到侵权行为的严重程度，进而影响到侵权行为取得正当性的条件。受到立法者调整的职业行为被划分为择业行为和从业行为，因为侵权行为正当化的理由与这种分类紧密相关。

基本法第12条第1款的比例原则审查并没有特别之处，在进行最后的狭义比例原则审查之前，要进行一个区分为三阶段的比例原则审查，即从业规制、主观上的职业许可规制和职业选择客观限制。因为基本法第12条第1款的对于经济公法具有重大意义，比例原则审查对于职业自由也具有重大影响，下文将详述三阶段审查的具体步骤。

第一步首先审查立法者采取规制措施的**目的**。

例：法律规定香烟生产者有义务在产品上印制吸烟有害健康的广告，该规定的目的是提醒消费者吸烟的危害，从而保护大众的身体健康。这两个目的都符合国家的立法任务，从而作为公共目的为侵犯职业自由的法规提供了充分的理由（BVerfGE 95, 173/185）。

紧接着审查比例原则的**适当性**，即审查危害职业自由的国家措施是否恰当。运用的手段只有有助于实现国家措施所追求的目的才是合适的。在这点上立法者享有很大的判断裁量权，判断是否合适只取决于其是否有助于目的的实现，所以只有极少数的措施不满足比例原则的适当性要求。

例：如果人们认为警告可以防止吸烟的危害，那么值得质疑的是，该措施是否真的可以达到该目的，因为德国的烟草消费量没有减少反而增加了。联邦宪法法院认为，立法者虽然可以选用其他措施来实现目的，但其认定警告可以防止更多的香烟消费，这种立法考虑从宪法角度来说无可指责。因此，吸烟有害健康的警告至少使消费者在购买香烟时会有所顾虑，从这个角度来说，该警告是合适的措施（BVerfGE 95, 173/186）。

第三阶段审查**必要性**,即在合适的措施中只能选择侵害最小的。如果立法目的能够通过其他危害更小的恰当手段来实现,那么必要性的要求就没有得到满足。但立法者有判断余地来决定必要性原则要求的严格程度。

例:替代在香烟上印制吸烟有害健康的警告的做法是立法禁止香烟广告,这一措施对于实现立法目的——保护消费者是合适的,但却会更大程度地侵害香烟生产者的基本权利,而且还会危及并不从事香烟生产的第三人,例如广告公司和广告媒体(如杂志)。所以禁止香烟广告并不是一个更温和的措施,相反是一个更严厉的不符合必要性原则的措施。必须注意的是,给他人造成负担或限制他人行使基本权利的措施都不能视做满足必要性原则的温和手段(BGHZ 134, 1/18)。

三阶段理论在审查必要性的阶段才开始运用。如果立法者可以采取较低侵害程度的措施达到目的,例如使用规制从业自由的手段,而不是对职业许可进行主观限制,但如果立法者采取了恰恰相反的措施,则违反了必要性原则。

第四阶段审查**狭义比例原则**,该审查与运用比例原则审查其他基本权利基本一致,主要是考查目的和手段之间的关系,也就是说,衡量被侵害的权利和所追求的公共目的之间的比例关系。在此,三阶段理论才真正派上了大用场。借助各种职业的不同表现形式可以把对职业自由的侵害分为三个层次,即规制从业自由的行为、对职业许可进行主观限制的行为和对择业自由进行客观限制的行为。立法者对现有的职业进行调整规范,就是规制从业自由。如果权利主体因为法律规制,很难或不能重新选择或从事某职业,则是对择业自由的规制。规制从业自由处于三阶段理论的第一层次,所以对正当性理由的要求较低。规制择业自由则会对基本权利造成更大的侵害,因为在这种情况下权利主体根本无法开始从事职业活动,因此这类法定规制行为要求更充分的正当性理由。对择业自由还可以根据主观和客观标准进行再分类:立法者对相关当事人提出主观方面的要求,则是对择业自由的主观规制,构成三阶段理论中的第二层次。第三层次是对职业许可进行客观限制的行为,其对职业自由的侵害程度更深,因此也要求具有最充分的正当理由,原因在于当事人即使付出所有的努力也无法满足这种外在的客观要求。

对基本权利侵害程度不同的上述三个层次要求适用与其相对应的比例原则审查。只要在公众福祉和侵害行为之间进行理性衡量后,认定保护公共利益更重要,则**对从业自由的规制**(Berufsausuebungsregelungen)符合比例原则,可以被正当化(BVerfGE 7, 377/405 f.)。在此,跟其他基本权利一样,对规制从业自由的行为进行的是“普通”的比例原则审查。

例:要求香烟生产商在其产品上印制吸烟有害健康的警告并没有改变其所从事的职业,而只是要求其在经济活动中以某种方式来包装产品。这只是对从业自由的规制,该规制行为具有正当目的,不需要其他特别的正当理由。此外,商店营业时间法也是对从业自由的限制(BVerfGE 13, 237/239 f.; BVerwG, NJW 1999, 1567)。但如果规制从业自由的行为起到了客观限制从业许可的作用,则必须具有使其正当化的公共利益理由,而且该公共利益必须非常重要,以至于要优先于职业自由得到保护(BVerwG, NJW 2001, 2648/2649)。

主观的职业许可规制(Subjektive Berufszulassungsregelungen)是指立法者要求从业者在从业之前必须(主观上)具备某些能力或资质;而意欲从事该职业的人可以通过主观的努力达到这些要求。这些主观职业许可规制对相关当事人基本权利的侵害较大,因此只有为了保护比较重要的公共利益才允许做出这样的规制。

例:年满68岁的签约医生的行医许可将被取消,联邦宪法法院认为这符合宪法(NJW 1998, 1776 ff.)。社会法典第五部第95条第7款规定的行医的年龄限制虽然对职业许可做出了主观上的限制,但这是为了保护另一特别重要的公共利益——法定被保险人的生命健康。因为随着年龄的增长,医生行医的风险不断增加,所以立法者可以依据经验颁布一个对职业自由进行主观限制的普遍适用的规定。

侵害职业自由的第三个层次是**对职业选择的客观限制**(objektive Berufswahlschranken),立法者对职业准入许可作了客观上的限制,而权利主体不可能通过自己的主观努力来改变这种客观限制。对职业选择的客观限制只有在例外情况下才允许,例如为了保护特别重要的公共利益以及保护公共利益不受到可证实的或极有可能发生的危险的侵害。这些公共利益可能是人民身体健康、保护环境或宪法确定的其他法律权益。如果某个职业非常特殊,则只能出于重要的公共利益目的才能对其进行客观限制(BVerfG, DVBl. 2002, 1596/1597, zum Beruf des Spielbankunternehmers)。

例:根据工商条例原第 36 条第 4 款第 2 句的规定,只要州政府和最高行政机关没有作出相关规定,负责专家鉴定人认命和宣誓事务的公法团体就有权通过章程来规定鉴定人任命条件、鉴定人的权利和义务等。在某案中,某工商协会根据其章程拒绝了某人要求被任命为专家并宣誓的申请,因为工商协会认为在该领域内不再需要更多的鉴定专家而且还有很多候选人在等待任命机会。专门法院认为工商协会的决定没有问题,因为根据工商条例第 36 条在做出自由裁量决定时需要对鉴定专家的市场需求做一个抽象的和具体的审查;同时工商协会还要对现有的鉴定专家作出确切的说明介绍,这有助于需要鉴定专家的人找到最合适的人选。联邦宪法法院认为(BVerfG, E 86, 28 ff.),按照工商条例第 36 条,某人能否被任命为鉴定人取决其专业能力和人品,以及某一专业领域对于专家鉴定的需求,但并不取决于已经存在的鉴定专家的数量。对鉴定需求的具体考察违反了基本法第 12 条,因为对市场需求的具体审查构成了择业许可的前提条件,但这种择业限制却不具有公共利益方面的正当理由。

某一经济领域内的国家垄断也具有对择业自由进行客观限制的作用,因此必须依据三阶段理论的最为严格的第三层次的标准对其进行审查。只有非常重要的公共利益才能使该国家垄断获得正当性,而且实施国家垄断是该公共利益的客观要求(BVerfGE 21, 261/267)。欧共体法律对国家垄断提出了更多的审查要求,从而使消除国家垄断成为一种趋势,例如欧洲法院的判决认为德国联邦劳动局为企业介绍管理人员的做法是一种职业介绍的垄断行为(EuGH, Slg. 1991, I—1979/2010 ff.)。

例:将德国邮政公司负责投递 200 克以下信件的专营特许延长到 2007

年的做法，从基本法第12条第1款和欧共体条约第86条以及第82条、第10条、第49条的角度看，都很值得质疑(Kaemmerer, DVBl. 2001, 1705 ff.)。

参考文献：Breuer, Die Staatliche Berufsregelung und Wirtschaftslenkung, in: Isensee/Kirchhof (Hrsg.), HStR VI, 1989, S. 957 ff.; Bryde, Art. 12 GG-Freiheit des Berufs und Grundrecht der Arbeit, NJW 1984, 2177 ff.; Czybulka, Berufs-und Gewerbsfreiheit: Ende oder Fortbildung der Stufentheorie?, NVwZ 1991, 145 ff.; Hoffmann, Staatliche Wirtschaftsregulierung und grundrechtlicher Schutz der Unternehmensfreiheit, BB 1995, 53 ff.; Hufen, Berufsfreiheit, NJW 1994, 2913 ff.; Ipsen, "Stufentheorie" und UEbermaßverbot, Zur Dogmatik des Art. 12 GG, JuS 1990, 634 ff.; Tettinger, Das Grundrecht der Berufsfreiheit in der Rechtsprechung des BVerfG, AOeR 108 (1983), 92 ff.

(二)基本法第14条

基本法第14条是另一个**重要的经济宪法基本原则**，该条款保护私人财产权和继承权。从历史角度来说，基本法第14条是为了有意保持开放的经济制度而与第15条(财产社会化)妥协的产物，但保护私有财产作为基本原则还是得到了推行和发展。

基本法第14条具有重大的经济政治意义，因为保护私有财产是关于生产资料所有权的重要原则，也是市场经济的基石(Jarass, Wirtschaftsverwaltungsrecht, § 3 Rn. 34)。基本法第14条通过保护个人在财产领域享有的自由权利，一方面保障了个人自由权利，另一方面使财产权可以作为一种**法律制度**发挥其客观公权利的保护作用(制度保障)。

在经济公法中**财产权保护**(Eigentumsgarantie)具有非常重要的地位。确定**财产权保护范围**的切入点是把基本法第14条第1款规定的财产理解为所有普通法目前所定义的财产(BVerfGE 58, 300/336)。这样一来财产就不仅局限于德国民法典第903条所指的物权和土地权，而是指**所有具有财产价值的权利**(alle vermOegenswerten Rechte)，而且不仅仅包括私法上的权利。财产权的保护范围是由普通法律来确定的，也就是说，财产所有人享有的权利来自其前所有调整财产所有人权利的法律规范。决定某项权利是否属于财产权保护范围的标准是，具有财产价值的该权利是否像物权一样能够使权利人享有排他性的使用权和支配权(BVerfGE 78, 58/71)。

例:土地所有权、动产物权、基于购销合同享有的权利(BVerfGE 45, 142/179)、按份所有权(如股东享有的股权)(BVerfGE 50, 290/341 f.)、租赁人对物的占有权(BVerfGE 89, 1/5 f.; 有争议)。

上述论述还没有完全凸显基本法第 14 条对经济公法的重大意义。因此我们不能局限于普通法所界定的范围,而是要强调基本法第 14 条所特有的宪法层次的财产权保护。基本法第 14 条第 1 款传统上被认为是一项防御权,该权利保证个人的财产自由,从而使个人能够自主独立的生活(BVerfG, NJW 2002, 2621/2625),所以我们要进一步关注**财产的使用权和支配权**(Verwendungs-und Verfuegungsbefugnis)。基本法第 14 条第 1 款第 1 句因此也保护人们的经济使用权,即对财产中体现的财产价值以某种方式进行使用的权利,以及为保护既得法益而抵御不合法的国家侵害的权利(BVerfGE 50, 290/339)。保护既得利益的思想对确定财产保护范围起了非常重要的作用,基本法第 14 条保护的就是个人(职业)经营活动所获得的成果,但单纯的机会、希望和预期都不在保护之列(BVerfGE 51, 193/221 f.)。

例:G 经营一个私人的园林企业。G 所在的 S 市做出决定:园林服务业都要通过园林局来提供。G 因此失去了 30 % 的顾客。该案是否触犯了基本法第 14 条? 不论企业经营是否受到基本法第 14 条的保护,该案的事实情况并没有违反基本法第 14 条。因为再次得到客户的委托只是 G 的未来的商机和赢利的预期与希望。所以,该案涉及的不是 G 的既得利益,而是未来的预期,这不属于基本法第 14 条财产权保护的范围。又如,要求在香烟上印制吸烟有害健康的警告虽然会使烟草企业的销售和赢利额下降,但没有触及基本法第 14 条第 1 款第 1 句所保护的财产权,因为该条款基本上不保护未来的机会或赢利可能性(BVerfGE 95, 173/187 f.)。

既得利益保护也使基本法第 14 条和第 12 条区别开来。基本法第 14 条保护的是收益("既得利益"),或者说保护的是职业活动的收益结果,而基本法第 12 条保护的是职业过程,是职业活动本身,是一种"职业保护"。

例:给企业经营活动附加义务涉及的是相对人作为企业家的权利(即

基本法第 12 条职业自由)，而不是作为企业所有权人的财产权。

财产权既得利益保护的客体**并不包括财产权的交换价值**(kein Schutz des Tauschwertes)。虽然财产权在很大程度上保护的是实物和货币相互交换的权利(使用权和利用权)，但是货币价值有其特殊的地域相关性和依赖性。由于国际经济的一体化和国民经济的复杂性，国家不可能保障某一货币与其他国家货币的交换价值。所以对于货币来说，基本法第 14 条只是提供了制度上的保障并保护货币的个人归属权。所以，货币是作为物权或债权受到基本法第 14 条保护的，而货币的交换价值则不在被保护之列。

例：联邦宪法法院在审查反对引入欧元的宪法诉愿中涉及财产的交换价值问题但没有对其做出明确回答(E 97, 350/372)。联邦宪法法院只是强调，以其他货币替代马克(各成员国货币兑换的国家保证)虽然依据的法律基础改变了，但该货币兑换却具有基本法第 88 条第 2 句的宪法依据；联邦主管机关参与作出相关的法律行为也具有充分的宪法根据。

但也有些财产不享有财产保护。基本法第 14 条保护由法律确定的每一项财产权，但不包括被国家公权力合法征收的财产(BVerfGE 75, 108/154; 91, 207/220)。例如，纳税义务基本上没有触犯基本法第 14 条第 1 款的规定，但这类财产可以受到基本法第 2 条第 1 款的保护。不过联邦宪法法院对于极端的税务征收的合宪性也可以进行审查，也就是说，如果金钱缴纳义务给公民造成过度负担或者是严重损害了正常的财产关系，则要适用第 14 条的财产权保护来审查其合宪性(BVerfGE 14, 221/241)。过度侵害是指金钱缴纳义务会使相对人陷入窘困的境地(例如没收财产)。在该问题上，联邦宪法法院还没有最终做出定论，但宪法法院第二庭在最近的税务案件中已有所暗示，在审查该类案件时也可以适用基本法第 14 条作为审查依据(BVerfGE 87, 153 ff.; 93, 121 ff.)。

有争议的是，**建立和经营企业的权利**(Recht am eingerichteten und ausgeuebten Gewerbebetrieb)是否受到基本法第 14 条第 1 款第 1 句的保护。联邦最高法院在判决中确认建立和经营企业的权利是德国民法典第 823 条所指的其他权利(BGHZ 92, 34/351)，即“企业和所有相关权利，也就是说，企业的所有资产和权利,所有的经营方式和范围,商业联系和顾客群,总之,所有对具体企业有价值的资产和权利"都作为保护客体受到基本法第 14 条第 1 款第 1 句的保护。但不能仅根据企业的某项权利具有企业管理上的经济价值就确定其为受到基本法第 14 条保护的企业权利,因为这会使不应得到保护的财产也被囊括进来。如果人们承认应该保护建立和经营企业的权利,则必须明确强调,基本法第 14 条第 1 款第 1 句保护的**只是既得利益,而不是经营行为**(nur Bestandsschutz, nicht hingegen Erwerbsschutz)。因此保护范围不包括权利主体将来可能得到的机会或预期的赢利,扩大企业的计划也同样得不到保护。按照现有规模和已采取的运营措施继续经营企业的权利受到财产权的保护,只要该权利是为了维护通过经营活动已经获得的资产或权利(BVerwGE 95, 341/348)。

公法权利也可能受到基本法第 14 条第 1 款的保护,当然这也不能一概而论。关键要看某项法律权利**主要依靠自我努力**(Aquivalent nicht unerheblich eigner Leistungen)还是单纯由国家补助。如果是前者,则可能作为一项公法权利得到财产权保护,如果是后者,因为国家补助完全替代了个人努力,所以其不具有财产权性质。此外,该公法权利还必须是对个人有利的且某种程度上有助于保障基本生存的一项权利(BVerfGE 92, 365/405)。因此社会保险法上的权利就受到财产权的保护,而该社会保障权利必须是个人可以主张的具有排他性的权利,同时个人自己也要付出相当的努力,而不是坐等救济(BVerfGE 69, 272/304; 92, 365/405)。

根据上述标准也可以考察基本法第 14 条第 1 款第 1 句在多大程度上能够符合**国家资助**的现实状况。对该问题首先要做一个界定,即一方面要确定资助自身是否具有财产权性质,另一方面要确定基本法第 14 条是否保护财产权人不受到对竞争者资助的侵害。一般来说,资助被认定为不具有宪法上所保护的财产权性质,因为资助是国家单向的给付而不要求接受者自己的努力。在资助中一般都欠缺财产权保护所要求的个人努力,因为国家补助替代了这种个人付出(BVerfGE 72, 175/195)。当然也存在例外情况,例如国家出资兴建的设施或机构被完全私有化,则受到财产权保护(例如德国电信的网络系统 Koenig/Braun, NVwZ 1999, 1056 ff.)。而对于第二个问题,是否保护财产权人不受到对竞争者资助的侵害,一般认为,基本法

第14条并没有提供这种财产权保护(该观点存有争议)。笔者认为,未受到资助的企业的竞争地位的确受到了影响,但该竞争地位作为一种现存营业状态属于基本法第12条所保护的职业自由。

另外,**国家许可**因为不需要个人付出努力也不属于基本法第14条的保护范围。

例:出租车运营许可是根据乘客运输法(PBefG)第2、9、47条而授予的公法上的排他性的、确定的法律权利,不属于基本法第14条财产权保护的范围(BGHZ 108, 364/371)。

但基于对许可的信赖而投资的**信赖保护**(Vertrauensschutz)问题需要清晰界定,例如,被许可人出于对许可的信赖而进行了工业投资。如果被许可人根据普通法对许可的既存状态产生了信任,但该许可却被撤销,则撤销行为侵犯了基本法第14条第1款第1句所保护的财产权利(vgl. BGH, DOEV 1997, 420/424)。

具有法律约束力的法律规定(传统的强制性侵犯)或者是事实上的财产权侵害(例如事实行为、具有实际或间接侵害效果的行为)都可能**侵犯**基本法第14条第1款第1句所保护的财产权。对于具有法律约束力的侵犯财产权的法律规范,基本法又区分了内容和限制条款(基本法第14条第1款第2句)和征收(基本法第14条第3句)。该区分对于确认侵害财产权行为的作用不是很明显,但对于立法者选择基本法允许的何种形式的财产权限制具有重要影响,而且对于确定正当性审查的标准也具有重大意义。

在对侵犯财产权的行为进行**正当化**时首先要注意,基本法第14条第2款在宪法上明确规定了财产的**社会义务**,所以对私有财产不能丝毫不考虑公共利益的需要而完全出于自我目的进行无限制的使用。财产与公众的联系越紧密,则其承担的社会义务越多(BVerfGE 71, 230/246 f.)。因此,涉及生产资料的所有权或资合公司的股份时,必须注意到,大量的非财产所有人,如工人,其基本生存和发展都依赖于不属于他们的财产;此外,大型的企业还必须承担国民经济发展的任务。所以,立法者可以根据基本法第14条第2款反对完全围绕股东利益制定的企业发展政策,即反对企业只是为了股东利益而不顾其他社会义务。但立法者在采取反对措施时要严格遵守比例原则。

对于**审查**侵害行为是否具有**正当理由**来说，对法律确定财产的内容和以及法律限制财产权的条款（以下简称内容和限制条款）进行区分，同时将其与征收相区别具有非常重要的意义。基本法第 14 条第 1 款第 2 句规定的内容和限制条款以及第 3 款规定的通过法律的征收（法律征收）或根据法律的征收（行政征收）都彼此相互区别成为独立的法律制度（BVerfGE 58, 300/331）。对这种区分非常重要的是，存在一个已经固定下来的**形式化的关于财产的概念**，只有这样才能严格区分内容和限制条款以及征收（BVerfGE 100, 226 ff.）。

比较老的判例，尤其是民法判例认定，侵害超过一定程度时即从内容和限制条款转变成为必须补偿的征收，其中主要涉及土地征收问题（grundlegend BVerfGE 52, 1 ff.; 58, 33 ff.; UEberblick ueber die Entwicklung bei Dettebeck/Windthorst/Sproll, Staatshaftungsrecht, § § 15 f.）。根据联邦宪法法院新近的判决，侵害财产权的法律行为**要么**是基本法第 14 条第 3 款规定的征收行为，**要么**是第 14 条第 2 款第 2 句规定的内容和限制条款。可见，当时的观点，即认为内容和限制条款可“转变”为征收，现在已不再被提及了。

根据联邦宪法法院的观点，受到基本法第 14 条第 1 款第 1 句保护的财产因为公共利益被全部或部分被剥夺，就是一个**征收行为**。实施征收时，必须有一个目的明确的国家法律行为，该法律行为为了完成特定的公共任务而合法剥夺受到财产权保护的法律权利（BVerfGE 70, 191/199 f.）。征收行为常常是一个有目的的财产征收过程，征收行为必须具有目的性，即国家行为的目的性必不可少，而且该目的性可以决定某措施是否为征收行为。如果一个国家措施按照上述界定是一个征收行为，则要根据基本法第 14 条第 3 款规定的合法限制来审查征收行为的正当性。征收行为要符合宪法，首先，必须有某部法律明文规定了征收或者授权行政机关实施征收。该法律必须完全服务于公共利益（基本法第 14 条第 3 款第 1 句），而且严格遵守了比例原则。其次，该法律必须事先规定了财产征收的**补偿**义务和**补偿**的方式和程度（即所谓的“一揽子”条款 Junktimklausel，基本法第 14 条第 3 款第 2 句）。最后，基本法第 14 条第 3 款第 3 句还规定了确定补偿额度的利益衡量原则。

例:某乡镇在一私有土地上基于有期限的使用权建了一座楼房,即使土地使用权合同终止后也不能对该私有土地进行征收,因为这样一来就会使乡镇为建设该楼房所支付的高昂费用付之东流。所以该征收并不有利于实现基本法第 14 条第 3 款第 1 句所指的公共利益(BVerfG, NVwZ 1999, 522)。

基本法第 14 条第 1 款第 2 句所规定的**内容和限制条款**(Inhalts-und Schrankenbestimmung)是指由立法者对被理解为财产的法益所进行的一般性的关于权利和义务的抽象规定(BVerfGE 72, 66/76)。宪法条文从术语上区分了对内容进行规定的条款以及对财产进行限制的条款,但这种区分没有实际意义。因为这方面的内容更多地还是由普通法律来规定,普通法律定义了自法律生效起到将来的一般形式意义上的财产含义。只要规定和限制财产内容的普通法律遵守了比例原则,根据基本法第 14 条第 1 款第 2 句,该限制条款就可以获得**正当性**。对立法目的正当性的要求随着财产侵害程度的加深而提高。在某些情况下,只有法律规定了经济补偿请求权时才被认定为遵守了比例原则(即所谓的保留性补偿条款 Salvatorische Klauseln)。

例:自然和风景保护法律禁止土地所有权人开采砾石,从而使其不能行使本来享有的土地使用权。该法律规定了土地所有权人在风景保护区能够在多大范围内行使其所权利,这就是基本法第 14 条第 1 款第 2 句所指的内容和限制条款,由普通法具体限定财产权保护的范围。内容和限制条款的另一种表现形式是:立法者使现在可能产生的某项权利在将来不再存在。如果(新的)内容和限制条款给相关权利人造成了不成比例的负担,则必须通过确立补偿请求权来保障其符合比例原则和符合宪法(BVerfG, NJW 1998, 367 ff.)。

研究**事实上的侵害行为**(faktische Beeintraechtigungen)也变得越来越重要,因为它也可能涉及财产权保护,虽然事实上的侵害主要影响基本法第

12 条职业自由所保护的企业或企业家的竞争地位。但对财产权的事实侵害也可能发生,例如某行为因欠缺公益目的而不能构成严格意义上的征收,但却可能已对相对人造成事实上的财产侵害。根据新的基本权利理论,只要某行为侵害了基本法第 14 条第 1 款第 1 句所指的财产,该行为就必须具有法律上的正当理由。基本法第 14 条第 1 款第 2 句是对财产权进行合法限制的宪法依据,比例原则在审查合法限制的正当性时具有特别重要的作用。

参考文献:Engel, Eigentumsschutz fuer Unternehmen, AOeR 118 (1993), 169 ff.; Koenig/Braun, Eigentumsschutz nach Art. 14 GG fuer durch staatliche Beihilfen Erworbenes?, NVwZ 1999, 1056 ff.; Ossenbuehl, Die Freiheiten des Unternehmers nach dem Grundgesetz, AOeR 115 (1990), 1 ff.;Schoch, Die Eigentumsgarantie des Art. 14 GG, Jura 1989, 113 ff.; Stuecke, Eigentum an Wirtschaftssubventionen, 1991.

(三)其他基本权利

1. 基本法第 2 条第 1 款

概括条款“**一般行动自由**”(allgemeine Handlungsfreiheit)在经济公法中具有重要作用,但在适用前一般必须先审查是否涉及其他特别基本权利,如基本法第 1 条“人的尊严”和第 14 条“财产权保护”,如果涉及这些特别基本权利,则不再适用概括条款基本法第 2 条第 1 款(Dreier, in: [Hrsg.], GG, Art. 2 I Rn. 22)。

基本法第 2 条第 1 款用兜底条款的方式对个人行为自由进行概括保护,这种保护也**包括经济方面的行动自由**。该自由保障企业自由决定其经济行为(BVerfGE 50, 290/366; BVerfG, NJW 1994, 1784)。值得一提的还有合同自由(Vertragsfreiheit)(BVerfGE 70, 115/123)和消费自由(Konsumfreiheit)(BVerfGE 13, 230/233, 235; Stober, Grundrechtsschutz der Wirtschaftstaetigkeit, S. 36 f.)。基本法第 2 条第 1 款的保护范围也包括**财产**(VermOegen),只要该财产按照通行观点不属于基本法第 14 条第 1 款的保护范围。但基本法第 2 条第 1 款并**不保护竞争自由**(Wettbewerbsfreiheit),因为市场主体的竞争行为是职业活动的组成部分,所以应受到基本法第 12 条第 1 款职业自由的保护。

符合宪法的限制自由的法律规范对侵害一般行动自由的行为获得**正当性**具有重要作用。这些法律规范必须在形式上和实质上都符合宪法，借助这些法律规范可能会产生更多的侵犯一般行动自由的行为。所以，必须根据比例原则对这些法律规范进行审查，比例原则能够限制滥用合法限制。

基本法第 2 条第 1 款对**外国人**具有非常重要的意义，因为基本法第 12 条只适用于德国人，外国人不能据此主张其职业自由。但是基本法第 2 条第 1 款本身也具有很大的局限性，所以在个别情况下该条款对权利人的保护可能会比特别基本权利差。

例：适用于店主的商店营业时间法却必然对顾客产生不利影响，导致其不能随时购物，顾客的一般行动自由（消费自由）受到了侵犯（BVerfGE 13, 230/233）。

2. **基本法第 9 条**

基本法第 9 条规定的结社自由对经济生活也具有重要意义。在经济活动中，经济主体不一定总是以个体的形式出现，也可以根据结社自由与其他主体组成联合体。基本法第 9 条第 1 款首先保护一般意义上的**结社自由**（Vereinigungsfreiheit），即某个体与其他个体出于自由选择的目的结成协会、联合会和其他形式的团体（BVerfGE 38, 281/303; 50, 290/353 f.）。从经济主体的组织形式来说，结社自由还补充了基本法第 12 条规定的职业自由，例如，经济主体可以组成协会、人合公司和商业公司（Stober, Allgemeines Wirtschaftsverwaltungsrecht, S. 180）。除了上述正面的保护外，基本法第 9 条第 1 款还反对私法上的强制结社或入会（BGHZ 130, 243/254）。不过，根据通行观点，法律规定的必须参加公法性社团的义务，如强制参加工商协会，并不违反结社自由（详见第二编第一章）。

基本法第 9 条第 3 款规定的为保护和改善劳动、经济条件而**结社的自由**（Koalitionsfreiheit）对经济生活具有特殊作用。享有该自由的前提是权利主体必须是某职业的从业人员，而且建立该社团是为了特定的目的（为保护和改善劳动和经济条件）。此类社团的典型例子是**雇主联合会**（Arbeitgeberverbaende）和工会（Gewerkschaften），其**劳资协议自主权**（Tarifautonomie)受到特别保护。基本法第9条第3款第2句〔3〕具有**直接的第三人效力**(unmittelbare Drittwirkung),这一特点强调了结社自由对于解决雇主联合会和工会之间争议的重要作用。不过这一问题属于经济私法的范畴,因而在此不做深入探讨。

参考文献:Saecker/Oetker, Grundlagen und Grenzen der Tarifautonomie, 1992; Scholz, Koalitionsfreiheit, in: Isensee/Kirchhof (Hrsg.), Handbuch des Staatsrechts VI, § 151; Stober, Allgemeines Wirtschaftsverwaltungsrecht, § 20.

3. 基本法第13条

值得注意的还有住宅不受侵犯权,因为按照联邦宪法法院的解释和通行观点,该权利保护**工作、生产和营业场所不受侵犯**(Schutz von Arbeits-, Betriebs-und Geschaeftsraeumen)(BVerfGE 32, 54/68 ff.)。但还要注意欧盟法对该权利保护程度与基本法的不同:根据欧洲法院的观点,在欧盟法中营业场所不受到住宅不受侵犯权的保护(EuGH, Slg. 1989, 2859 ff.; Arndt, Europarecht, S. 110)。住宅不受侵犯权的实际作用体现为防止行政机关滥用其享有的进入住所并进行查看的权利(behoerdliche Betretungs-und Nachschaurechten),例如工商条例第29条、旅店餐饮业法第22条第2款、手工业条例第17条第2款(详见本书"工商业法"一章)。

参考文献:Ruthig, Die Unverletzlichkeit der Wohnung (Art. 13 GG n. F.), Jus 1998, 506 ff.; Vosskuhle, Behoerdliche Betretungs-und Nachschaurechte, DVBl. 1994, 611 ff.

4. 基本法第3条第1款

审查某行为是否侵犯了上述基本权利以后,还要审查是否违反了基本法第3条第1款所规定的**"平等权"**(Gleichheitsrechte)。该条款规定,对于相同情形不能恣意区别对待,对于不同情形也不能恣意同等对待(BVerfGE 4, 144/155; 86, 81/87)。基本法第3条第1款禁止恣意妄为,对于同等情

---

〔3〕 译者注:基本法第9条的规定为:"保障所有人和所有职业为保护和改善劳动、经济条件而结社的权利。限制或妨碍此项权利的协议均属无效,为此采取的措施均属违法。对于第1句所指社团为保护和改善劳动、经济条件而产生的劳资纠纷不得采取第12a条、第35条第2款和第3款、第87a条第4款和第91条所指措施。"

形区别对待必须具有实质理由。自从 1980 年起,在联邦宪法法院的判决中就适用一个新的标准来判断是否违反了平等原则,即如果某些相对人与其他人相比受到了不同对待,而且二者之间不存在可以被区别对待的正当理由(BVerfGE 55, 72/88; 88, 87/96 f.),那就侵犯了平等权。需要强调的是,在对不平等待遇进行合宪审查时,必须适用比例原则,而到目前为止,联邦宪法法院的判决很少认定存在实质上的不平等(Heun, in: Dreier [Hrsg.], GG, Art. 3 Rn. 20)。

基本法第 3 条第 1 款并**不保障普遍的和绝对的平等**(keine schematische Gleichbehandlung),因为完全的平等意味着完全等同,这在现实中不可能出现也不是基本法所追求的目标(Alexy, Theorie der Grundrechte, S. 360)。所以只能借助基本法第 3 条第 1 款要求国家为私人之间的竞争创造法律上的平等竞争机会,并要求国家在自己参与的经济活动中不能享有不正当的竞争特权,而且该经济活动只能是为了正当的公共利益。在此,基本法第 3 条第 1 款保护的不是竞争自由,而是国家对竞争初始状态的尊重(Ipsen, VVDStRL 25 [1967], 257/303)。

一般平等原则对于**行政裁量权的具体实施**也具有重要意义(BVerfGE 69, 161/169)。优待或歧视某些经济主体一般都必须具有作出该不平等对待的正当理由。

例:行政机关行使自由裁量权决定颁布特许经营权时也必须考虑到该领域原来享有特许权的企业的利益。又如,补助的不平等分配可能是一个没有实质合理性的不平等对待。对竞争者的不平等对待只有具有实质合理性才能满足基本法第 3 条第 1 款的规定。换而言之,破坏竞争的不平等对待必须具有明显的公益目的(Frers, DOEV 1988, 670/677)。

参考文献:Alexy, Theorie der Grundrechte, S. 389 ff.; Gusy, Der Gleichheitssatz, NJW 1988, 2505 ff.; Huster, Rechte und Ziele, 1993, S. 67 ff., 225 ff.

二、基本法第 15 条

在基本法列举的基本权利体系中,基本法第 15 条"社会征用"并不具有基本权利的地位,而是一个对侵害财产权行为进行正当化的理由。**社会**

征用从未付诸于实践,但却提供了一种可能性,即可以根据合宪的法律对私人财产进行社会征用,而不再额外需要一个使财产社会化的宪法授权依据(BVerfGE 12, 354/363 ff.)。

该条款的作用表现在两方面:第一,它体现了基本法在立宪咨询时对经济制度的不同意见所采取的折衷做法。在确立市场经济基本要素的同时(如私有财产保护和企业自由),基本法第15条提供了选择建立另一种经济制度的可能性,而且当时参议院中的社民党代表主张必须在基本法中写入"社会征用"的条款,作为修正市场经济弊端的措施。第二,该条款也被视为基本法**经济制度中立原则**的标志,虽然实际上现行的经济制度并不完全中立。

参考文献:Baeumler, Art. 15 GG als Instrument der Wirtschaftslenkung, GewArch. 1980, 287 ff.; Puettner, Gemeinwirtschaft im deutschen Verfassungsrecht, 1980.

三、其他的宪法原则

联邦宪法法院从基本法的经济制度中立原则出发,认定国家的经济行为都要根据基本法的具体规定来审查,所以,所有的宪法原则理论上都是重要的经济宪法规定。为了不超越篇幅,以下只简单介绍对实践和学习(考试)有重要意义的基本法中与经济有关的基本原则。当然这并不排除在个别情况下也应研究本书未提及的其他规定或原则。

(一)法治国家原则(Rechtsstaatsprinzip)

因为法治国家原则本身含义的多样性,以及对该原则具体内容的争论不休,所以似乎很难从法治国家原则中推导出抽象的经济宪法的基本原则。人们常从形式意义上和实质意义上来定义法治国家原则并界定法治国家。形式意义的法治国家原则是指国家权力的行使具有法律依据,可以用法律来衡量;实质意义上的法治国家原则则涉及人的尊严、自由、法律安定性和公正等理念。因此必须在此简要介绍法治国家原则的具体内容。首先必须提到的是**依法行政原则**(Grundsatz der Gesetzmaeßigkeit der Verwaltung)(基本法第20条第3款),具体包括法律优先和法律保留。**法律优先**(Vorrang des Gesetzes)是指行政行为不能违反上位阶的现行法律,该原则主要针对贯彻执行法律的经济行政行为。

例：只能在满足了工商条例第35条第1款规定的法定条件时，才能禁止某一无需许可的商业活动。

法律保留（Vorbehalt des Gesetzes）是指行政行为（尤其是负担行政行为）必须有明确的法律依据。只要行政行为可能侵犯基本权利，则必然要求法律保留，即只有法律才能规定侵害基本权利的行政行为。对于受益行政行为是否也适用法律保留一直存有争议。例如，对于非常具有实际意义的**补助**是否应该适用法律保留也意见不一致（详见：Stober，Allgemeines Wirtschaftsverwaltungsrecht，S. 64 ff.）。通行观点认为提供补助只需要有财政计划就足够了，因为财政计划按照基本法第110条第2款第1句的规定是财政法的组成部分，从而满足了补助行为的形式合法性。但人们还是担心补助受益人利用这种优势使其他竞争者处于不利地位，所以主张在此也要运用法律保留。联邦宪法法院通过其所创立的**重要性理论**（Wesentlichkeitstheorie）灵活地解决了个案的具体问题。联邦宪法法院认为，对于重要的领域，尤其是关系到基本权利行使的领域，立法者都要通过法律自己做出决定。将重要性理论运用到补助领域的结论为，如果某一补助对总体经济有影响，或补助的数额巨大，或补助对竞争有重大影响，则该补助必须有法律依据，而且该法律必须由议会制定。

例：对某项补助来说，法院判决越来越多地根据受到侵害的基本权利的不同来决定财政法和财政计划是否就可以构成足够的法律依据，或者要求该补助必须具有明确的授权依据。德国联邦行政法院认为，资助某一私人协会从事宗教组织宣传活动必须具有明确的法律根据，联邦财政计划和财政法不构成足够的法律依据（BVerwGE 90，112/126）。又如，如果对某一媒体产品的资助必然影响到其他竞争者的言论自由，则该资助必须具有更充分的法律依据（OVG Berlin，DVBl. 1975，905 ff.；OLG Frankfurt，NVwZ 1993，706 f.）。

联邦宪法法院从法治国家原则中推导出了**法律规范明确性和确定性原**

则（Gebot der Normenklarheit bzw. Bestimmtheitsgrundsatz），来进一步补充和细化法律保留原则。法律明确性原则是指法律规范在限制权利时必须明确规定权利限制的前提条件和范围，同时公民也能据此判断自己行为的合法性（BVerfGE 20，150/158；56，1/13；65，1/44）。这就要求立法者必须非常确切地规定法律构成要件，而且对相对人来说这些规定必须是浅显易懂的。但这并不意味着不能再适用一般条款、不确定法律概念或者行政机关执法时不再享有自由裁量权，因为这些法律制度对于保证行政机关采取灵活的执法手段是不可避免的（详见：Jarass，in：ders./Pieroth，GG，Art. 20 Rn. 60 ff.）。只要此类条款的内容能够运用法律解释的方法或判例确定，就满足了法律确定性的要求。

例：反不正当竞争法第1条的一般性条款并没有违反法律确定性原则，“因为商业竞争中的无法确定的多种多样的竞争方式使人们不可能详尽列举所有不正当竞争行为的构成要件（BVerfGE 32，311/317）”。但在另一判决中（BVerfGE 52，1/41），联邦宪法法院认定解雇保护条例因为违反了法律确定性原则而违反了宪法，理由是：对于一般禁止，例外许可的条件必须在该行政法规中明确规定，而不是用一般条款的形式笼统规定。

信赖保护原则（Grundsatz des Vertrauensschutzes）可以从基本法第14条第1款和法治国家原则中推导出来，该原则保护公民对法律规范存续性的信赖并保护其现存的法律权益。信赖保护原则保障了作为法治国家原则本质特征的法律安定性。法律安定性和信赖保护涉及**法律的溯及力**（Rueckwirkung von Gesetzen）问题，溯及力是指立法者颁布对过去行为有追溯效力的法律规范（一般是施加负担的规范）。联邦宪法法院对该问题的意见摇摆不定，而且不同的合议庭意见也不一致，但基本上把溯及力分为两类：**真正的溯及力**（Echte Rueckwirkung）和非真正的溯及力（Unechte Rueckwirkung）。真正的溯及力也被称为法律后果的溯及力，是指法律介入已经发生的过去的法律事实并对其法律后果进行改变。**非真正的溯及力**也被称为法律事实的溯及力，是指将来的法律后果由法律颁布之前的法律事实来决定（BVerfGE 30，367/385 f.；72，175/196；72，200/242 ff.）。**真正的溯及力一般是不允许的**，除非具有公共利益的迫切理由或者是需要保护的信赖不存在或不再需要保护(BVerfGE 72, 200/258)。可能的情形是,当事人应当预见到将颁布一个新的法规或者是具有溯及力的法规可以减轻相对人的负担(详见:Jarass, in: ders./Pieroth, GG, Art. 20 Rn. 72 m. w. N.)。相反,**非真正的溯及力一般是允许的**,除非信赖保护利益大于修改法律所保护的公共利益。在判断审查以上例外情形时必须对利益冲突进行**衡量**,非真正的溯及力只有在下述情形下才是不被允许的,即对现行法规的信赖保护利益大于修改法律所保护的公共利益(BVerfGE 59, 1/28)。

例:2000 年修改的所得税法如果溯及到 1998 年发生的法律事实,则为真正的溯及力,这种溯及力基本上是不允许的(BVerfGE 72, 200/272)。又如,根据退休赔偿金法(ERG)第 5 条第 1 款的规定剥夺某些人的退休赔偿金,因为他们在原东德实施了违反了人权和法治原则的行为,这就是一个具有非真正溯及力的法律规定,但其符合基本法规定的法治国家原则(详见:Muckel/Schliesky, SGb 1997, 497/498 ff.)。

行政机关在适用普通法律时也必须遵守信赖保护原则。行政程序法第 48 条和第 49 条对撤销行政行为过程中的信赖保护作了具体规定。而在经济公法中也有很多特别法律具体规定了信赖保护原则,这使得行政程序法的相关规定部分地或全部地丧失了其意义。

例:旅店餐饮业法第 15 条[4]。

从法治国家原则还可以推出**比例原则**(Grundsatz der Verhaeltnismaeßigkeit),它对实践中的法律适用具有不容低估的作用(详见:Stober, Allgemeines Wirtschaftsverwaltungsrecht, S. 74 ff.)。比例原则是对行使国家权力的行为进行审查的最重要的标准之一,该原则能够避免国家权力对相对人的法律权益造成过度侵害。如果某一国家措施不符合比例原则的要求,则是违法的;如果某部法律违反了比例原则,则是违宪的,一般来说也是无效的。在审查侵犯基本权利的行为时,比例原则审查的重点是限制

〔4〕 译者注:该条款规定的是旅店餐饮业经营许可的撤销或撤回。

权利的法律规范或措施是否符合宪法，确切地说，审查目的和手段之间是否合乎比例（即对限制措施的限制）。

联邦宪法法院对比例原则的**内容**作了如下表述（BVerGE 67, 157/173）："根据比例原则，被审查的限制基本权利的措施必须是对保护法益合适的；必须是必要的，如果有其他更温和的手段则该措施不符合必要性；最后，该措施必须符合狭义比例原则，即侵害行为与被侵害的重要基本权利之间具有合适的比例关系。"根据通行观点比例原则由三个子原则组成，不过一个明智的审查应当有四个组成部分，即还有一个前置的审查步骤。也就是说应当事先审查侵害行为是否具有**合法目的**（der legitime Zweck），然后才能审查侵害措施是否合法。在此就要审查法律的目的，该立法目的不能是受到基本法禁止的，相反应当是受到宪法保护的。然后要考察**适当性原则**（das Gebot der Geeignetheit）。只有有助于实现目的的手段才是合适的。法律规定的措施必须适合于实现立法目的。对于是否符合适当性要求，立法者有很大的判断余地，因为其必须做出有预见性的决定。接下来审查**必要性**（Erforderlichkeit）。只有立法者没有其他具有同样效果的，且不会侵害基本权利或只造成有限侵害的措施可供选择时，所采取的措施才是必要的。该原则也可以称之为最小侵害原则。最后一步是审查**狭义比例原则**（Verhaeltnismaeßigkeit im engeren Sinne）。只有造成的侵害是为了达到某公益目的，且侵害是相对人能容忍的，该措施才是符合狭义比例原则的。在此要考察目的和手段之间的关系，即对相对人的侵害与立法目的之间不能超出合理的比例关系，该比例关系是否合理要经过对公益目的和侵害后果进行利益衡量后作出判断。

例：为了保护消费者免受易与巧克力相混淆的食品的迷惑，立法者禁止该类食品的流通销售。联邦宪法法院认为该禁止规定是不必要的（BVerfGE 53, 135/145 f.）。理由为："禁止流通虽然是为了保护消费者不受到混淆和蒙骗而可以采取的最重要的措施之一，但保护消费者的目的可以通过同样有效但危害较小的方式实现，如张贴注明产品成分的商品标签。"

参考文献：Erichsen, Vorrang und Vorbehalt des Gesetzes, Jura 1995, 550 ff.; P. M. Huber, Konkurrenzschutz im Verwaltungsrecht, S. 488 ff.; Kremser/Leisner, Verfassungsrecht, III, § 6; Muckel, Die Rueckwirkung von Gesetzen in der neueren Rechtsprechung des Bundesverfassungsgerichts, JA 1994, 13 ff.; Stober, Handbuch, § 10.

（二）社会国家原则

基本法第20条第1款和第28条第1款第1句确定的社会国家原则也具有高度的抽象性，因而只能有限度地推出经济宪法的基本原则。社会国家是指国家负责和主管社会秩序的建构，即建设一个经济的、文明的、有基本生存保障的社会制度。对于社会国家原则的法律性质一直都有争议。虽然该原则很不明确，但并不仅仅是一个一般性的纲领原则，而是一项**具有约束力的宪法规定**，其约束对象主要是立法者。因此该原则也是一项**客观基本权利**，必须通过立法规定才能转换为公民的主观权利。

社会国家原则是一项较新的宪法原则，它体现了后工业社会民主国家的重要任务，同时也使我们所探讨的经济宪法问题具有重大的现实意义。从这个角度来说，社会国家原则为国民经济发展设置了一个基本框架，在这一框架下个人可以通过经济活动保证有尊严的生存。该基本框架像经济生活本身一样具有多样性，所以也能运用到保证能源供应领域（BVerfGE 66, 248/258）以及用来保障经济竞争或者服务于制定劳动力市场政策（BVerfGE 21, 245/251）。从社会国家原则推导出了对总体国民经济进行宏观调控的宪法原则，或者说，**禁止放任经济完全自由发展的原则**（Stern, Staatsrecht I, S. 905）。虽然国家在选择完成国家任务的手段上享有较大的自由，但在个别情况下，社会国家原则提出了越来越多的要求，以致国家不得不自己也从事经济活动来满足这些要求。

因为从社会国家原则本身不能推导出具体的国家任务（BVerfGE 94, 241/263），所以通过立法来具体规定国家负有的社会调控任务，例如，当市场经济发展不尽如人意时，立法者就通过规定或调整税收、国家资助或基础设施建设等办法来进行**社会调控**。立法者也负有**社会保障的责任**，必须建立社会保障体系。立法者还履行对社会救济需求者的**救助**义务，如对社会贫困者提供物质补助或社会文化方面的帮助。最后立法者还**致力于实现社会平等**，为了实现社会公正，对不同的社会群体进行社会财富的重新分配。但必须注意的是，立法者并没有倡导平均主义，而是主张保证**机会平等**（Chancengleichheit）。

参考文献:Badura, Der Sozialstaat, DOEV 1989, 491 ff.; Kremser/Leisner, Verfassungsrecht III, § 7; Schwark, Wirtschaftsordnung und Sozialstaatsprinzip, 1996; Stober, Allgemeines Wirtschaftsverwaltungsrecht, § 6.

(三)环境保护原则

1994 年在基本法中新增加了作为**国家目标条款**(Staatszielbestimmung)的第 20a 条,确定国家有责任保护后代的自然生活环境。国家目标条款被视为宪法原则,其使国家机关有义务遵守某国家目标或促进该目标的实现。此类国家目标条款是直接有效的客观宪法权利。如同社会国家原则,基本法第 23a 条虽然也以法律原则的形式出现,但因为该条款规定并不明确,还**需要进一步具体化**,所以将其称之为"环境保护原则"是恰如其分的。通过 2002 年 7 月 26 日的宪法补充条款(BGBl. I S. 2862),**动物保护**(Tierschutz)也被明确规定进来并作为必须考虑的宪法利益加以适用。环境保护原则具体化的规定主要针对的是立法者,但同样也约束行政机关和司法机关,这在宪法条文中已作了明确表述。

所有的国家机关在做出决定时都要遵守作为宪法原则之一的环境保护原则(也包括动物保护),同时还要注意根据欧盟环境政策制定的法律文件(见欧共体条约第 174、175 条)。这一注意义务主要体现在经济措施中,因为经济和生态之间具有各种实质联系。如果经济利益和环境保护相互对立时,就要运用基本法第 20a 条对利益冲突进行**整合**(Stober, Allgemeines Wirtschaftsverwaltungsrecht, S. 111 f.; allgemein Hesse, Grundzuege des Verfassungsrechts, Rn. 317 ff.)。但经济利益和生态利益并不必然相互对立存在,例如循环经济和垃圾法(KrW-/AbfG)就很好地调和了这两种利益。

例:循环经济和垃圾法(KrW-/AbfG)第 1 条明确该法的目的是调和经济和生态利益:"本法旨在为保护自然资源而促进循环经济的发展,同时保障有利于环境保护的垃圾处理方式。"该法第 4 条对立法者所理解的循环经济作了具体定义(质疑观点见:Oldiges, in: ders. [Hrsg.], Das Kreislaufwirtschaftsgesetz in der Praxis, 1998, S. 9/11 ff.)。

对**立法者**来说,基本法第 20a 条意味着其有义务在具体立法中保护自然生活环境，立法者已经在很多单行法律中实现了该任务，并考虑到了下一代的利益。

例：联邦放射物质保护法、联邦自然保护法、循环经济和垃圾法以及旅店餐饮业法第5条第1款第3项的规定。

立法者在对环境保护这一国家目的进行具体化时享有**较大的选择余地**，并不是只采用某些固定的方式来实现宪法目的；法律以下的规范制定者，例如作为规章制定者的乡镇代表也具有这样的行动自由选择权（BVerwG, B. v. 10. 9. 1999, 11B 22/99）。基本法第20a条可以使限制基本权利的规定获得正当性，例如对限制财产权（基本法第14条第1款）或限制艺术、科学、研究和教学自由（第5条第3款第1句）的法律规定都具有重要意义，可以使其获得正当性（BVerfG, NJW 1998, 367/368; BVerwG, NJW 1995, 2648/2649）；环境保护原则也可能有助于加强基本权利的保护，如加强对基本法第1条第1款第2句（人的尊严保护）、第2条第2款第1句所规定的基本权利（生命和身体权不受侵犯）的保护（vgl. VG Frankfurt/M., NVwZ-RR 1997, 92/95）。

基本法第20a条作为法律解释的标准，对于**行政和司法机关**的法律适用活动也发挥重要作用。尤其是经济行政行为在解释适用法律或行使裁量权时都要遵守环境保护原则。

例：对根据联邦自然保护法第31条作出的解除禁止象牙买卖的决定，可以根据基本法第20a条判定为无效（BVerwG, NJW 1996, 1163）。

因为基本法第20a条是面向未来的，所以在做各种**规划**（Planungen）时要特别注意自然生活环境的保护。

参考文献：Caspar/Geißen, Das neue Staatsziel "Tierschutz" in Art. 20a GG, NVwZ 2002, 913 ff.; Ekardt, Praktische Probleme des Art. 20a GG in Verwaltung, Rechtsprechung und Gesetzgebung, SaechsVBl. 1998, 49 ff.; Henneke, Der Schutz der natuerlichen Lebensgrundlagen in Art. 20a GG, NuR 1995, 325 ff.; Hoppe/Beckmann/Kauch, Umweltrecht, 2. Aufl. 2000, S. 89 ff.; Nettesheim, Das Umweltrecht der EG, Jura 1994, 337 ff.; Schink, Umweltschutz als Staatsziel, DOEV 1997, 221 ff.

（四）辅助原则（Subsidiaritaetsprinzip）

辅助原则来源于天主教的社会理论，其宣扬这样一种社会规则，即社会小团体自助优先，社会大团体只有在小团体不能或不再能自我救济的情况下才提供帮助。该原则不仅适用于公权力主体之间，也适用于国家和社会之间的关系，即私人的自我实现和利益追求优先于国家行为。运用到经济领域，该原则就意味着只要凭借私人经济的力量能够很好地实现目的，就不允许采取国家干预措施。如果不引申到国家哲学等理论层面，仅从基本法的角度考察，则辅助原则仅体现于**基本法第23条第1款第1句**，该条款规定了联邦德国和欧盟之间的关系。欧共体条约第5条也有这样的规定。

但对经济宪法来说，并没有规定辅助原则，同时也没有明确的针对国家和社会关系的经济宪法原则性质的一般辅助原则（Stober, Allgemeines Wirtschaftsverwaltungsrecht, S. 114 f.）。在这个问题上经济宪法保持了其开放性和中立性。但这并不排除联邦和各州的立法者在普通法中规定辅助原则，例如在地方乡政经济法中或在财政预算法中规定辅助原则（关于财政预算法中的辅助原则请参见：Schliesky, DOEV 1996, 109/115 f.）。

参考文献：Dichmann, Subsidiaritaet-Herkunft, sozialpolitische Implikationen und ordnungspolitische Konsequenzen eines Prinzips, ORDO 45 (1994), 195 ff.; Oppermann, Subsidiaritaet als Bestandteil des Grundgesetzes, JuS 1996, 569 ff.; Schliesky, Oeffentliches Wettbewerbsrecht, S. 125 ff.; Stober, Allgemeines Wirtschaftsverwaltungsrecht, § 12.

（五）总体经济平衡原则，基本法第109条第2款（Gesamtwirtschaftliches Gleichgewicht, Art. 109 Abs. 2 GG）

在基本法第109条第2款中规定的**国家目标**中包含了一个非常具体的经济宪法的规定，即要求财政预算必须根据总体经济平衡的需要来编制。对联邦和各州的这一具体财政预算要求并没有改变基本法经济政策的中立性，而只是对其作了重要的补充规定。在基本法中没有对“总体经济平衡”作出定义，而是通过促进经济稳定和增长法（StWG）第1条要求联邦和各州在采取经济和财政措施时必须遵守以下义务：所采取的措施必须有利于市场经济制度下的物价水平稳定、较高的就业率、外贸经济平衡以及经济持续和谐增长。如果上述四个目标在市场经济体制下尽可能地得到了实现,就可以被认为达到了总体经济平衡。而这四个目标也被视为“四角魔方”,其“魔力”在于,同时实现或接近实现四个目标是几乎不可能的。虽然在基本法第 109 条第 2 款和促进经济稳定和增长法中都规定了总体经济平衡的经济政策,但是这些目标从没有真正实现。在实践中,尤其是联邦政府的经济政策把促进经济稳定和增长法中所要求的四个目标齐头并进解释为:要特别重点地强调和追求那个处于最薄弱环节的目标(关于该问题的论述详见:von Arnim, Volkswirtschaftspolitik, S. 144 ff.)。

基本法第 109 条第 2 款赋予财政预算具有**经济政策的功能**,同时也为其设定了总体经济平衡的政策标准(BVerfGE 79, 311/332 ff.),在此,立法者具有较大的判断余地,其借助争议很大的有关总体经济平衡的经济学知识来行使该判断余地并制定相关法律。

总体经济平衡的概念也被运用于基本法第 115 条第 1 款第 2 句规定的国家信贷发行方面。基本法的基本观点是:通过国家财政政策可以影响国民经济内需。因为到目前为止没有修改这方面的宪法规定,所以,虽然经济学已经很大程度上背离了凯恩斯的总体经济理论,但按照联邦宪法法院的观点,总体经济平衡仍然是审查财政预算法的有效的宪法标准。不过,宪法法院也认可总体经济平衡的概念**具有进一步发展的开放性**(BVerfGE 79, 311/338)。该原则的具体实施通过立法来决定,重要的是制定预防和克服财政赤字的法律规范(BVerfGE 86, 148/266 f.)。基于欧盟条约第 2 条和欧共体条约第 2、4、98 条的规定,以及日益增进的成员国之间的经济政策协调统一,提出一个问题:基本法第 109 条第 2 款还能在多大程度上继续有效而不被欧盟法逐渐取代?

参考文献: von Arnim, Volkswirtschaftspolitk, S. 142 ff. ; Haede, Gesamtwirtschaftliches Gleichgewicht und europaeische Haushaltsdisziplin, JZ 1997, 269 ff. ; Siebert, Einfuehrung in die Volkswirtschaftslehre, S. 242 ff. ; Stober, Allgemeines Wirtschaftsverwaltungsrecht, § 10 I.

(六)基本法上的其他重要规定

以下将论述一些对国家经济活动有重大意义的基本法上的重要规定。

1. 基本法第28条第2款[5]

基本法第28条第2款从制度上保障了乡镇(基本法第28条第2款第1句)、乡镇联合体,尤其是县(基本法第28条第2款第2句)自行处理地方事务的权利。根据联邦法院的解释,只要立法者没有明确的相反规定,基本法第28条第2款所保护的地方自治事务也包括乡镇根据其广泛的管辖权所包揽的其尚未管理过的事务(BVerfGE 79, 127/146 f.; 83, 363/385)。这方面典型的例子是**经济促进措施**(VGH Kassel, DOEV 1989, 34/35)和乡镇自己从事的**经济活动**以及对乡镇所属企业的领导。基本法第28条第2款第1句明确规定乡镇一般有权从事任何形式的经济活动,该规定对于乡镇日益增多的经济活动具有越来越重要的意义。目前乡镇都面临财政赤字(Henneke, NdsVBl. 1998, 273 ff.),因而很多乡镇都在发展势头强劲的经济领域中寻找额外的收入来源,例如能源供应领域、电讯业或垃圾处理行业(OVG Schleswig, NordOER 1998, 314 ff.; OLG Duesseldorf, DVBl. 2000, 284 ff.)。有些乡镇想方设法地通过各种可能的途径增加收入,园林业和其他的手工服务业都被囊括进乡镇的经济事务范围。

保障地方自治作为一项制度,其**主要目的**是确保乡镇的自治事务不受到其他公权力主体的侵犯。基本法第28条第2款为乡镇和县在国家组织结构中预留了一个自由空间。此外,作为宪法基本原则的保障地方自治也对国家和社会的关系产生影响,因为基本法第28条第2款使乡镇从事的经济活动在国家和公民关系中获得了合法性。不过值得注意的是,保障地方自治只在**法律的范围内**有效。在各州乡镇自治条例中规定的乡镇经济法可能会对基本权利的行使作出某些**限制**。因为基本法第28条第2款是宪法性规定,所以规定得比较原则,不是很具体明确,因此不能作为侵害基本权利行为的合适的法律依据,而必须援用规定明确的普通法上的依据(BVerwG, NJW 1993, 411/412)。但地方自治保障可以作为**利益衡量**的重要因素

---

〔5〕 译者注:基本法第28条第2款的规定为:"必须保障乡镇在法律范围内自行负责处理地方事务的权利。乡镇联合体在其法定任务范围内,依照法律规定也享有自治权利。保障自治权利也包括保障财政事务自我负责制度;财政自治权包括乡镇根据税率自治权针对经济实力征税的权利。"

而发挥作用。不过,保障地方自治作为一项宪法基本原则,其主要功能是允许乡镇和县有权自主处理自治事务和从事经济活动。

目前,学界正在讨论关于地方自治机关从事经济活动的问题,重点是**乡镇经济法**。很遗憾人们偏离了正确的方向,只关注于普通法上的乡镇经济法的规定,而忽略了该领域涉及很多其他法律部门。例如,除了乡镇经济法规外,乡镇的经济活动跟其他国家机构的活动一样,原则上也要**符合欧盟法和宪法的相关规定**。虽然乡镇能够根据基本法第 28 条第 2 款第 1 句主张特别的经济活动权限,但也要受到适用于国家活动的宪法规定的约束。另外,在讨论乡镇经济活动的问题时,也要认真考虑基本法第 28 条第 2 款第 1 句的规定,因为基本法赋予**地方机构**自主处理所有地方事务的权限的同时,也规定了**地域性原则**(Territorialprinzip),即乡镇的经济活动只能局限于其行政辖区范围内(Ehlers, DVBl. 1998, 497/504; a. A. Cronauge, AfK 1999, 24/31)。

参考文献:Ehlers, Rechtsprobleme der Kommunalwirtschaft, DVBl. 1998, 497 ff.; Hellermann, OErtliche Daseinsvorsorge und gemeindliche Selbstverwaltung, 2000; Moestl, Zur Zulaessigkeit kommunaler Telekommunikationsdienstleistungen, BayVBl. 1999, 547 ff.; Mueller-Terpitz, Die wirtschaftliche Betaetigung von Kommunen im Bereich der Telekommunikation, NWVBl. 1999, 292 ff.; von Muttius, Kommunale Wirtschaftsbetaetigung in Deutschland durch Einrichtungen und Unternehmen, in: Olszewski/Popowska (Hrsg.), Festschrift fuer T. Rapska, 1997, S. 321 ff.; Oebbecke, Die Oertliche Begrenzung kommunaler Wirtschaftstaetigkeit, ZHR 164 (2002), 375 ff.; Pielow, Gemeindewirtschaft im Gegenwind?, NWVBl. 1999, 369 ff.; Schliesky, Die Abwehr grenzueberschreitender wirtschaftlicher Taetigkeit der Kommunen, Eildienst LKT NW 2002, 13 ff.; Schmidt-Jortzig, Gemeinde-und Kreisaufgaben, DOEV 1993, 973 ff.

2. 基本法第 87e 条和第 87f 条

在消除国家垄断的过程中宪法成功地引入了关于铁路交通管理(基本法第 87e 条)和邮政通讯管理(基本法第 87f 条)的规定,这体现了宪法和经济政策对某些特殊领域的基本决定。

基本法第 87e 条[6]首先意味着明确赋予联邦另一个实质的行政管理权限，这就突破了基本法第 30 条和第 83 条关于联邦和州权限分配的规定。对经济公法来说，基本法第 87e 条第 3 款和第 4 款很具有探讨价值。基本法第 87e 条第 3 款第 1 句不仅规定私法组织形式是被允许的联邦行政的组织形式（基本法第 87d 条第 1 款第 2 句也有这样的规定），而且还明确允许国家从事经济活动。授权国家从事经济活动的同时也使其负有宪法义务，即必须以私法企业形式来运营联邦铁路。但是否应该在基本法中做出这样具体的规定，可能值得质疑，在此不去深究。不论如何，国家退出铁路交通领域已经作为一项制度决定写入了宪法。

基本法第 87e 条第 4 款第 1 句赋予联邦而不是第 3 款中的私法企业负责**基础设施保障的任务**，据此，联邦有义务为了公共利益建设足够的铁路网络并负责对其维修，同时还要提供相应的交通服务。因此，如果出现长途铁路网络因为企业管理原因停运，这明显违背了联邦承担的保护公共利益的任务，联邦作为负有义务的财产权人（基本法第 87e 条第 3 款第 2 句和第 3 句）根据基本法的规定就必须采取挽救措施，如购买该运营企业或对其进行资助。根据基本法第 87e 条第 4 款第 1 句出于维护公共利益对铁路企业给予的补助，不被视为违反竞争规则的行为，即使私人竞争者为此受到了不平等待遇亦如此。

过去，联邦对于联邦邮政享有行政管理职权（基本法原第 87 条第 1 款第 1 句的规定），在新的基本法第 87e 条第 1 款的规定中，该管理职责转变成了**保障基础设施的任务**，根据该条规定，联邦要保证在邮政和电讯领域提供普遍的、适当的和充足的服务（关于以前的特别财产的转换请参见基本

---

〔6〕 译者注：基本法第 87e 条的规定如下：第 1 款：对于联邦铁路的铁路交通管理，由联邦自设的管理机构负责。通过联邦法律，可将铁路交通管理的任务委托给各州作为其自身事务来完成。第 2 款：联邦法律授权的、超出联邦铁路范围以外的铁路交通管理由联邦完成。第 3 款：联邦铁路以私法经济企业形式运营。该经济企业的行为涉及铁轨的建设、维修和运营时，联邦铁路属联邦的财产。联邦的股份向第 2 句所指企业转让时，应依据法律进行；对于此类企业，其多数股份由联邦掌握。具体由联邦法律予以规定。第 4 款：在扩建或运营联邦铁路网络时以及安排有关非客运性质的交通服务时，联邦保证考虑公共利益特别是交通的需求情况。具体由联邦法律予以规定。第 5 款（略）。

法第143b条的规定）。此外，基本法第87f条第2款第1句还使公用企业的**私经济活动**具有了合法性，这些公用企业主要是由德国联邦邮政特别财产转变而来的。该条款同时也表明，联邦保障基础设施的任务不必也不应当由联邦自行完成。联邦虽然可以在许可私人从事此类经济活动的同时自己也积极参与，但必须以私人经济的形式出现。因此，基本法第87f条第2款第1句禁止国家以行政管理的方式提供上述服务，从组织结构的角度限制了国家下级行政机关的职责权限。

参考文献：Doerr, Die Privatisierung der Deutschen Bundespost, Postreform I und II aus verfassungsrechtlicher Sicht, 1994; Duerr, Bahnreform: Chance fuer mehr Schienenverkehr und Beispiel fuer die Modernisierung des Staats, 1994; Eifert, Grundversorgung mit Telekommunikationsleistungen im Gewaehrleistungsstaat, 1998; Gramlich, Von der Postreform zur Postneuordnung, NJW 1994, 2785 ff.; Hommelhoff/Schmidt-Aßmann, Die Deutsche Bahn AG als Wirtschaftsunternehmen, ZHR 1996, 521 ff.; Rottmann, Zu den verfassungsrechtlichen Aspekten der Postreform II, ArchivPT 1994, 193 ff.; Schmidt-Aßmann/ROehl, Grundpositionen des neuen Eisenbahnverfassungsrechts (Art. 87e GG), DOEV 1994, 577 ff.

3. 基本法第88条

基本法第88条首先从字面上就给联邦设定了义务，即联邦必须建立一个管理货币和发行纸币的联邦银行。但因为该条款规定并不确切，所以只包括较为模糊的经济宪法内容。具体的细节需要通过普通法律来规定，这与基本法的经济制度中立性相适应，给联邦立法者和联邦银行留有足够的自由空间来订立必要的经济和货币政策。联邦立法者根据基本法第73条第4项颁布“关于联邦银行的法律”，从而履行宪法赋予的义务。

联邦银行的**任务**以及其对欧洲货币联盟的任务从一般意义上来说，都可以从“管理货币和发行纸币”这个概念引申出来：联邦银行曾经负责发行货币，通过货币手段来保障国民经济的发展，同时保证货币价值（BVerwGE 41, 334/349）。联邦银行法原第3条从普通法的角度对上述任务进行了确认。但是联邦银行的任务受到了欧洲货币联盟的明显影响，后者推行的货币政策一体化明显**削弱了联邦银行的职能**。因此，联邦银行法第3条作出了相应的修改，该条款认定联邦银行是欧洲中央银行体系的内在组成部分，其主要任务是：积极参与完成作为首要目标的欧洲中央银行体系的任务，确保价格稳定;管理联邦德国的外汇储备;负责使国内外的支付往来符合银行业的规定;促进支付和结算系统的稳定。因为联邦银行的职能被削弱,所以德国**改革了中央银行体系的组织结构**;联邦银行的主要行政职能是管理各州中央银行(参见联邦银行法第 8 条的规定)。

对欧洲货币联盟来说,基本法第 88 条第 2 款具有重要意义,因为它作为基本法第 23 条第 1 款第 2 句的具体化,明确规定将联邦在这方面的主权转让给欧洲联盟(BVerfGE 97, 350 ff.)。

参考文献:von Arnim, Volkswirtschaftspolitik, S. 189 ff.; Brosius-Gersdorf, Deutsche Bundesbank und Demokratieprinzip, 1997; Bussmann, Die Unabhaengigkeit der Deutschen Bundesbank: Ein Beitrag zur Waehrungs-, Wirtschafts-und Sozialunion sowie zur Auslegung von § 12 BBankG, 1998; Stober, Allgemeines Wirtschaftsverwaltungsrecht, § 14; Weikart, Die AEnderung des Bundesbank-Artikels im Hinblick auf den Vertrag von Maastricht, NVwZ 1993, 834 ff.

4. 基本法第 130 条及以下规定

基本法第 130、133、134 条和第 135 条对经济宪法也具有一定的意义,它们规定了关于行政机构、帝国财产和企业份额在联邦和州之间的移交。

基本法第 134 条规定,帝国的企业和投资财产原则上都成为联邦财产,用作国家经济活动的物质基础。该条款还规定了继续经营帝国经济企业的权利主体以及继续管理帝国参股企业的权利主体。

基本法第 135 条第 6 款的规定也具有重要意义,与其他条款不同,该条规定要求前普鲁士州私法企业的股份转移给联邦,这使联邦继续经营该类企业具有了合法性。通过当年的帝国财产法(颁布于 1961 年 5 月 16 日,见:BGBl. I S. 597)大量企业都转移给了各州,它们有些至今还是企业持股人。如果州现在还持有企业股份,那么基本法第 135 条第 6 款的规定就是经营这些企业的权限依据。

参考文献:Holtkotten, in: Bonner Kommentar (Erstbearbeitung 1955) Art. 135 GG; Mußgnug/Hufeld, in: Bonner Kommentar (Zweitbearbeitung 1999), Art. 134 GG.

第四章

经济公法的任务和目标

经济公法是“凝固的经济政策”。也就是说,政策目标要借助法律通过不同的方式,经过不同的阶段才能实现。当今国家形式的基本观点是,首先确定能够达到的目标(有时也分为中期目标或终极目标),然后主要依靠法律手段来努力实现这些目标(Schmidt, Oeffentliches Wirtschaftsrecht-AT, S. 198)。因而在制定经济政策时还有一个要求,就是必须遵守**经济宪法的基本规定**,这些规定已在前文作了论述。

因为经济公法的复杂性,所以借助经济法律实施的任务和目标也受到很多外界复杂因素的影响。为了概括介绍经济公法的结构和作用方式,就必须对经济公法的任务和目标进行归类整理和介绍。同时也要对某些概念作必要的解释。本书不准备详细论述个别法律或法规的具体实质目的,因为这远远超出了本书的范围。

例:环境审查法(Umweltauditgesetz)第1条以不断促进企业保护环境为目的,该目的通过具体的目标规定来细化(如企业环境管理结构、环境政策、环境章程和环境保护企业内部审查)。又如,工商管理条例的目的是防范和抵御来自工商业经营者的危害(详见本书第四篇第一章)。

本书旨在构建一个体系结构,通过该结构对经济公法规范以及国家经济活动方式进行归类(详细的分类见 Stober, Handbuch des Wirtschaftsverwaltungs-und Umweltrechts, § § 46 ff.)。本书考察的活动主体是以各种形式出现的国家主体。下文对国家的任务类型进行了归类,能够被包括进来的国家的所有活动形式,都可以被称为**与经济相关的国家行为**。

第一节　经济政策

经济公法的重要规定都来自经济政策。经济政策是指国家机构为实现特定经济目标而采取的所有措施。制定经济政策的主体首先是**联邦政府**，其行为必须遵守基本法以及相关经济宪法规定。其他所有层级的国家主管机构也都可以采取经济政策措施，例如各市和乡镇在其辖区内推行经济政策。

宪法中对经济政策有重要意义的是基本法第109条第2款的规定，该条款在宪法中确立了国民经济总体平衡的经济目的。为了具体实施该国家目的，可以采取具体的法律手段，在此只提及根据基本法第109条第4款第1句制定的促进经济稳定和增长的法律（1976年6月8日发布的价格稳定法，BGBl. I S. 582，最后一次修正为1994年9月14日，BGBl. I S. 2325）。

因为经济政策是个宽泛的定义，所以该概念涉及很广泛的政策范围和国家行为领域。可以根据其不同的目的取向对经济政策进行分类，比如可以笼统地划分为三大政策：**经济制度政策**（Ordnungspolitik）、**经济结构政策**（Strukturpolitik）**和经济运行政策**（Prozeßpolitik）。法律是实施政策的最为重要的手段，经济公法因而应运而生。从法律的角度来说，考察经济政策除了使人们获得对法律和政策的整体认识外，还可以了解制定法律规范的初衷，这对于**法律的目的解释**非常重要。

经济制度政策为调整国民经济决策和保证执行调控措施设定了标准。在以市场经济为中心的经济制度中，经济制度政策通常表现为**竞争政策**。

例：围绕竞争政策制定的法律规范包括：反限制竞争法（GWB）和反不正当竞争法（UWG）。通过这些法律国家可以根据某一竞争政策目标而采取法律手段，干预影响竞争顺利进行的行为，例如立法禁止垄断或卡特尔联盟以及其他不正当竞争行为，因为这些行为都阻碍了市场竞争作用的发挥。

值得一提的是，国家在阻止形成垄断的同时也要确保市场竞争，国家的这一目的常通过公用企业的经济活动来实现。公用企业可以有助于破除垄断或寡头经济，从而在某些领域引入市场经济。国家只有在**竞争以及市场**

失灵的情况下才能参与经济活动，国家也可以利用国有公用企业来使某一市场领域新产生的竞争行为更符合竞争规则和社会要求，而不是放任其完全自由发展。**电信领域**就提供了这方面的一个范例，国家开放电信市场并对德国电信公司进行部分私有化后首先采取的行动就是组建并运营一个大型的公用企业。

保障竞争作为调控国民经济的制度也可以通过基础设施建设来实现，近来宪法赋予立法者和政府**保障基础设施建设的义务**。所以联邦在对其特别财产"德国联邦邮政"和"德国联邦铁路"私有化后承担了保障基础设施供给的宪法义务。基本法第 87e 条第 4 款第 1 句和第 87f 条第 1 款规定，消除垄断后国家仍要履行保障基础设施的任务，这也从宪法上保证了实现竞争政策所追求的目的。

经济结构政策是指为实现总体经济或部门经济目标而对经济结构采取的直接或间接的影响措施。如果国家采取直接的行业措施，以使某行业对总体国民经济产生影响，则为**行业结构措施**。典型的例子是针对造船厂、煤炭和钢铁企业实施的经济措施。基本法认可行业结构政策，例如基本法第 91a 条第 1 款第 3 项就规定：改善农业结构是联邦和州共同的任务。但很难清晰地划分行业结构政策的类型，因为为了维护重大的国家利益会出现各种政策的重叠。

区域经济结构政策是指针对不同经济区域所采取的措施。制定该类政策的重要宪法依据是基本法第 91a 条第 1 款第 2 项所规定的改善地区经济结构的共同任务。该条款的意义在于，通过国家行为来平衡各地经济发展的差距。这一宪法规定通过普通法得到了具体化（改善区域经济结构共同任务法，颁布于 1969 年 10 月 6 日，BGBl. I S. 1861）。另一个落实区域经济结构政策的法律是投资补助法（1996 年 1 月 22 日重新颁布，BGBl. I S. 60）。

经济运行政策的调整对象是市场和总体经济的短期波动。该政策的目的和手段与当时主张的经济理论紧密相关。例如，人们一直争论不休，到底该着重推行货币金融政策还是该强调凯恩斯主义的需求理论。经济运行政策又可以分为总体经济政策和经济增长政策。**总体经济政策**（Konjunkturpolitik）由**金融政策和货币政策**（Finanz-bzw. Fiskalpolitik und Geldpolitik）组成。**金融政策**通过提高或减少国家收支来影响经济产品的总需求量。**货币政策**则通过货币供应,如货币总量和利息率来影响总体经济的发展。德国联邦银行曾经负责制定货币政策,自从1999年1月1日起该事务由**欧洲中央银行**负责,因为德国已经把货币主权移交给了欧共体。

参考文献:von Arnim, Volkswirtschaftspolitik, S. 1 ff.; Donges, Die Wirtschaftspolitik im Spannungsverhaeltnis von Regulierung und Deregulierung, ORDO 48 (1997), 201 ff.; Frotscher, Wirtschaftsverfassungs-und Wirtschaftsverwaltungsrecht, §§6, 7; Noll, Keynes und der lange Weg in die Schuldenfalle, ThuerVBl. 2002, 25 ff.; 53 ff.; Schmidt, Oeffentliches Wirtschaftsrecht-AT, §7 I.

第二节 内部经济监督和外部经济监督

内部经济监督(Wirtschaftsaufsicht)是指国家机关基于公共利益而监督自负其责的经济活动主体是否遵守相关法律规范。与经济政策不同,内部经济监督并不是一般性的经济调整,而是针对经济生活的**个别监督**。其目的是对参与经济活动的国家主体是否遵守经济法律规范进行国家监督。该概念虽然被广泛使用但却没有明确的界限,而且定义也不统一,其与**外部经济监督**(Wirtschaftsueberwachung)之间的区别也没有得到澄清。人们有时候混同并交替使用这两个概念。从两个制度产生的历史的角度,混淆这两个概念的做法是不可取的(Groeschner, Das UEberwachungsrechtsverhaeltnis, S. 46 ff.),因为外部经济监督作为修正工商营业自由的一种监督,其所针对的对象是市场主体,即监督市场主体是否遵守经济法律规定或执行了经济行政机关的措施。两者的区别在于:内部经济监督是对行政机关活动的一种国家内部监督,而外部经济监督是针对享有结社和个体自由的市场主体的监督。

内部经济监督是指对国家承担责任的主体所进行的有关经济活动的监督,例如所有形式的公用企业都受到内部经济监督。而**外部经济监督**是指对经济活动和经济主体是否遵守经济法规的监督。这种定义方法可以有效区分二者,同时适应现代法律术语的使用习惯(例如循环经济和垃圾法第37条和第40条)。当然,也有立法者并不遵从这种概念区分而继续混同二者(例如金融服务统一监督法,BGBl. I 2002 S. 1310)。在对概念进行界分时必定会出现某个主体受到双重监督的情形,例如公用企业作为国家主体受到内部经济监督,同时作为市场主体受到外部经济监督。

例:传统的外部经济监督是工商条例。而乡镇自治条例规定被视为内部经济监督,例如乡镇在成立一个私法性质的公司时负有向乡镇监督机构申报的义务(例如石荷州乡镇条例第 108 条);又如调控监督(Schuppert, DOEV 1998, 831/833),是指乡镇在建立或参股一个私法性质的公司时有义务通过进入监事会来实施乡镇对该公司的影响力(例如巴登符腾堡州乡镇条例第 103 条第 1 款第 3 项,石荷州乡镇条例第 102 条第 1 款第 3 项)。再如,为了保证对资本市场进行统一的外部经济监督,联邦信贷监督局、联邦保险行业监督局和联邦有价证券交易监督局共同成立了联邦金融服务监督机构(金融服务监督法第 1 条,BGBl. I 2002 S. 1310)

参考文献:Bullinger, Staatsaufsicht in der Wirtschaft, VVDStRL 22 (1965), 264 ff.; Ehlers, Ziele der Wirtschaftsaufsicht, 1997; Gramlich, Entwicklungen der staatlichen Wirtschaftsaufsicht: Das Telekommunikationsrecht als Modell?, VerwArch, 88 (1997), 598 ff.; Groeschner, Das UEberwachungsrechtsverhaeltnis, 1992, S. 46 ff.; Haede, Bankenaufsicht und Grundgesetz, JZ 2001, 105 ff.; Hidien, Staatliche Wirtschaftsaufsicht und Besteuerung kommunaler Unternehmen, in: Puettner (Hrsg.), HKWP V, § 94 B.; Moesbauer, Staatsaufsicht ueber die Wirtschaft, 1990; Schuppert, Staatsaufsicht im Wandel, DOEV 1998, 831 ff.; Stober, Allgemeines Wirtschaftsverwaltungsrecht, § 29.

第三节　经 济 调 控

另一个值得注意的国家影响市场竞争的领域是**经济调控**(Wirtschaftslenkung)(Stober, Allgemeines Wirtschaftsverwaltungsrecht, § 30),其有时作为内部经济监督的对立面而出现,包括国家采取的所有有关企业的决定措施,如国家决定价格、生产范围和结构。经济调控的概念是在一般意义上使用的,所以对其涵盖的内容和范围有不同意见,有学者认为经济调控属于经济政策的一部分,不必单独讨论(Schmidt, Oeffentliches Wirtschaftsrecht-AT, S. 299)。

从广义的角度来说,**经济调控包括所有对经济运行有影响的国家措施,通过这些措施可以使经济生活达到或保持经济和社会政策所预期的状态**。这样宽泛的概念必然把各自独立的领域——经济外部监督、经济内部监督和经济促进混为一体,而它们都是以影响经济运行为目的的国家措施,都有助于实现或保持所追求的经济和社会政策目标。

例:市场条例(Marktordnung)可以归类为调控经济的一个经济手段。市场条例是国家针对某一特定领域的法律规定,该规定使市场的供求关系和自由定价不再发挥作用,取而代之的是国家的硬性规定。市场条例对农业具有重要作用(对某些国家希望保障平等生活条件的领域也具有重要作用)(见欧共体条约第 34 条)。又如,限制所谓的"杀手游戏"也起到了对自动游戏机进行调控的作用(BVerwG, NVwZ 1989, 1175 f.; BVerwG, DVBl. 2000, 914 ff.; Kronisch, NVwZ 1990, 322 ff.)。

为了区别经济调控和外部经济监督并为其划定确切的范围,有学者把经济调控限制在追求总体经济目标的措施范围内(Groeschner, Das UEberwachungsrechtsverhaeltnis, S. 66)。有的学者则只把直接调控影响经济运行的国家措施视为经济调控(Rinck/Schwark, Wirtschaftsrecht, Rn. 797)。

因为概念非常不明确,所以人们还必须**批判**地看待该问题。经济调控的概念没有清晰的界限,所以可能存在忽视应该重视的国家目标的潜在危险。

例:在评价引入**一次性饮料瓶罐押金**(Dosenpfand)时,不应当从经济调控措施的定性角度来考虑,而应当考察因此受到侵犯的市场主体的权利和得到保护的正当的环境利益,以及具体的法律规定(Arndt/Fischer, BB 2001, 1909 ff.; Scholz/Aulehner, Umweltstrategien im Verpackungsrecht, 1998, S. 96 ff.)。

经济调控的概念只不过是对某一类型的国家经济活动表现形式的描述。比较国家经济活动对于市场竞争的影响就可以注意到,不可能对经济调控给出一个具有法律适用意义的清晰定义。人们可以保留经济调控的概念来描述特殊形式的国家经济活动，但是必须首先明确，这一分类不会产生具有约束力的法律后果。因为国家可以采取的活动方式日益增多，国家目的也不断变化和增加（如国家要实现社会国家、环境保护、消费者保护等目的），与此相适应，也就产生了不同类型的经济行政行为，但却不可能像人们所希望的那样确切区分不同的国家行为方式。因此，要关注以下两个重要问题：第一，国家要完成哪些（合法）任务，这个问题需要借助普通法的规定（即经济行政法），以及欧盟法和宪法上对于国家任务的规定来回答。第二，国家活动的界限。该问题主要涉及经济活动主体的主观权利；只有为了他们的利益，国家才允许参与经济活动。保护经济主体的法律权益不能只停留在纸面和口号宣传上，而必须在实践中具体落实。为此，要首先正确认识并归类各种国家竞争行为（详见第三篇第一章），然后在此基础上对其设定行为界限。

参考文献：Rinck/Schwark, Wirtschaftsrecht, Rn. 915 ff.; Schliesky, Oeffentliches Wettbewerbsrecht, S. 44 ff.; Stober, Allgemeines Wirtschaftsverwaltungsrecht, § 30.

第四节　经济促进

经济促进（Wirtschaftsfoerderung）是指**从法律上或在事实上改善个别经济主体的地位的国家经济措施**，常常体现为对个别经济主体的优惠措施（给付行政），有时也可能是通过给某企业施加负担而使其他竞争者受益。这种负担也可能是直接资助某企业产生的间接后果。由此产生了很多尚未得到圆满解决的问题，例如关于受到不平等待遇的竞争者的法律地位及其法律保护途径的问题（P. M. Huber, Konkurrenzschutz im Verwaltungsrecht, S. 358 ff.）。

经济促进主要是通过**直接或间接的补贴**（direkte und indirekte Subventionen）来实现的。补贴是指（这也是所有特殊领域的补贴的共同特征）国家机构出于公共利益的需要给予的所有金钱上和具有财产价值的补助，对补助受益者不要求具体的符合市场价值的回报。经济促进与经济调控和内部经济监督的区别在于：经济促进通过给受益者经济激励，促使其从事有关公共利益的特定活动。在实践中常常通过设定附加条件或签订补贴合同来保证国家目的的实现。

直接补贴(也即狭义补贴)是指直接给付的具有财产价值的资助,受资助者则要直接实现国家预定的目的,其也被称为给付补贴,在实践中常表现为不需要回报的资助(财政补贴、津贴和补助),贷款(民法典第488条第1款)或者担保(民法典第765条,以及广义的公法上的担保)。

例:所有的联邦州都经营担保银行(Buergschaftsbanken)(有时是混合性质的经济企业),该银行为个体经营者提供风险资本担保,从而使其能够在私人银行得到贷款。

间接的补贴(也即广义的补贴或免除义务的补贴)是指间接给予的具有财产价值的补助。典型的例子是税赋优惠,受益者则要把因此节约的开支投资到国家所希望的领域。

例:根据资助领域法(1991年6月24日颁布BGBl. I S. 1322)对受到优惠的经济产品摊提的折旧费可达设备购置费用或生产成本的50%。

上述两种形式的补贴在经济学上都被认为是补贴,但在经济行政法上却存在争议。有人认为只有直接补贴(狭义补贴)对经济行政法有重要意义,而间接补贴(义务免除补贴)则完全属于税法范畴。因为两种补贴对竞争以及未受到补贴的竞争者的市场地位都会产生影响,而且欧共体条约第87条扩大了补助概念的含义,直接和间接补贴都被包括在内,所以把补贴只局限在直接的狭义补贴范围内是不恰当、不合时宜的。因此下文从广义的补贴概念出发,涵盖经济公法中的经济促进的所有形式。这样一来可以包括经济促进的一个特点,即特定类型的经济资助同时可能受到其他法律规范的调整。例如,免除经济主体赋税的间接补贴就必须同时遵守经济资助的要求和税法的特别规定。

此外还要提到另一种经济资助形式——**事实上的资助**(Realfoerderung),即该资助不是或不需要以金钱的方式来给付,例如优先买受国家土地的权利,或者某企业在公共工程招标时得到优先考虑。乡镇开发土地的措施或提供服务的经济活动,如提供咨询,也属于此类资助。

经济资助可以由**联邦、州以及乡镇**实施。乡镇为了加强地区竞争力，常通过行政机关或者是以私法组织形式建立的资助公司来实施资助行为。乡镇的这些资助行为一般来说是符合基本法第 28 条第 2 款第 1 句的，但同时也要考虑到不能超过该款所规定的地域管辖权限原则，不过该原则目前并不总是能得到严肃认真地遵照执行。

例：在多个乡镇联合组成一个资助公司时，必须注意其是否回避法律而没有采取法律允许的公法上的联合形式（如目的联合体）。乡镇还可以通过自己的经济活动来实施经济资助，例如，建立并经营渔业加工中心，如果不能回收成本，就租赁给投资者。在此，必须注意乡镇从事经济活动的前提条件，即乡镇只允许从事其力所能及的、满足乡镇需要的经济事务。

参考文献：Dieckmann/Koenig（Hrsg.），Kommunale Wirtschaftsfoerderung，1994；Dickersbach，Die Entwicklung des Subventionsrechts seit 1993，NVwZ 1996，962 ff.；Ehlers（Hrsg.），Kommunale Wirtschaftsfoerderung，1990；Rodi，Die Subventionsrechtsordnung，2000；Schmidt，in：Achterberg/Wuertenberger（Hrsg.），Besonderes Verwaltungsrecht I，2. Aufl. 2000，§ 1；Stober，Allgemeines Wirtschaftsverwaltungsrecht，§ 31；ders.，Rechtliche Rahmenbedingungen der Wirtschaftsfoerderung，BB 1996，1845 ff.；Vahle，Grundfragen des Subventionsrechts，DVP 1999，143 ff.

第五节 经济信息

经济信息（Wirtschaftsinformation）是指收集、处理和传递重要经济数据，这些数据是制定经济计划和作出其他重要经济决定的依据。经济信息提供了国家从事经济活动所必需的事实根据和专业依据。经济信息的概念非常宽泛，内容不能详尽列举。作为一个**集合概念**，经济信息的概念仅仅具有**描述功能**。经济信息可以分为**关于国家经济**的统计信息和**由国家发布**的信息。

大多数情况下经济信息是以国家为中心的，严格来说，就是**经济统计信息**（Wirtschaftsstatistik）。经济统计在经济学上作为经济信息的一部分具有非常重要的地位和价值，这些信息来自企业、协会和行会收集的经济数据，这些组织负有法律上的义务来征集此类信息。很多经济法律都有相关的数据征集规定。

例:以联邦使用为目的的统计法(BGBl. I 1987 S. 462);手工业经济活动运行和结构说明法(BGBl. I 1994 S. 417);招投标法第22条(BGBl. I 2001 S. 110)。在州一级也有各种关于经济统计的法律规定,例如,石荷州州统计法第11条规定了告知义务;关于执行农业统计法的条例(GVOBl. SH 1990 S. 450)。乡镇在某些情况下也可以通过章程规定告知义务或数据收集义务,例如,石荷州州统计法第7条对此进行了授权。

根据经济信息(在此指国家经济统计信息)观察经济活动是采取经济行为的必要前置程序。经济统计是国家做出经济决定和从事经济活动必不可少的确切信息依据,而国家的正确经济决定又最终有利于企业和纳税人。

例:有缺陷的统计基本数据会造成严重的后果。法律规定退休金与人均净工资收入挂钩,所以如果统计数据多算了一个百分点就会使国家一年多支出30亿马克,而这又会最终提高养老保险费,雇员和雇主都会受到影响,因为他们要按照新的标准来支付养老保险费(Berechnung des Sachverstaendigenrates "Schlanker Staat", Abschlußbericht, S. 67)。

另一方面,对中小企业来说,经济统计数据的征集有时会花费其很多时间和金钱。因此,只有征集数据是必需的,而且征集的方式方法符合比例原则的要求,对中小企业征集数据才是法律允许的。对该问题,"瘦身国家"专家委员会对统计事务进行了研究并得出以下指导原则(Abschlußbericht, S. 66 ff.):"尽可能多的收集必要的统计数据,尽可能少的造成负担。"具体建议措施为:经常性地审查统计的必要性;协调并精简欧盟层面的统计项目;行政机关之间数据共用,而不是各自为政重复征集数据;征集数据机关必须支付费用。有些建议已经被采纳实施。

经济统计和经济信息的收集也不仅仅只由国家机关来完成,**私人的经济研究所、市场和民意调查机构**以及协会和行会也都从事该事务。从"瘦身国家"的角度来说,在这方面存在国家减负的可能性,国家和私人企业之间也可以发挥协同效力,同时可以加强行业自治。

在外部经济监督和内部经济监督的前期准备阶段，也要求私人经济主体履行**申报和注册义务**（Anzeige-und Vorlagepflicht），这也可归为经济信息。

例：根据工商业条例第 14 条，定点营业的个体营业者负有申报的义务。另外，**工业商业者登记簿**（Gewerbezentralregister）也是关于工商法重要事项的经济信息（Wolff, GewArch, 1999, 17 ff.）。

经济咨询（Beratung）也属于经济信息的范畴，国家通过经济专家来获得咨询。著名的例子就是"总体经济发展评估专家委员会"（所谓的"五人智囊团"），其法律依据是1963 年8 月14 日发布的《关于成立总体经济发展评估专家委员会法》第 6 条第 1 款第 3 句（BGBl. I S. 685, i. d. F. des G. v. 8. 1. 1996, BGBl. I S. 633）。

国家发布的经济信息也日益重要，因为竞争能够有效发挥作用的前提条件是市场主体能够最大限度地获得影响市场的重要因素的信息（BVerfG, NJW 2002, 2621/2622）。对于制定经济政策非常重要的是根据稳定法第 2 条第 1 款发布的年度经济报告，以及根据该法第 12 条第 2 款和第 3 款发布的联邦政府补贴报告。从经济信息的角度来说，国家有义务向公众尤其是经济界提供经营决策必需的信息，有时候也向个人，例如通过个体经营咨询或企业咨询，提供此类经济信息。还有各种预防性的国家行为也可以归纳到经济信息中，国家常常出于危险防御的原因而采取这些措施并借此以各种方式来影响经济生活，例如，作出对市场竞争有影响的**非正式行政行为（或单纯行政行为）**（informelles bzw. schlichtes Verwaltungshandeln）。

例：例如根据器械安全法第 6 条第 1 款或产品安全法第 8 条发布的安全警告；建议；商品测试结果（BVerwG, NJW 1996, 3161 f.）；国家颁布的产品标识（"蓝天使"）（Blauer Engel）；根据环境监测法发布的生态监测报告（BVerfG, NJW 2002, 2621 ff.）。联邦宪法法院认为，只要国家发布与市场有关的信息，没有破坏市场竞争关系，而且执行的是国家任务，遵守了管辖权限，注意到了信息的准确性和专业性，则该信息发布行为不构成对竞争当事人的权利侵害。

参与经济活动的公民也可以根据专门的法律规定向国家索要相关经济信息,即使这些法律规定的首要目的并不是提供经济信息。例如,环境信息法第 4 条第 1 款规定的环境信息权就包括要求获得有关国家补贴信息的权利,该补贴用于资助那些有助于改善环境的生产流程(BVerwGE 108, 369 ff.)。更为广泛的运用范围是:有些州的法律保障公民获得政府信息的权利。

例:石勒苏益格——荷尔斯泰因州信息自由法第 4 条(IFG-SH)。

在欧盟层面经济信息也具有重要意义。负责经济信息事务的机构是欧盟委员会(Art. 211, 2. Spiegelstrich, Art. 212 EGV)。

例:根据《欧共体成立条约第 109j 条关于制定趋同标准的会议备忘录》第 5 条的规定,欧盟委员会负责提供适用该备忘录所必需的统计数据。

参考文献: Frenz, Verbraucherinformation durch Gesetz und Seblstverpflichtungen, ZG 2002, 226 ff.; Gramm, Praevention durch staatliche Information, ZRP 1990, 183 ff.; KlOepfer, Informationsrecht, 2002; Reidt, in: Jarass, Wirtschaftsverwaltungsrecht, § 11; Stober, Allgemeines Wirtschaftsverwaltungsrecht, § 27; ders., Handbuch des Wirtschaftsverwaltungs-und Umweltsrechts, § 48.

第六节　经济计划

经济计划(Wirtschaftplanung)是指制定前瞻性的经济政策目标并预先考虑安排经济活动主体以及国家为实现经济目标所应当采取的行为方式,人们**试图通过经济计划来影响经济行为,使其按计划进行**。经济计划是现代经济工业国家规划调整其社会经济关系不可或缺的,也是国家影响经济生活措施的确定组成部分。经济计划以经济信息为基础制定,**而且完全面向未来**,其任务是制定国家活动的计划,据此来实现预定的经济目标。经济计划的**特征**是以**目的**为导向,而不是像法律那样采取条件式的三段论(BVerfG, NJW 1997, 383)。制定经济计划是一个复杂的程序,包括经济信息的收集、筛选和加工,经济目标的确定以及实施手段的选择(对计划的详细区分请见 Schmidt, Oeffentliches Wirtschaftsrecht-AT, S. 488 f.)。由于经济计划的概括性特点，大多数情况下其都具有跨学科的影响力，所以很少有单纯经济行政法意义上的经济计划。**狭义的经济计划**是指对**某经济区域的总体规划**，确定私人经济主体从事经济活动所要达到的指标和应遵守的范围界限。国家希望通过私人有计划的经济活动和国家自己采取的有目的措施来逐步实现长远目标。制定经济计划的**目的**在于积极调整经济生活，同时使相关经济领域系统协调发展，从而避免国家或个人因为不协调的经济行为而导致的决策错误或无效投资。

例：据基本法第 91a 条第 1 款第 2 项制定的经济框架计划就是专门经济计划的范例。该框架计划不具有法律性质（BVerwG，DOEV 1987，289）。另外，根据促进经济稳定和增长法第 2 条发布的联邦政府年度经济报告包含了未来经济目标，因此也可以归类为经济计划。值得一提的还有**财政计划**，其重点是根据基本法第 110 条制定的一年的或多年的联邦**财政预算计划**。

经济计划常常具有其他首要目标或者同时有很多目标，所以在有些情况下，其对经济的影响只是附带目的而已。在这种情况下可以将其称之为**广义的经济计划**，因为根本的经济基础条件还是会受到经济计划的影响。

例：作为生产和地域竞争重要因素的**土地**受到**建设规划**的影响（建设法第 1 条第 2 款）。根据建设法第 1 条第 5 款第 2 句第 8 项，虽然在制定建设规划时要特别考虑**经济利益**，但其也只是众多需要考量并达成平衡的利益之一。

上述计划存在于联邦州的各个不同层级，且相互影响，但下级机关在制定计划时必须考虑上一层级的计划。例如，根据石荷州州计划法第 1 条第 1 款第 1 项制定一个上位的土地规划计划时就要遵守其他的经济要求。计划制定主体根据州发展基本原则法制定本州发展计划时，必须要把具体的经济发展指标作为基本原则。

除了上述规定较为宽泛的计划以外，还有很多**专业性特殊计划**（例如垃圾经济行业计划，§ 29 KrW-/AbfG：Abfallwirtschaftsplanung），以及具体的项目计划(如垃圾处理规划, § § 30 ff. KrW-/AbfG: Abfallbeseitigungsanlagen)。

必须注意的是,经济计划**没有特定的表现方式**,它常通过截然不同的法律形式来实施。这也使其既不能明确归类到立法行为也不能明确归纳到行政行为中。所以要具体分析每一个计划来确定其法律形式。经济计划法律形式表现的多样性使人们很难对计划进行法律定性。不过立法者在很多情况下对其法律形式作出了规定。

例:建设法第 10 条第 1 款规定:建筑计划要以规章的形势作出;电信法第 45 条第 1 款规定:频率分配计划以法规的形式作出;行政程序法第 72 条及以下条款对计划确认程序作出了规定。

对计划进行定性还有一个困难,即:国家在制定计划时也**吸收私人参与**(Einbindung Privater)(如乡镇委托私人规划所来制定建筑规划)或者经济计划完全由**私方当事人自己**(durch private Betroffene selbst)来制定(如垃圾行业经济规划)。

最后还要提到**保证计划执行**(Plangewaehrleistung)的问题,即:在多大程度上切实贯彻计划,进一步的问题是,经济主体享有多大范围的权利来要求国家计划必须得到实施(即所谓的保证计划执行请求权)。后一种情形涉及公民对计划实施或存续的信赖,因为私经济主体可能或已经不得不按照计划采取了行动,处置了财产或至少做了相关的计划。在司法实践部门和学界,人们很谨慎地认可保证计划执行是一项权利,更多倾向于运用一般的法律手段,例如,信赖保护,来保障当事人的权利(Ruefner, in: Erichsen [Hrsg.], Allgemeines Verwaltungsrecht, § 49 Rn. 52 ff.)。

参考文献:Hoppe, Planung, in: Isensee/Kirchhof (Hrsg.) Handbuch des Staatsrechts III, §71; Stober, Allgemeines Wirtschaftsverwaltungsrecht, § 28; ders., Handbuch des Wirtschaftsverwaltungs-und Umweltsrechts, § 49.

第七节 私 有 化

绝对的**私有化**(Privatisierung)是不存在的。正确的方法是区分**形式私**

有化（Formelle Privatisierung）或**组织私有化**（Organisations Privatisierung）和**实质私有化**（Materielle Privatisierung）或**任务私有化**（Aufgaben Privatisierung）。行政主体在实施组织私有化时，并没有被免除其固有的行政任务，而只是以私法的方式来完成该任务，如通过自有公司的形式。在此只是组织形式发生了改变，行为主体没有改变，还是国家。实质私有化则恰恰相反，行政任务被转移到私人部门，在私有化后对该任务负责的不再是行政主体，而是私人公司。此外，还有另一种私有化的形式——**功能私有化**（Funktionale Privatisierung），即行政事务管辖权和责任仍由公共行政主体保留，但具体的任务履行则由私法主体，例如行政协助人来实施。

关于私有化的难点在于，该概念不论是在经济政策中，还是在法律中都非常不清晰。另外一个问题是，私有化政策并不必然导致国家退出经济领域，虽然最初人们是这样设想和预期的。例如在形式私有化中，国家主体还是全面负责的。即使是在实质私有化中，也并不能保证国家全面退出，私有化更多的时候意味着国家主体的行为方式向公私合作的行政行为转变，以完成国家继续承担的保障基础设施供给的责任。

从法律的角度来考察私有化则存在以下问题：首先是一个长期讨论的且对考试非常重要的问题：如果国家以**私法组织形式出现**或采取私法的行为方式，其是否还要**受到公法的约束**？对该问题一直未有统一结论。实务界越来越多的主张免除公法约束（Cronauge, AfK 1999, 24），但严格的传统观点则要求全面的公法约束（Ehlers, in: Erichsen [Hrsg.], Allgemeines Verwaltungsrecht, § 2 Rn. 83）。通行的观点运用行政私法的概念来折衷解决该问题，即行政机关可以用私法的方式来活动，但根据活动方式的不同，私法或深或浅地受到公法的补充、重合或修正。

第二个法律问题涉及**国家行为的民主合法性**，这也是基本法第 20 条民主原则的本质内容。国家行为的民主合法性体系建立在层级划分严密的行政机构的基础上，所以任何松动法律约束、合法监督和影响人事任免的措施都会同时动摇民主合法性基础，直到丧失民主合法性，这样一来，国家行为就因为违反了民主原则而违背宪法（Wolfers, NVwZ 2000, 765 f.）。

例：某法律规定，以公法设施（Anstalt des Oeffentlichen Rechts）为组织形式的乡镇供水企业必须接受某私法上的法人的领导。对该法律必须运用民主原则进行合宪性审查(VerfGH Berlin, DVBl. 2000, 51)。

对每一种形式的私有化都要注意,即使公共任务以私法的组织形式或私法的行为方式来完成,其仍然是行使公权力的行为。从法律角度评价此类行为的关键是看**国家**是否对其**具有绝对影响**,以至于公权力主体能够对私法主体的决定产生至关重要的影响,而且企业在法律交往中的行为被视为行政主体的行为而归责于行政主体(Schmidt, Oeffentliches Wirtschaftsrecht-AT, S. 504)。如果公权力主体对公用企业具有决定性的影响,则由该企业行使的公权力需要**民主合法性基础**(demokratische Legitimation)。

上述论述已经说明,**私有化**并不是为了目的本身,而且也不能仅仅从财政的角度把私有化视为改善国家收入状况的手段。**实质私有化**意味着决定把**公共任务从国家交还给社会**(Aufgabenverlagerung vom Staat zurueck an die Gesellschaft)。这是一个非常重要的关于国家和社会二者关系的重要决定,它也涉及民主原则。同样重要的是**从法律上消除私有化带来的不利后果**。不过很多私有化措施都受到了阻碍,因为国家机构也利用私有化后的自由空间从事新的经济活动,从而进一步强化了国家在市场中的地位。

例:开放后的电信市场目前不仅仅由公用企业——德国电信有限公司统治,同时也有很多新成立的乡镇电话公司参与进来。

克服私有化的后果以及继续限缩国家直接参与经济活动是**竞争公法的任务**(详见下述第三篇第二章)。对私有化后果进行法律调整即涉及下文将要论述的管制概念。

参考文献: Bauer, Privatisieurng von Verwaltungsaufgaben, VVDStRL 54 (1995), 243 ff.; Bull, Privatisierung oeffentlicher Aufgaben, VerwArch, 86 (1995), 621 ff.; Burgi, Funktionale Privatisierung und Verwaltungshilfe, 1999; ders., in: Erichsen/Ehlers (Hrsg.), Allgemeines Verwaltungsrecht, § 54 III; P. M. Huber, Allgemeines Verwaltungsrecht, S. 163 ff.; Ipsen, Allgemeines Verwaltungsrecht, Rn. 265 ff.; Kaemmerer, Privatisierung, 2001; Schoch, Privatisierung von Verwaltungsaufgaben, DVBl. 1994, 962 ff.; Schuppert, Rueckzug des Staates, DOEV 1995, 761 ff.

第八节　放松管制和“瘦身国家”

放松管制（Deregulierung）原本是一个经济学上的概念，是指废除在经济领域中的国家调控，通常是指取消法律规定或消除法定标准。管制则指对各生活领域进行法律规制，但在经济政策讨论中管制被证明是消极的、负面的（Ruffert, AOeR 124［1999］, 237/242）。如果不考虑经济政策角度的观点，从社会学和法学的角度来说，**管制**（Regunlierung）是指**通过法律来对经济主体的行为进行调控的所有经济法措施和手段**（vgl. Schmidt, Oeffentliches Wirtschaftsrecht-AT, S. 48）。为了避免无意识地过分夸大管制的意义，上述对管制的定义就已经说明，管制**本身并没有特别的价值**，其只是描述了为达到确定的社会政治或宪法目标而采取的方法和措施。正是在这个意义上，立法者在电信法中把管制作为一个**法律概念**来使用，即管制指行政机关为实现立法目的而采取的活动方式（参见电信法第1条）。

“瘦身国家”（Schlanker Staat）实际上是涉及很多目标的一个“斗争概念”（Kampfbegriff），而**不是法律概念**。它是指努力**降低国家在经济中的份额**，具体内容包括公共行政的新的调控模式、加快计划和审批程序或者是国家机构放弃亲自从事经济活动。一般而言，“瘦身国家”特指人们努力加强**相对于国家领域而存在的社会领域的地位**，国家从很多社会领域退出。但该概念太过宽泛，除非能与产生的法律后果联系起来考虑，否则没有什么实质内容。对于经济公法来说，“瘦身国家”意义不大。

参考文献：Ruffert, Regulierung im System des Verwaltungsrechts, AOeR 124（1999）, 237 ff.; R. Schmidt, Oeffentliches Wirtschaftsrecht-AT, S. 48 ff.; Stober, Rueckzug des Staates im Wirtschaftsverwaltungsrecht, 1997.

第二篇　经济行政

第一章

经济行政的组织结构

第一节　承担经济公法任务的国家主体

下述章节将介绍经济公法的活动主体(国家和私人)以及经济行政主体。国家机构的**管辖权限**(Zustaendigkeit)非常重要,因为,如果某国家措施超越职权而侵犯基本权利,即使其实体合法,也是侵害基本权利的违法行为(BVerfGE 6, 32/41; 20/27 f.)。以下关于经济行政组织机构的简要介绍主要依据基本法对国家权力的横向和纵向划分,以及基本法第 30 条和第 87 条以下条款关于行政职权的规定(Badura, Staatsrecht, D. bis H.)。

一、立法机关

法律规定经济活动的法律范围并为经济主体设定法律准绳。但有时法律也必须由经济行政主体来执行。如果人们想用经济公法来调整所有的国家经济行为,那么立法机关就是首当其冲的经济公法任务承担者。

但立法机关不仅仅只制定**需要行政机关执行的法律**(vollzugsbeduerftige Gesetze),其立法形式也日趋多样化,除了单行决定(如立法决定支持某一存在经济危机的区域或产业),还有日益增多的**经济计划**(Wirtschaftplanung)。虽然这里涉及的主要是法律的表现形式问题,但很明显,**立法计划**(Legalplanung)是有目的性的,不像其他三段论形式的法律那样可以具体执行。但是针对具体的专业计划也可以订立法律规范,不过按照基本法的权力分工原则,计划的准备工作应该由行政机关负责。因为国家计划的法律性质尚不明确,即还未确定是立法行为还是行政行为,所以立法者可以根据政府行政机关的提案和建议以法律的形式制定一项计划，只要事项本身适于立法（例如，加快实现计划项目有利于公共福祉），而且也不违反宪法规定即可（BVerfG, NJW 1997, 3834 f.）。

根据基本法第70条及以下条款，**立法权限**在联邦和州之间分配，但在经济公法方面，**联邦享有广泛的立法权**。基本法第72条第2款明确规定了这一点：为维护法制和**经济的统**一以及创造同等的生活条件（主要指的是经济基础设施），联邦在竞合立法范围内享有立法权。具有实际意义的是**基本法第74条第1款第11项**规定的内容广泛的兜底性质的立法权限。该条提到的"经济的法"要从广义的角度来理解，包括所有涉及经济生活和经济活动的法律规范，也就是说，包括所有的经济公法和经济私法（BVerfGE 29, 402/409; 55, 274/308）。按照有说服力的通行观点，该条款并没有穷尽列举所有的经济部门，而只是举例说明。

例：赛马和博彩业法第2条对需要申请批准从业的赛马经纪人作了规定，该条款可以被纳入基本法第74条第1款第11项所指的"经济的法"，因为从事赛马经纪也是一种经济活动（BVerwGE 97, 12/14 ff.）。

因为联邦根据基本法第74条第1款第11项及第73条的规定不断扩张立法权限，留给**州议会**在经济立法方面的**权限空间就很小了**。1994年的宪法改革曾试图把立法权中心稍稍向州倾斜一下。适用基本法第72条第2款的前提条件被严格解释，而且通过新增的基本法第93条第1款第2a条的规定，使联邦宪法法院可以根据联邦参议院或州政府或州的议员代表的申请，审查某部法律是否满足了基本法第72条第2款规定的前提条件（BVerfG, NJW 2003, 41 ff.; Jochum, NJW 2003, 28 ff.）。值得一提的是，经济促进领域仍属于州保留的立法权限范围，不过该领域受到欧盟法律规范的严格控制。

例：中产阶级促进法、博彩场所法（BVerwGE 96, 302 ff.），公法形式的保险机构法（BVerfGE 41, 205/218 f.）。

二、行 政 机 关

行政机关的任务是执行纷繁复杂的经济公法规范并对其进行具体化。经济行政机构的设置遵循基本法第 30 条和第 83 条所规定的宪法基本原则。行政机构的具体**管辖权**由相应的专门法律来规定。以下只简单介绍几个经济行政主体。

(一)联邦政府

联邦政府通过运用其立法提案权(基本法第 76 条第 1 款),尤其是通过在各部门专家的帮助下参与议会立法程序的准备工作而成为经济政策的制定中心(Reidt, in: Jarass, Wirtschaftsverwaltungsrecht, § 5 Rn. 9)。联邦政府在实施经济法律时还可以**颁布行政法规**(基本法第 80 条第 1 款)。联邦政府确定**经济政策纲领**,但其并不一定必须通过法律的形式表现,更多的经济政策是以非正式的方式实现的。

例:劳动联盟;促进经济稳定和增长法第 18 条规定的总体经济平衡专家委员会;以及该法第 3 条规定的一致行动。

制定经济计划的任务主要由联邦政府和主管部委来履行。例如,促进经济稳定和增长法第 2 条要求联邦政府每年都要做年度经济报告。在国家权限逐渐向欧盟让渡的过程中,联邦政府的地位却不断得到加强,因为代表德国出席欧盟决策机关——欧洲理事会的不是联邦议会或联邦参议院,而是联邦政府(欧共体条约第 203 条)。

(二)联邦直属行政(Bundeseigene Verwaltung)

作为对基本法第 30 条和第 83 条所规定的基本原则的突破,基本法第 86 条及以下条款允许联邦政府通过直属行政机构或者独立行政主体来行使行政管理职能。涉及范围除了基本法第 87 条第 1 款第 1 句提及的联邦行政管理领域外,还有航空交通管理(基本法第 87d 条),**铁路交通管理**(基本法第 87e 条)以及**邮政电信管理**(基本法第 87f 条第 2 款第 2 句)。此外,基本法第 87 条第 2 句规定了**必须设立的联邦间接行政机构**(obligatorische mittelbare Bundesverwaltung),如对跨地区的社会保险机构负责的联邦直属公法机构,或者是联邦劳动局。基本法第 87 条第 1 款第 2 句规定的是联邦的**非义务性行政职责**（fakultative Verwaltungskompetenzen）。经济公法领域涉及的**联邦行政机关**包括联邦卡特尔局、联邦工商经济局、电信和邮政管制局、联邦货物长途运输局，以及联邦信贷监督局和联邦保险监督局。最后，在满足基本法第87条第3款规定的严格条件后，可以例外地允许成立联邦直属的中层和基层行政机关，也可以建立其他的基本法没有规定的联邦直属公法团体或机构。

例：重建信贷机构、联邦雇员保险机构、联邦农业和食物机构以及联邦金融服务监督机构（BGBl. I 2002 S. 1310）。

（三）州行政

基本法第30条规定了联邦和州之间的行政职权配置，即：执行经济公法基本上由各州负责。例外情形要有明确的宪法依据。一般来说，大量的经济行政事务都委托给了**州的基层行政机关**或者是县乡的行政机关，由其作为义务性事务并根据上级指示来完成。

例：州工商监督局和州国家环境局；县乡的秩序管理局履行工商条例规定的行政管理职能。

乡镇除了通过其行政机关参与经济行政管理外，还可以从事法律没有明确规定的经济行政行为（例如，乡镇的经济促进措施）。

联邦和州之间的经济行政职权并不是互不关联的，联邦通过经济行政内部行政规定或单行指示来影响各州的经济行政。所以州经济行政机关的自主决定权以及可能具有的自由裁量权，都可能受到联邦各部或州级部委颁布的**内部条例或行政条例**的深刻影响。对联邦来说，基本法第91a条规定的联邦和州的**共同事务**对联邦行使行政职权也有影响。最后必须要提到的是，联邦可以根据基本法第104a条第4款对财政困难的州给予**财政补助**（Finanzzuweisungen），这也是对州财政事务的影响。

（四）欧盟的直接行政

一般来说，欧盟法律都通过国家行政机关来执行。例外情形是，**欧盟委员会**作为行政机关自己直接执行针对公民或成员国行政机关的决定。

例:根据欧共体条约第88条实施的补助监督;欧盟委员会根据欧共体条约第133条在制定共同贸易政策时行使对外职权;根据欧共体条约第202条、第211条把某项行政职能委托给欧洲理事会,由其作出法律行为等。

(五)公用企业(Oeffentliche Untenehmen)

国家在履行经济行政职责时也利用公用企业来实现其经济目的(Schliesky, Oeffentliches Wettbewerbsrecht, S. 46 ff.)。从宪法的角度来说,国家通过公用企业实施的经济活动属于国家行政行为的范畴,因为根据对基本法第1条第3款的理解,国家行为如果不是立法行为或司法行为,就是行政行为(Moestl. Grundrechtsbindung Oeffentlicher Wirtschaftstaetigkeit, S. 71 ff., 207 ff.; Schmidt, Oeffentliches Wirtschaftsrecht-AT, S. 523, 525)。

但有疑问的是公用企业的概念,因为在国家法中没有公用企业的法定概念,在学界也没有统一的观点。分析该问题的第一个着眼点可以是源自欧共体条约第86条的透明条例(ABl. EG 1980 Nr. L 195/35),其把公用企业理解为"地方社团法人依据其所有权、投资权或依据调整企业活动的规章或其他规定,可以对其直接或间接行使决定性影响的所有企业"。但该概念只定义了"公用"的含义,却没有对作为其前提的"企业"进行定义。所以很多人都借助**功能性的企业概念**(funktionaler Unternehmensbegriff)来定义公用企业,以期最终能对公用企业定性。功能性企业是一个很宽泛的概念,其把经济活动等同于企业,指的是体现商品或服务的社会行为性质的、作为实际经济生活基础的特殊的经济活动主体。**"公用"**则指的是该经济活动主体的法人性质或财产权关系。所以,我们可以把具有下述法律形式的企业确定为公用企业,即:乡镇所有的不具有法人资格的内部企业、乡镇所有的具有法人资格的独立企业、社团法人、公法机构、基金会,以及私法性质的混合经济企业。

参考文献:Cronauge, Kommunale Unternehmen, S. 33 ff.; LOewe, Oeffentliche Unternehmen in der Marktwirtschaft?, ZOegU 24 (2001), 413 ff.; Puettner, Die Oeffentlichen Unternehmen, S. 23 ff.; Jarass, Wirtschaftsverwaltungsrecht, § 5; Stober, Allgemeines Wirtschaftsverwaltungsrecht, § § 24, 39 III.

三、司法机关

司法机关对经济公法也具有重大意义，因为其决定如何解释经济公法，从而界定国家和国家机构的活动范围。基于国家职能的不同分工，司法机关是独立的国家机构，不属于经济行政的主体，但为了体系的完整性和由于其本身对经济行政法建构的重要作用，在此作一简要论述。

首先，**联邦宪法法院**审查普通法上的经济公法法律规范的合宪性，同时通过宪法诉愿保护公民不受到国家行为的过度侵害。其次，**行政法院**也对经济公法的解释发挥作用，其赋予不确定法律概念（如工商条例第35条规定的“不可信赖”）具有可操作性，同时监督审查承担经济公法任务的国家主体的行为合法性。由于欧盟法日益重要，**欧洲法院**对经济公法的建构也有巨大影响。此外，**民事和刑事法庭**也在一定情况下发挥影响作用，例如，关于私人使用公共设施的法律关系、私法上的补助的发放以及国家赔偿等法律争议，都由民事法庭管辖。对涉及经济法和环境法的犯罪行为，以及根据行政法构成犯罪的行为，都由刑事法庭来审理（刑法第324a条和第326条）。

四、咨询委员会

咨询委员会是否归类为承担经济公法任务的主体，具体取决于其法律依据、职责范围以及人员组成。各种性质的咨询委员会之间的界限并不清晰，例如，既有完全由国家机构组成的咨询委员会，也有私人参与的或者纯粹私人性质的咨询机构。这些咨询委员会的任务是吸收专家参与有关咨询和决策程序。专家咨询是**非正式的经济协调和调控措施**，但对其作用不能低估。存在的问题是，该类机构不总是很透明，而这是否符合由民主原则推导出的透明原则，还是有疑问的。

例：经济部长会议；根据专家委员会法组建的专家委员会（BGBl. I 1963 S. 685，BGBl. I 1966 S. 633）；根据促进经济增长和稳定法第18条成立的总体经济委员会；根据财政预算基本原则法设立的财政计划咨询委员会；根据反限制竞争法第44条成立的垄断委员会。

第二节　经 济 自 治

除了国家机关外还有很多其他机构也承担经济公法任务，而且很多企业和公民也参与完成经济公法任务。这类主体的活动形式多种多样，其中最重要的是通过经济行业组织和职业行会实施的**经济自治**（Selbstverwaltung der Wirtschaft）（也有学者把职业行会组织排除在经济自治之外，如Stober, Allgemeines Wirtschaftsverwaltungsrecht, S. 333 f.）。为了与地方自治相区别，经济自治也被称之为**职能自治**（funktionale Selbstverwaltung）（详见：Kluth, Funktionale Selbstverwaltung, S. 12 ff.）。虽然对经济自治的概念和范围还没有达成共识，但是按照笔者认为正确的观点，经济行政应当被区分为形式意义上的**公法组织形式**（主要是社团法人）和实质意义上的**自治团体完成国家任务**（Stober, Allgemeines Wirtschaftsverwaltungsrecht, S. 333）。在垃圾处理领域，立法者在循环经济和垃圾处理法第18条第1款第1句中对经济自治作了法律定义，即：工商协会、手工业协会以及农业协会都是经济自治社团法人。

工商领域的行会组织最早产生于十六七世纪（关于行会组织的历史发展请参见Kluth, Funktionale Selbstverwaltung, S. 123 ff.）。与日益失去意义的中世纪的同业公会不同，新产生的**商会**（Handelskammern）与国家机构的联系日益紧密。行会组织初期发展较为困难，但还是逐渐受到普鲁士法的重视。不过直到第二次世界大战后才真正产生了现代意义上的经济自治主体。战后调整经济自治的典型立法文件是1956年12月18日颁布的"关于工商协会权利的暂行法律规定"，从该法的名称即可得知，当时在政治制度意义上关于工商业者利益的讨论没有得出统一的结论，关于工商行业组织机构的原则也没有定论。直到今天该法律还是暂行性质的，而且关于工商协会存在合理性的讨论也一直时断时续地进行着，但最终也没有提出具有说服力的反对意见。

一、行会（Kammern）

各种不同的行会组织发挥着极其重要的作用，它们一方面是行使经济行政管理职能的**公法社团法人**(Koerperschaften des Oeffentlichen Rechts),另一方面是组成行会的工商业从业人员的利益代表者。从组织结构的角度来说,因为行会不是国家性质的公法法人,所以其属于**间接国家行政**的范畴。行会组织只有通过法律或根据法律来成立。由于行会体现了其成员的职业或经济活动的共同特点,所以行会被称之为**人合性质的社团法人**(PersonalKoerperschaft)(P. M. Huber, Allgemeines Verwaltungsrecht, S. 157 f.)。法律赋予行会广泛的自治权利,因此行会具有**规章制定权**(Satzungsgebung),通过规章来具体调整其组织结构以及会员法律关系,或者征收会费和使用费(Beitraege und Gebuehren)(Tettinger, Kammerrecht, S. 187 ff.; zur Beitragspflicht s. auch OVG Magdeburg, NVwZ-RR 2000, 676 f.)。作为公法社团法人,行会自其建立时起就具有**法律行为能力**,可以独立地承担权利和义务。同时,行会也是**以会员为基础建立**的社团法人。与乡镇的组织结构类似,行会也有一个经选举产生的**最高权力机构**负责决策,**一个执行机构**负责实施决定并对外代表行会实施法律行为。行会的公法组织形式以及承担的公法任务使其区别于私法组织形式的经济社团,后者仅仅维护其所代表的经济部门和行业的利益,虽然其有时也参与国家决策程序,但是从来不会被赋予国家管理职能,因为私法形式的经济社团只代表小群体的利益,而不是公共福祉,而且也不具有民主合法性基础。

行会组织的另一个特点是**行会成员的强制入会**(Zwangsmitgliedschaft)(例如,工商业行会法第2条第1款;工商业条例第90条第2款)。法律规定的这种强制入会是否侵犯了基本权利?通行观点认为,只有基本法第2条第1款规定的一般经济活动自由受到了侵犯。根据联邦宪法法院的观点,强制入会并没有侵犯基本法第12条规定的职业自由,因为加入行会是从事某职业的结果。同时,强制入会也没有触犯基本法第9条第1款规定的结社自由,因为该宪法条款只针对私人社团,而行会是公法社团。

例:加入工商协会的强制义务(BVerwG, NJW 1998, 3510 ff.; BVerfG, NVwZ 2002, 335 ff.)。

通过1992年的会费改革(BGBl. I 1993 S. 2133),工商协会的大部分企业会员都必须缴纳会费,这一改革引发了关于强制加入工商协会义务的激烈讨论。某工商协会的成员针对缴费通知提起诉讼,联邦行政法院在该案中重新确认了强制入会的合宪性(BVerwG, NJW 1998, 3510 ff.),并认为基本法第2条第1款规定的个性自由发展是适用于该案的正确审查标准。强制入会义务必须由符合宪法的普通法律来设定,并需要满足以下前提:公法社团法人的成立以及强制会员入会的要求都必须是为了完成合法的公共任务,而且符合比例原则。联邦行政法院认为工商协会法第1条明文规定了其合法公共任务,满足了该条件。个别协会的越权行为并不能否定法定任务的合法性。而且工商协会也不构成对私人社团(如经济社团)的竞争,因为后者的任务是维护个体利益。工商协会扮演的是介于国家和经济主体之间的中介角色,负有平衡二者利益的义务,而这两种利益有时与其成员自身的利益并不一致。但会员关系并不一定必须使会员享有直接的经济(财政)优势。原告针对联邦行政法院的判决又提起了宪法诉愿,联邦宪法法院维持了原判。

行会组织履行各种各样的职能(详见:Tettinger, Kammerrecht, S. 129 ff.)。首先,行会要促进成员的行业利益(利益代表),这充分体现了行会的自治特征。其次,行会还要支持行政机关和法院的工作,出具鉴定或指定鉴定专家或确认鉴定专家身份以及负责专家宣誓。这些职能又体现了行会的国家性质。另外,根据法律规定,行会还要负责对其成员提供咨询,这是国家赔偿法意义上的行使公共职务的行为,不正确的咨询将导致基本法第34条结合民法典第839条规定的行政赔偿(BGH, DVBl. 2001, 811 f.)。此外,行会还承担很多由法律规定的其他任务,所以要了解具体的任务就必须研究每个行会成立依据的法律,而且其他的法律也可能涉及行会的任务。正是由于行会任务的广泛性,所以在个案中很难判断行会所从事的某些行为是否属于其职能范围,由此产生了很多法律纠纷。在此,还要注意一个基本原则,即:赋予行会某些职能的法律并不排除授权行会在特定情形下实施侵害基本权利行为的可能,从这个意义上说,行会跟其他行政机关一样,实施侵害基本权利的行为必须有特别的法律授权。

例:工商协会根据国家制定的个体经营章程按照需求任命企业顾问时,无权排除某些人担任企业顾问。因为只根据行会自己的意见认为某些人不合适而不予任命,侵犯了受到不利影响的企业顾问的竞争自由权,工商协会的该侵权行为缺乏足够的法律授权依据(BVerwGE 89, 281 ff.)。

另一个与基本权利有关的问题是行会**越权**(Ueberschreitung des Aufgabenkreises)干涉其成员的权利。每一个越权行为除了侵害市场主体的其他基本权利外,还侵犯了被强制入会的会员享有的基本法第2条第1款规定的个性自由发展权利(BVerwG, NJW 1987, 337 f.)。因此,会员有权要求行会遵守其职权范围,并在其越权行使职权时提起诉讼。例如,行会一般无权发表**一般政治见解**(allgemein-politische Aeusserungen),但其却发表了这样的观点。对此,行会会员可以提起不作为之诉(BVerwG, NJW 1998, 3510/3512)。

例:某工商协会组织会员参加国际博览会并搭建共同的展台。但该项服务以前是由某会员有偿提供的,其因此对工商协会提起不作为之诉(VG Schleswig, GewArch. 1997, 144 f.)。石荷州行政法院虽然认为诉讼理由不成立,因为"组建共同的展台参展"是促进商业经济发展的行为,也属于工商协会法第1条第1、2款规定的工商协会的职权范围。即使工商协会法第1条赋权工商协会来定义什么是行会成员的整体利益,但是工商协会也无权行使其自我设想的职能。为维护公共利益所需要的职能是行会的职能界限,至于什么是公共利益则要由立法者决定。例如,如果行会参与投资私法公司经营机场就是不被允许的超越权限的行为(BayVGh, GewArch. 2000, 60 ff.)。但如果行会参与把军用机场改建为民用机场,这有助于商业经济利益,则应另当别论(BVerwG, DVBl. 2001, 139 ff.; Jahn, GewArch. 2001, 146 ff.; VGH Muenchen, GewArch. 2001, 235 f.)。

区别于职业行会(律师协会、税务师协会、审计师协会、药剂师协会、医生协会和建筑师协会)的**典型经济自治社团法人**(Selbstverwaltungs Koerperschaften der Wirtschaft)主要有:工商协会(Industrie-und Handelskammer)、**手工业协会**(Handwerkskammer)**和农业协会**(Landwirtschaftskammer),这些协会也由立法者在循环经济和垃圾处理法第18条第1款第1句作了明文规定。但是**外贸行业协会**(Auslandshandelskammer)却不属于自治社团法人,因为其是按照所在国法律成立的自由入会的私法社团组织。根据2001

年 1 月 1 日的统计数据，在联邦德国有 82 个工商协会，会员数为 2,606,907；55 个手工协会，会员约有6,882,000；还有 55 个农业协会，有会员182,000（资料来源：Statistisches Jahrbuch 2001）。

自治行政的**目的**在于转移行政任务（行政任务分散化），减轻国家行政主体的负担，同时使相关当事人自负其责地履行职责。所以，行会是介于国家和经济主体之间的理想的中介组织（Stober, Die Industrie-und Handelskammer als Mittler zwischen Staat und Wirtschaft, S. 113 ff.），其以民间自治组织的形式来完成维护公共利益的国家任务。

现在人们除了**讨论**强制入会**的问题**，也关注行会职能扩大的问题。例如，正在考虑以后由工商协会来负责工商业登记注册（Beschlußdeı Justizministerkonferenz, ZRP 1996, 26 f.）。此外，**职业种类的变化**也使行业组织随之发展变化。例如，大量的**小业主**使工商协会面临挑战：这个群体一方面交不起会费，另一方面指责传统的工商协会不能很好地保护其利益（范例见：VGH Muenchen, NVwZ-RR 1999, 23）。对很多批评意见，尤其是来自小业主的不满，立法者于 1999 年 1 月 1 日做出了回应，将很少规定免缴会费的 1992 年会费改革条款作了较大改动（BGBl. I 1998 S. 1887）。该新规定的核心内容构成了工商协会法第 3 条第 3 款，即：未在工商登记簿上注册的小业主在特定情况下可以免除缴纳会费的义务。根据该改革，反对强制入会的呼声再次高涨起来。不过，联邦议会以多数表决确认了强制加入行会的法定义务，同时改正了一些可能产生的经济上的不公正或困难。联邦宪法法院也在不久前重申了其一贯立场，并判定强制入会义务符合基本法（BVerfG, NVwZ 2002, 335 ff.; Jahn, JuS 2002, 434 ff.）。

参考文献：Erdmann, Wirtschaftliche Betaetigung von Wirtschaftskammern, DVBl. 1998, 13 ff.; Frotscher, Wirtschaftsverfassungs-und Wirtschaftsverwaltungsrecht, § 20; Jahn, Zur Reform des Rechts der Industrie-und Handelskammern ab 1. 1. 1999, GewArch. 1999, 356 ff.; Kluth, Funktionale Selbstverwaltung, 1997; Leisner, Die gesetzlichen Aufgaben der Industrie-und Handelskammern-Neue Entwicklungen zum Beteiligungsrect an Infrastrukturgesellschaften, BayVBl. 2001, 609 ff.; Loewer, Verfassungsrechtsdogmatische Grundprobleme der Pflichtmitgliedschaft in Industrie-und handelskammern, GewArch. 2000, 89 ff.; Stober, Die Industrie-und Hanelskammer als Mittler zwischen Staat und Wirtschaft, 1992; Tettinger, Kammerrecht, 1997.

二、手工业同业公会(Innungen)

手工业法领域的经济行政主体是**手工业同业公会**(Handwerksinnungen)(手工业条例第52条及以下条款),其是中世纪同业公会的直接继承者,起先是相同行业的手工业者自由组成的联合体,后来同业公会也承担一些国家任务(BVerwG, NVwZ-RR 2000, 778)。手工业同业公会历史上就具有双重地位,直到现在其法律地位还没有最终定论(BVerfGE 68, 193/206; BVerwG, NVwZ 1993, 675 ff.)。有人认为手工业同业公会为经济行政主体,属于国家公共领域,理由是:一方面手工业同业公会是公法上的社团法人(手工业条例第53条第1款),另一方面手工业条例第54条规定了其**履行的公共管理职能**,例如,有义务向行政机关出具鉴定和提供信息(手工业条例第54条第1款第2句第8项)。这些职能常常被视作工商协会履行公共职能的论据(BVerwG, NJW 1998, 3510/3511)。但同时,手工业同业公会又是手工业者自愿入会的社团,不同于手工业协会,没有公法上的强制入会义务。

在此还值得一提的是以私法法人形式成立的**州同业公会联合体**(Landesinnungsverbaende)(手工业条例第79条及以下条款),其是某州辖区内相同行业的手工业同业公会或专业上、经济上有密切联系的手工业行会组成的团体联合会(手工业条例第79条第1款第1句),其任务是维护手工业者的利益以及成员的经济和社会利益(手工业条例第81f条及以下条款),但其不承担国家公权力任务(VG Postdam, NVwZ 2002, 1396 f.)。

单个手工业同业公会的上级机构是**县手工业联合会**(Kreishandwerkerschaften)(手工业条例第86条及以下条款),其由市县的手工业同业公会联合组成,并负责代表其利益和履行相关职能。

三、联合会(Verbaende)

与经济行政主体**不同**,联合会是由企业、商业组织等组成的私法上的联合体,他们针对国家和公众**代表自己团体的利益**(Frotscher, Wirtschaftsverfassungs-und Wirtschaftsverwaltungsrecht, Rn. 418; Schmidt, Oeffentliches Wirtschaftsrecht-AT, S. 419)。

例:德国工业联合会(BDI);德国手工业联合总会(ZDH)。

联合会区别于经济行政主体的重要特征是,其**仅仅是团体的利益代表者**,不承担任何经济行政管理职能。因此,联合会的任务不是维护公共福祉,而是维护其成员的共同利益(VG Neustadt, GewArch. 1997, 23 ff.)。但并不能因此低估联合会的游说工作,游说活动常常是富有成效的,其对经济政策和经济行政都有一定的影响力。如果认为游说影响了国家机构形成独立的观点和意志,从而对其加以谴责,则是草率的。因为联合会通过其专家向国家机构传递了大量重要信息,而且作为对话伙伴有助于国家措施的实施和被接受(Stober, Allgemeines Wirtschaftsverwaltungsrecht, S. 424)。

第三节　私人参与经济行政

私法上的自然人和法人也会被委托承担经济行政任务。国家吸收私人参与履行经济行政职能的好处在于,可以分散行政集权、有效利用国家资源,私人可以针对具体情况有效地、更内行地采取行动。

一、被授权人(Beliehene)

国家可以把公共任务委托给私法上的自然人或法人,并把其吸收为负责该领域的国家组织机构,允许其从事功能性行政活动(funktionelle Verwaltungstaetigkeit)。这就是授权法律制度,即通过法律或根据法律把公权力委托给私法上的自然人或法人,获得授权的人可以以自己的名义完成公共任务(s. § 24 LVwG SH; Reidt, in: Jarass, Wirtschaftsverwaltungsrecht, § 6 Rn. 24 f.)。这样一来,私人组织就可以以公法的活动方式来实施被委托的公共行政任务。被授权人可以纳入公共行政主体的**间接国家行政**范围,并行使功能行政的权力。

例:官方指定的鉴定专家(工商条例第36条);负责机动车辆尾气排放检查的汽车维修部(OLG Schleswig, NJW 1996, 1218);根据循环经济和垃圾处理法第16条承担有害垃圾处理任务的私人;根据邮政法第33条第1款负责文件正式送达服务的特许经营者。

把被授权人纳入公共行政职能范围的后果是,其在**国家赔偿法上被作为国家机构**对待。例如,技术监督检测协会的专家在对需要检测的设备进行预测时,如果违背了其义务,则承担责任的不是雇佣其的技术监督协会,而是由授予其鉴定专家资格的州政府承担行政赔偿责任(BGHZ 122, 85 ff.)。对多步骤的行政程序来说,非常重要的一个问题是,上述行为可否被认为是许可程序的一部分(BGHZ 122, 85/92)。

随着历史发展以及“瘦身国家”的讨论和国家机关职能的缩减,授权制度也获得了新的发展。目前,人们正在考虑是否应该扩大授权制度的适用范围,而且这方面的讨论并不只局限于经济公法领域。在执行欧盟法规定时,授权制度常常可以为完成经济行政任务提供灵活的行为方式。

例:邮政法第 33 条;循环经济和垃圾处理法第 16 条第 2 款。器械安全法第 9 条规定的“指定机构”在某些情况下也可能被视为被授权人,例如,某些商品所贴的 CE 标志必须由指定机构批准和发放,则该指定机构即为被授权人(对此观点有争议,详见:Scheel, DVBl. 1999, 442 ff.)。有争论的是对警察权限的委托,例如授权保安公司负责停放在街道广场的车辆的安全秩序。此外,对传媒经营公司的归属问题也有争论(BayVGH, BayVBl. 2002, 82 ff. m. Anm. Bornemann)。

二、行政协助人(Verwaltungshelfer)

另一个参与完成公权力任务的私法主体是行政协助人。其行为直接归责于国家。但与被授权人的本质区别在于,行政协助人不是独立地完成公法任务,而是受到行政机关的委托并接受其指令,而且委托不需要通过法律或依据法律,因为行政协助人并**不是独立**地行使公权力(Peine, DOEV 1997, 353/357 f.)。正是因为委托行政协助人不需要法律依据,所以其能在**功能私有化**(funktionale Privatisierung)中发挥重要作用,理由在于这一制度具有私法组织形式和活动方式的优点,而履行公法任务的责任仍保留在公权力主体一方(Reidt, in: Jarass, Wirtschaftsverwaltungsrecht, § 6 Rn. 21)。

例：私法主体（私人的规划事务所、建筑师事务所）在行政程序中承担行政任务（参与建筑计划程序、参与设计和开发计划、寻找有害垃圾处理设施的安置场所）；德国长途公路规划和建设公司联合体（DEGES）。

三、服务于国家的私人（Indienstnahme）

私人参与完成国家任务的第三种方式是为国家提供服务，即吸收私法主体参与完成特定的公共任务或服务。一般来说，这种由私人提供的服务都是由法律规定的或通过法律授权的。

例：法律明文规定企业有义务替国家向雇员征收某些赋税；石油储备（石油储备法第3条第1款）；放射物保护的自我监督（放射物保护法第29a条）；产品责任和召回义务（循环经济和垃圾处理法第22条及以下条款）。

私人向国家提供服务与授权的区别在于，前者**不行使国家职能**（Stober, Allgemeines Wirtschaftsverwaltungsrecht, S. 326; a. A. Rudolf, in: Erichsen [Hrsg.], Allgemeines Verwaltungsrecht, § 52 Rn. 26: Fall der beleihung）。规定私人向国家提供服务的法律常常也涉及**从事职业的一些规定**，这些法律规定除了减轻国家经济行政管理的负担外，还加强了私人承担的自我经济责任，同时有助于建立国家和私人同时对环境负有责任的双重责任制度。所有的法律规定都必须确定私人享有的服务报销和补偿请求权，否则就不符合比例原则。

四、被委托人（Beauftragte）

企业的内部组织也可以维护国家利益。在有关的环境法律中规定了委托制度。被委托人是企业经营者的辅助机构，负责**特定的监督任务**，同时在**企业内部维护**法律所主张的利益，并使企业员工意识到相关问题的严重性。被委托人不行使任何国家职能，但受到企业的约束，完全是一个私法上的组织机构。

例：放射物质保护受托人（放射物质保护法第53条及以下条款）；故障

排除受托人(放射物质保护法第58a条);垃圾处理受托人(循环经济和垃圾处理法第54条及以下条款);水域保护受托人(水法第21a条及以下条款);数据保护受托人(联邦数据保护法第22条及以下条款)。

通过委托的方式,可以使经济监督的任务重新回归到社会,同时有利于创造一种关注立法目的的企业文化。

五、混合形式(Mischformen)

利用私人的专业知识和资本来完成国家任务产生了各种形式的国家和私人的合作模式,有可能是制度化的、固定的形式(有限责任公司、股份有限公司),也可能是纯粹的事实上的合作。当前的私有化浪潮和公共财政危机都产生了多种多样的公私合作形式,但其合法性不能一概而论,在某些具体个案中其合法性很值得质疑。人们常常使用**公私合作伙伴关系**(public private partnership)作为公私合作的总括概念。该概念不具有法律内涵,因为其仅仅描述了国家和私经济主体相互合作的事实。有时该概念还被作为混合经济企业的同义词使用。**混合经济企业**(gemischtwirtschaftliche Unternehmen)是指一个由国家和(至少一个)私法主体共同组成的私法组织形式的法律主体。为了清晰界定概念,混合经济企业只指国家占有多数股权的企业或者国家对制定企业政策具有绝对发言权的企业(详见:Schliesky, Oeffentliches Wettbewerbsrecht, S. 38 ff.)。如果国家只是占有企业的股份,但不能控制企业政策的走向,则该企业不是混合经济企业,而只是国家**参股**的企业。

参考文献: Bruening, Steht das alte Rechtsinstitut der Beleihung vor einer neuen Zukunft?, SaechsVBl. 1998, 201 ff.; Budaeus/Gruening, Verwaltungsreform und Public Private Partnership, Jahrbuch zur Staats-und Verwaltungswissenschaft, Bd. 9, 1996, S. 109 ff.; Jarass, Wirtschaftsverwaltungsrecht, § 6; Schmidt, Oeffentliches Wirtschaftsrecht-AT, § 9 IV; Stober, Allgemeines Wirtschaftsverwaltungsrecht, § 40; Tettinger, Die rechtliche Ausgestaltung von Public Private Partnership, DOEV 1996, 764 ff.; Weiß, Beteiligung Privater an der Wahrnehmung Oeffentlicher Aufgaben und staatliche Verantwortung, DVBl. 2002, 1167 ff.

第二章 经济公法的手段

第一节 正式的法律手段(Rechtsfoermliche Handlungsmittel)

一、(经济)行政行为([Wirtschafts]-Verwaltungsakte)

经济行政**最重要的手段**是行政行为(VA),由其来具体实施经济公法的目标。虽然国家机构越来越多地运用非正式的手段,但这并没有动摇行政行为的重要地位。

例:通过行政行为颁发的补助决定;根据工商条例第35条第1款作出的禁止决定;即使是新的法律部门也需要运用行政行为,例如:电信法第6条及以下条款规定的电信服务特许经营。

与普通行政法相比,经济公法中的行政行为基本上没有什么特别之处,所以,目前一些著作中对经济行政行为的分类(E. R. Huber, Wirtschaftsverwaltungsrecht I, S. 55 ff.; Stober, Allgemeines Wirtschaftsverwaltungsrecht, S. 290 ff.)实际上会对原有的行政法理论造成混乱。经济行政行为更多指的是在行政程序法中已经规定的行政行为手段,行政程序法对行政行为在经济公法中的适用提供了法律依据,而且根据法律保留原则如何使用行政行为必须由行政程序法来规定。例如,行政机关在进行**经济监督**时使用行政行为来禁止某种经济活动,或者运用法定许可义务来对经济活动进行事前监督。经济公法中行政行为的概念、生效条件和种类都适用**普通行政法的一般原则**。

例：经济公法中行政行为的范围很广泛，包括负担性行政行为、命令性行政行为（禁止决定、撤销补助决定和返还补助决定，如行政程序法第48、49、49a条的规定）、具有第三人效力的行政行为（补助决定、许可在原承运企业客运线路外再开辟一条新的交通线路，客运法第9条第1款第3项，第13条第2款第2项）以及调整私法行为的行政行为（例如，卡特尔协议或决定只有在卡特尔局颁布卡特尔解禁决定后才能生效），以上种种行政行为充分表现了经济行政法调整经济行为的特征。

行政行为在欧盟法中也得到了认可（详见：Kadelbach, Allgemeines Verwaltungsrecht unter europaeischem Einfluß, 1999, S. 325 ff., 348）。

一个经济项目，例如建立一家工厂，常常需要很多审批程序。而行政行为则可以替代其他审批程序，发挥**集中化**作用（Konzentrationswirkung），这样就可以加快审批，从而尽快将项目付诸实施。

例：计划确认决定所起的集中审批作用（行政程序法第75条第1款第1句，详见：Duerr, in: Knack [Hrsg.], Verwaltungsverfahrensgesetz）。这种集中化作用可以广泛运用，例如放射物质保护法第13条和基因技术法第22条第1款都对此作了规定。

在实践中很少存在没有任何限制的、完全满足申请的许可，也很少存在绝对的没有任何例外规定的驳回申请决定。行政机关常常使用**附加条件**（Nebenbestimmung）作为经济行政管理手段来灵活处理许可事务。很多经济公法规范都明文规定了附加条件。因为没有特别的法律规定，由行政程序法第36条来规定附加条件的适法性。值得注意的是，如果**不遵守附加条件**则会导致**整个行政行为的撤销**（根据行政程序法第49条第2款第1、2项或专门法律的规定）（vgl. BVerwG, NVwZ-RR 1994, 580）。而行政行为的撤销或撤回本身也是一个行政行为。

例：根据旅店餐饮业法第5条第1款的规定，行政机关可以为达到某些目的而随时在经营许可中附加某些条件。如果该附加条件没有得到遵照执行,根据旅店餐饮业法第 15 条第 3 款第 2 项的规定,则可以撤销经营许可。

参考文献:E. R. Huber, Wirtschaftsverwaltungsrecht I, § § 6 ff. ; P. M. Huber, Allgemeines Verwaltungsrecht, S. 169 ff. ; Stober, Allgemeines Wirtschaftsverwaltungsrecht, § 34; Tuennesen-Harmes, in: Jarass, Wirtschaftsverwaltungsrecht, § § 8, 9.

二、保证和承诺(Zusicherungen und Zusagen)

因为事实和法律问题非常复杂,所以从行政程序的启动到最后作出一个行政行为常常需要较长的时间。因此,从法律安定性和安全性的角度出发,公民和行政机关双方都希望在此之前能够达成某种具有一定法律约束力的协议。该愿望可以通过行政程序法第 38 条规定的**保证**(Zusicherung)得到满足。该条第 1 款第 1 句对承诺作了定义,即:主管机关做出承诺,将来作出或不作出某种行政行为。具有争议的是,承诺本身是否也是一个独立的行政行为(Henneke, in: Knack [Hrsg.], VwVfG, § 38 Rn. 21)。

例:保证竖立交通标志(BVerwGE 97, 323 ff.)。

保证的**上位概念是承诺**(Zusage),行政程序法第 38 条第 1 款第 1 句条文中使用了该词语。承诺是公权力针对被承诺人做出的具有法律约束力的自我约束义务,确保将来实施或不实施某种公法行为(Henneke, in: Knack [Hrsg.], VwVfG, § 38 Rn. 5)。自我约束的对象可能是单纯行政活动也可能是事实行为。承诺有助于澄清某种法律状态的不明确性,从而为企业投资决定创造重要的前提条件(计划的安全性)。

例:承诺给予补助(BVerwG, NJW 1979, 280 f.)。

需要注意的是,**专门法律可以规定排除**适用保证和承诺。

例:建设法第 2 条第 3 款禁止行政机关承诺将来制定建设规划和城市建设规章。

参考文献:Baumeister, Die Zusicherung-ein Muster ohne Bindungswert?, DOEV 1997, 229 ff. ;

Erichsen, Die Zusage, Jura 1991, 1991, 109 ff.

三、合同(Vertraege)

经济公法的任务也可以由经济行政机关借助合同的方式来完成。而且合同双方**取得共识的经济活动**(konsensuales Verwaltungshandeln)能够得到当事人更大程度的接受,行政活动因此更加灵活,也可以更快地做出决定。合同只要没有放松法律对行政行为的约束,基本上就不应当受到指责。

但必须区分**私法上的合同和公法上的合同**(privatrechtliche und Oeffentlich-rechtlicher Vertraege)。行政机关享有**活动方式选择自由**(Formenwahlfreiheit),据此,行政机关可以采取私法上的行为方式并订立私法合同(详见:Ehlers, Verwaltung in Privatrechtsform, S. 64 ff.)。例如,国家作为需求方签订私法合同进行公共采购。

公法合同(Oeffentlich-rechtlicher Vertrag)则是指**标的**(Vertragsgegenstand)为公法事务的合同。公法合同的具体适法性和界限由行政程序法第54条及以下条款规定。

例:乡镇可以在公法合同中规定,只要相对人采取了预防性的放射物质保护措施,作为合同的对价,其可以获得作为乡镇经济资助的财政支持(BVerwGE 84, 236 ff.)。

参考文献:P. M. Huber, Allgemeines Verwaltungsrecht, S. 220 ff.; Scherzberg, Grundfragen des verwaltungsrechtlichen Vertrages, JuS 1992, 205 ff.; Stober, Allgemeines Wirtschaftsverwaltungsrecht, § 36.

第二节 非正式活动手段

非正式活动手段(Informales Handlungsinstrumentarium)是经济公法的一种日益重要的活动方式,具体是指那些不能归纳到法定传统行为方式中的其他类型的活动方式。国家采取非正式的行为方式并不是新现象,但当前却越来越普遍,运用领域也越来越广泛。可以确定的是,很多年前行政行为就通过事实行为来执行。

例：通过行政机关工作人员实施的事实行为来关闭某商业场所，就是执行根据工商条例第35条第1款作出的禁止决定的事实行为。又如，警告和单纯行政行为在多年前的判决中就已经得到确认（vgl. BGH, NJW 1956, 711 f.; BGHZ 19, 299 ff.）。

非正式活动方式的**共同特点**以及其**区别**于法定形式的手段的特征在于，非正式活动方式**旨在达到某种事实后果**，但不追求直接的法律效果。不过，这并不是说，事实效果不具有**法律后果**。对该类活动方式的分类一直存有争议。本书作以下分类：

一、单纯行政活动（Schlichtes Verwaltungshandeln）

非正式活动方式的第一种类型是单纯行政活动，指行政机关**单方面**做出的针对公民的或者不针对任何人的行为。**事实行为**（Realakte）即可以归为此类。

例：乡镇建筑所的建筑工作；拉响火警警笛（BVerwGE 79, 254 ff.）。

国家机关发布信息的事实行为也日益发挥重要作用。国家基于其经济信息职能而发布信息的行为对公民（以及企业和消费者）有重要意义，同时也产生重要的法律后果。典型的表现形式是**警告**（Warnungen）、**建议**（Empfehlungen）**或者是商品检测**（Warentests）。

例：警告公民不要购买受到有害化学物质污染的葡萄酒；农业协会公布饲料产品检测结果（BVerwG, NJW 1996, 3161 f. = Ja 1997, 284 ff.）。

国家发布信息的行为得到了法律支持，如在一些联邦州颁布了"信息自由法"，在联邦一级有环境信息法（UIG），欧盟也将开始保障公民获取国家信息的知悉权。但从法律的角度来说，还应该进一步充分探讨国家或行政机关发布信息行为的民主合法性基础。

二、非正式协议（Informelle Absprachen）

非正式协议的特征是公民和行政机关之间或行政主体之间达成双方协

议,这种协议可能是为了执行法律规范,也可能是为了替代法律规范(详见P. M. Huber, Allgemeines Verwaltungsrecht, S. 239 f.)。

常见的可替代法律的协议是**经济自律义务**(Selbstverpflichtungen der Wirtschaft)。自律义务是一种合作手段,虽然没有法律约束力,但通常以法律规定作为威慑条件,有时甚至可以替代这些法律规定。这种协议产生的背景是,国家积极呼吁经济部门更多地自负其责,在其能够有效自律时就不再实行国家监管。这种自律协议意味着经济监管方式的转型,以法律规范为手段的传统国家经济监管被经济部门的自我管制(Selbstregulierung)替代。

例:对含酶洗衣粉做出明确标志的自愿协议;水泥工业放弃使用石棉的自律协议;不许在多个赌博器具上赌博的博彩业自我限制协议(BT-Drs. 11/6224, S. 12 ff.; dazu von Ebner, GewArch. 1990, 343 ff.)。

自律义务的优点在于,国家监管的目的可以较快地实现或者说只有通过这种方式才能实现。但这种自律也存在**风险**。例如,对私人企业来说,自律不同于法律的严格规定,如果某些企业宣布解除自律义务,就会导致法律的不安定性。这种法律的不安定性也会影响其他忠实遵守自律义务的企业的自由权利。此外,还有一个灰色地带,即:**经济联合体**(Wirtschaftsverbaende)有些偏离其本来地位而成为**完成公共任务的附庸机构**,因为经济联合体必须与成员协商要求其遵守自律协议并贯彻执行这些协议。**对国家来说**,自律协议也存在风险,因为有效的自律协议一般需要一个行使集权的协议伙伴,这会导致中央集权,而其恰恰与基本法上的联邦制度相违背。**欧盟委员会**也注意到了自律协议的这些风险,因此提出以下要求:为执行环境保护方面的欧盟条例而达成的协议具有法律上的约束力,而且这些协议必须满足关于透明性、可信性、可靠性的最低限度的要求(ABl. EG 1996 Nr. L 333/59)。

参考文献: Di Fabio, Selbstverpflichtungen der Wirtschaft-Grundzgaenger zwischen Freiheit und Zwang, JZ 1997, 969 ff.; Gusy, Verwaltung durch Information, NJW 2000, 977 ff.; P. M. Huber, Konsensvereinbarungen und Gesetzgebung, ZG 2002, 245 ff.; Ibler, Grundrechtseingriff und Gesetzesvorbehalt bei Warnungen durch Bundesorgane, in: FS Maurer, 2001, S. 145 ff.; Murswiek, Das

Bundesverfassunggericht und die Dogmatik mttelbarer Grundrechtseingriffe, NVwZ 2003, 1 ff.; Schoch, Staatliche Informationspolitik und Berufsfreiheit, DVBl. 1991, 667 ff.; Schulte, Schlichtes Verwaltungshandeln, 1995.

三、国家的经济活动(Wirtschaftliche Taetigkeit des Staates)

国家的经济活动是指国家**自己**或其下属机构作为**市场主体(供方)参与市场竞争**,特别是国家通过**公用企业**来从事经济活动(Ehlers, JZ 1990, 1089/1092)。国家经济活动是一个**集合概念**,它包括各种形式的经济活动,例如,通过广告来对有意向的购买商施加心理影响或具体的法律行为,如签订购买合同。这表明,该概念更多的是对事实现象的**描述**。国家行为一般具有的直接法律后果不适用于该概念,但是该概念所包括的具体行为方式却可能引起直接的法律后果。

不过立法者可以把“经济活动”作为国家机构享有权利和承担义务的一个连接点来运用。例如,北莱法州乡镇条例第 107 条第 1 款第 2 句规定,乡镇经营企业的经济活动是指乡镇作为商品或服务的生产者、供应商或分配者参与市场竞争,而这些服务都可以由私人以营利为目的提供。但是在该法律中没有提及国家经济行为的法律界限,但这一点却很重要,因为其可能影响到竞争者、顾客和其他人的权利。

参考文献: Badura, in: Schmidt-Aßmann (Hrsg.), Besonderes Verwaltungsrecht, 3. Abschn., Rn. 114 ff.; Gersdorf, Oeffentliche Unternehmen im Spannungsfeld zwischen Demokratie-und Wirtschaftlichkeitsprinzip, 2000; E. R. Huber, Wirtschaftsverwaltungsrecht I, § § 43 ff.; Schneider, Der Staat als Wirtschaftssubjekt und Steuerungsakteur, DVBl. 2000, 1250 ff.; Stober, Allgemeines Wirtschaftsverwaltungsrecht, § 24; Storr, Der Staat als Unternehmer, 2001, S. 6 ff.

[illegible]

三、国家的经济活动（Wirtschaftliche Tätigkeit des Staates）

[illegible]

[illegible]

[illegible]

第三篇　竞争公法

第一章
对竞争有重大影响的国家行为

第一节 概 念

如前所述，国家在行使经济行政管理职能时以各种各样的方式和手段插手经济生活。从竞争的角度来说，私有化和关于“瘦身国家”的讨论对限制国家经济行为无济于事，因为其只专注于国家行为的表现形式，而没有讨论**如何有效限制国家行为对经济的影响**。恰恰相反，私有化和“瘦身国家”为行政机关创造了更大的自由空间，行政部门常常利用这些自由裁量余地，钻空子摆脱法律的约束。行政机关充分利用其行为和组织自由权会最终导致**国家职能的改变**（Funktionsverschiebung），但这将违背基本法关于国家机关权限划分的基本制度。因此，有必要在此强调调控国家经济行为的有效法律机制。

要调控国家经济行为，首先应当**把竞争作为市场经济的制度机制**来看待。受到国家行为影响的个人基本权利（如基本法第 2 条第 1 款、第 12 条第 1 款以及第 14 条第 1 款）和经济宪法基本原则（比较欧共体条约第 4 条：确定自由竞争的开放市场经济作为基本原则）都要求国家既不能恣意妄为，也不能过度影响经济竞争。换言之，需要在法律上对影响竞争的国家行为设定一个行之有效的**行为界限**（verhaltensrechtliche Grenzen）。不仅要考虑到国家的特点和公共利益，同时也要充分顾及基本法所保护的私人竞争者的法律权益。要对国家影响竞争的行为设置一个有预见性的统一界限，首先需要对此类行为有一个统一的概括和归纳。所以，作为研究该问题的切入点和第一个共同的分类标准，可以先研究国家对经济竞争的各种影响，这对私人竞争主体非常重要。因为一方面,限制国家行为归根结底可以扩大私人竞争者的自由竞争空间。另一方面,从法律角度来看,竞争是私经济主体行使个体基本权利的总和,具体来说就是行使自由竞争权利的行为的总和。如果把竞争理解为个体自由的一个原则(Fezer, JZ 1990, 657/660),那么个体的竞争地位就具有举足轻重的作用。从基本权利具有的传统防御功能来考察竞争得出的结论是,国家必须尊重市场竞争对个体自由的影响。因此,判断哪些行为属于国家对市场竞争的影响就有了新的标准,这些影响竞争的行为包括所有由国家机关自己或者由其下属的行政主体或其他公权力机关(不论其行为方式和组织方式)做出的,可能影响市场主体权利的行为。以下称这类国家行为**对竞争有重大影响的国家行为**(wettbewerbsrelevante Staatstaetigkeit)。由此,考察经济公法的视角就从以前的只研究国家本身的单角度扩展到考察国家行为对相对人和市场经济的影响。从受到国家影响的相对人角度来考察问题可以判断国家行为的合法性,同时确立国家行为的统一界限,因为国家不允许过度侵害私人竞争者的权利。所以,对竞争有重大影响的国家行为包括所有实际存在的国家对经济的影响方式。该概念的优点是,可以借助"**对竞争有重大影响**"(Wettbewerbsingerenz)这个共同特点来考察各种不同的国家行为方式。从个体权利的角度来说,从该概念就可以说明,影响竞争的国家行为也会影响个体的基本权利。因为竞争是市场主体行使基本权利的结果。如果确定存在国家对竞争的影响,则市场主体的权利很可能也受到了影响,因为市场竞争同时也意味着行使基本权利的行为之间的竞争。

第二节 类　　型

可以把影响竞争的国家行为划分为不同的类型,但统一适用的限制国家行为的法律界限并不需要改变。这种类型划分其实只是用**来描述**国家竞争行为的不同表现形式。

一、直接竞争的情形(Unmittelbare Konkurrenzsituation)

这是国家影响市场竞争的第一种类型,是指行政主体通过自己的企业行为影响其他的经济主体。这是一种传统的国家竞争行为，行政主体和另一个企业在同一个市场中为争夺客户而竞争。根据参与竞争的主体不同，其又可以分为以下几种类型。

（一）两个行政主体之间的竞争（Konkurrenz zweier Verwaltungstraeger）

这种类型是指两个行政主体在同一个市场中展开竞争。

例：两个法定保险机构竞争新的投保人（BGHZ 108，284/287 ff.；BSGE 36，238/240；56，140/141）。

（二）行政主体和私人之间的竞争（Konkurrenz zwischen Verwaltungstraeger und Privatem）

这种情形是指一个行政主体或者一个公法组织形式的公用企业与一个私人企业进行竞争。

例：某乡镇和一个私人企业竞争房屋中介市场（BVerwG，NJW 1978，1539 f.）。AOK保险公司和某个眼镜生产商在向法定医疗保险者出售眼镜方面展开竞争（BGHZ 82，375 ff.）。

（三）私法组织形式的公用企业与私人之间的竞争（Wettbewerb zwischen einem Oeffentlichen Unternehmen in privatrechtlicher Organisationsform und einem Privaten）

在这种竞争中国家机构的法律和组织形式发生了变化，与私人竞争的是以私法组织形式出现的国家。

例：组织展览（BGH，MDR 1964，210）；运输企业（OLG Karlsruhe，BB 1976，101 f.）；房屋建筑（VGH Mannheim，NJW 1984，251 ff.；OVG Koblenz，GewArch. 1980，339 ff.）。

（四）顾客要求的国家不作为（Kunde begehrt Unterlassung）

这种类型完全是从另一个角度来考察国家竞争行为，即国家行为应当遵守的法律界限不是通过其与私人竞争者之间的关系来界定，而是由顾客或需求方来决定。换言之，公民不想被国家的竞争行为骚扰，所以国家将其竞争行为局限在一定的范围内。

例:加塞广告的投递行为(BVerwGE 82, 29 ff.);投递邮政储蓄卡的行为(LG Berlin, ArchivPT 1993, 80 f.)。

二、国家通过影响需求者来影响私人的竞争地位 (Beeinflussung der Wettbewerbstellung des Privaten durch staatliche einflussnahme auf den Nachfrager)

另一种经常出现的有关竞争的国家行为是:私经济主体并不是受到国家作为竞争者的影响,国家针对企业的(潜在)顾客实施行为从而间接影响私人企业的竞争地位。典型的例子是"国家发布信息"的行为。

例:发布对某种产品的警告(BVerwGE 87, 37 ff.; OLG Stuttgart, NJW 1990, 2690 ff.);公布商品检测结果(BVerwG, NJW 1996, 3161 ff.);乡镇推荐某些殡仪服务企业(BGH, NJW 1987, 62 f.);国家对眼镜制造商质量保证的批评(BGH, GRUR 1985, 1063 f.)。

三、国家通过对企业施加负担影响其竞争地位 (Beeinflussung der Wettbewerbstellung des Unternehmers durch staatliche belastende Maßnahme gegenueber diesem)

这种类型的影响竞争的国家行为是指国家直接针对企业采取的施加负担的行为,企业的竞争地位因此受到侵害。典型的例子是监督措施和职业行会根据行会规章采取的措施。

例:州药剂师协会要求某药店停止发放某种广告(OLG Stuttgart, WRP 1991, 531 ff.);违法取消许可证(vgl. BGH, NJW 2002, 2175 f.)。

四、国家对一个竞争者给予优惠措施而影响另一个竞争者(Beeinflussung der Wettbewerbsstellung des Unternehmers durch beguenstigende Maßnahme gegenueber einem Mitbewerber)

这种类型是指国家或其下属机构对两个竞争者中的一个给予优惠措施使其竞争地位得到改善,而使另一个竞争者的地位变得恶劣。典型的例子是给予其中一个竞争者**补助**(Subventionierung)。国家的**采购行为**(Nachfragetaetigkeit des Staates)也可以归为此类,因为得到公共采购合同的中标企业的竞争地位通过国家的发包行为得到了改善。

例:给予出版企业补助(OVG Berlin, DVBl. 1975, 905 ff.; OLG Frankfurt, NVwZ 1993, 706 f.);葡萄农合作社(BVerwGE 30, 191 ff.);延长商店营业时间的例外许可(BVerwGE 65, 167 ff.;同时请参见本书第四编第四章的相关内容);扩大火灾公共保险机构营业范围的国家许可(BVerwGE 17, 306 ff.)。

参考文献:Schliesky, Oeffentliches Wettbewerbsrecht, S. 94 ff.; ders., UEber Notwendigkeit und Gestalt eines Oeffentlichen Wettbewerbsrechts, DVBl. 1999, 78 ff.; Storr, Der Staat als Unternehmer, S. 411 ff.; Tsiliotis, Der verfassungsrechtliche Schutz der Wettbewerbsfreiheit und seine Einwirkungen auf die privatrechtlichen Beziehungen, 2000, S. 169 ff.

第二章
经济公法的体系

第一节 一 般 原 则

一、竞争理论基础

经济学目前正处于进退两难的境地，因为对什么是竞争的本质或者什么是正确的竞争政策和理论，人们一直没有达成共识（vgl. H. Berg, Wettbewerbspolitik, S. 245 ff.; Herdzina, Wettbewerbspolitik, S. 11 f.）。不过，人们一致认同，竞争是达到某些基本价值，如自由、富庶和公正的手段。对于自由来说，竞争是一种保障**相对自由**的制度，因为自由的范围是上述三个价值相互影响作用的结果（Herdzina, Wettbewerbspolitik, S. 13）。这就是说，某一个经济主体自由范围的扩大就意味着另一个市场竞争者自由范围的缩小。

例：一个企业占有的市场份额增加就等于其竞争者市场份额的减少，因为市场本身不会扩大。又如，国家**垄断**的形成就等于禁止其他经济主体在该领域行使经济活动自由和竞争自由的权利。

竞争被证明是**确保自由的手段**，但只能是**有效的竞争**（Herdzina, Wettbewerbspolitik, S. 33 ff.）才能保证自由，而且保证的是相对的自由。自由反过来又是市场经济竞争的出发点，并且最终从制度上来保证竞争。需要探讨的经济公法问题是，如何从个体权利和制度的角度保护竞争不受到不可容忍的国家行为的影响。

二、法 律 后 果

按照正确的主流观点,竞争需要法律对个体的保护和制度上的保护(H. Berg, Wettbewerbspolitik, S. 260; von Gamm, NJW 1980, 2489)。竞争对自由的保护功能首先体现于对个体的保护方。确保个体在竞争中的地位是最重要的保护标准,因为个体的行为决定了竞争能否持续存在。市场主体的竞争地位受到宪法的保护,例如,基本法第 12 条第 1 款、第 14 条第 1 款、第 2 条第 1 款所规定的基本权利。从法律角度来看,市场**竞争实际上是私人市场主体行使基本权利的竞争行为**,也是行使其竞争自由的行为。其他权利主体的竞争行为会使个体更加深入广泛地行使自己的基本权利。这种行使权利的竞争就成为**实现自由的最优手段**(Isensee, HStR V, § 115 Rn. 253)。最优化的竞争来自于最大限度地行使基本权利。但值得注意的是,最优化行使基本权利并不等于最大化地行使权利,因为后者意味着绝对的市场权力,这会反过来阻碍竞争者行使其基本权利。绝对的市场权力更多来自于国家行为。如果竞争政策暴露出了绝对市场权力的缺点,则国家可以以公共利益为由(例如出于保证竞争的目的)限制过分强大的竞争者的竞争自由和竞争地位。国家有义务维护公共利益,也就是说,国家负有义务来维持和**保证行使基本权利的前提条件**(Isensee, HStR V, § 115 Rn. 254)。在某些极端的情况下,例如,某私人竞争者的市场权力过于强大,或者其市场行为不符合竞争规则,则国家保障基本权利行使前提条件的义务会被强化为直接保护基本权利的义务。因为国家原则上要平等保护所有基本权利自由,所以该保护义务也应具有**中立性**,不得偏向任何一方。但如果国家采取有利于某些竞争者的干预措施,则是值得质疑的。竞争理论意义上的相对自由还需要通过法律来保障,这些法律是根据国家调控竞争的专有权力和保障竞争的职能以国家法律形式制定的。为保护基本权利意义上的个体的竞争地位,从个体和制度层面制定了很多细致的普通法律来保护竞争,例如,反限制竞争法。对竞争的制度保障来自对个体自由的完善保障(Scholz, in: Maunz/Duerig, GG, Art. 12 Rn. 79 f.)。

法律对竞争的保护首先表现在对个体的保护方面。职业自由和其他竞争自由都只有在竞争中才能实现(Isensee, HStR V, § 111 Rn. 98, § 115 Rn. 253)。**竞争是个体自由的一个基本原则**(Fezer, JZ 1990, 657/660),同时也是实现基本权利的重要手段。因为缺乏法律的明确性,得到保护的不是竞争制度,而首先是市场主体的竞争地位。个体得到完善保护后才能提升到对竞争制度的保护。对个体的保护集合在一起就可以使保护从个体性过渡到制度性。在此,国家的任务就是为基本权利行使行为创造基本条件。但是国家也只能努力提供竞争的基本条件,例如,根据特定的经济和竞争理论来制定相关法律规范,这些经济理论的目标通常是实现一个**最优化或最有效的竞争**。国家不可能保护具有固定内涵的"竞争"行为本身。

从**竞争对基本权的重要意义**来说,国家一方面要积极保护竞争,也就是说,必须排除危害竞争的行为;另一方面,从基本权利的传统防御功能来说,国家必须尊重竞争以及个体的竞争自由。因此,基本权利在保护竞争不受国家行为侵害的制度中也发挥保护竞争的作用,同时还可以提供目前竞争理论界所主张的防御措施(H. Berg, Wettbewerbspolitik, S. 298),这些措施能够有效抵御**国家限制竞争**的行为。从这个角度来说,**限制竞争就等同于侵犯竞争自由**(Herdzina, Wettbewerbspolitik, S. 83 f., 87)。国家虽然可以依据其自身享有的经济和竞争自由来限制竞争,如根据被合法化的公共利益目的及其重要性,国家自己参与市场竞争,或者阻止竞争,或者完全不允许存在竞争(P. M. Huber, Konkurensschutz im Verwaltungsrecht, S. 3)。决定国家是否从事竞争的行为的**标准**不是为了竞争行为本身,而是为了保护**市场主体在竞争中的基本权利**。

竞争需要法律形式的国家保护。对竞争的保护不单单指防止私人竞争者不正当地恣意破坏竞争,也要保护竞争不受到"竞争保护者"——国家的违法危害。立法者确定了保护竞争的法律制度,执行者是**行政机关**,其必须受到法律的约束,同时受到司法机关的监督。这就要求从宪法上保障竞争者的法律地位,因为国家对竞争的限制同时也就是对私人经济主体竞争自由的侵害。但使国家**受到竞争私法的约束**和调整并不是解决该问题的正确方法。从法律角度来说,国家和社会属于不同的领域,在竞争方面,国家和社会的行为动机存在根本差别。**私人经济主体**积极参与市场竞争的动机是追求**个体利益的最大化**,**而国家**只有出于**公共福祉**才能参与市场竞争。值得注意的是,国家有时为了完成某些特定的合法任务,可能或必须影响市场竞争,例如,市场管制措施,对特定竞争者进行经济资助或者自己亲自参与竞争。基本法并没有禁止国家从事上述活动,国家的此类行为有时还明确得到允许甚至鼓励。**国家竞争行为的合法性**目前也毋庸置疑。但是,由于国家参与竞争的不同目的,对其不能适用针对私经济主体的行为规范。所以更需要**竞争公法**来设定**国家的行为界限**,该界限应当使国家"维护公共福祉"和"保护私经济主体的竞争自由"的两大任务处于平衡状态,而不是过度偏向于任何一方。因此,**竞争公法**就是所有单方面给国家赋予权利,施加义务,或对其组织结构进行规范的法律的总和,这些法律规范对国家的经济行为设定行为标准,但同时也可能侵犯私经济主体的竞争自由。

参考文献:Beater, Unlauterer Wettbewerb, 2002, § 2; H. Berg, Wettbewerbspolitik, in: Bender u. a. (Hrsg.), Vahlens Kompendium der Wirtschaftstheorie und Wirtschaftspolitik, Band 2, S. 239 ff.; Bunte, Kartelrecht, 2003, § 1; Herdzina, Wettbewerbspolitik, S. 7 ff., 82 ff., Hoesch, Grundlagen des Wettbewerbsrechts, S. 15 ff.; Tsiliotis, Der verfassungsrechtliche Schutz der Wettbewerbsfreiheit und seine Einwirkungen auf die privatrechtlichen Beziehungen, S. 59 ff.

第二节　国家从事竞争性行为的权限 (Befugnisse zu wettbewerbsrelevanter Staatstaetigkeit)

如前所述,竞争法的初衷是保护个体的自由权利,最后才将竞争作为一种制度来保护。但必须注意,私经济主体的竞争行为和国家的竞争性行为之间存在**本质差别**。私人的竞争行为是行使基本权利的竞争性行为,而国家并不能依据受到基本权利保护的竞争自由来从事竞争性行为,相反却会在从事竞争活动时侵犯私经济主体的竞争自由(Kluth, in: Stober/Vogel [Hrsg.], Wirtschaftliche Betaetigung der Oeffentlichen Hand, S. 23/27 f.)。因为国家的竞争行为仍然是一种**国家行为或行政活动**,所以仍旧要遵守相关的针对国家行为的要求。因此,国家机构从事竞争行为必须首先具有合法依据。这一要求的理由很简单,即国家本身不是终极目标,国家行为不能只追求其自己的目标。在宪政国家,国家机构的职能是实现特定的国家目标，这些国家目标使国家机构授权具有合法性。国家权力最基本的、预先合宪的正当性来自于**公共福祉**（Isensee，in：HStR Ⅲ，§ 57 Rn 1 f.，134）。而且只有某国家行为体现某种公共利益时，该公共福祉才会得到保障。因此，要求每一个国家行为都是为了某种公共利益而实施的（至少是间接为了某种公共利益），该公共利益使国家的竞争性行为具有了合法性。如果**国家**的竞争行为不能被证明具有公益目的，则其不被允许，已经实施的则必须停止。例如**私有化的义务**就属于这种情况。如果行政主体只是单纯为了**赢利**而从事竞争行为，则不具有公益目的。

例：乡镇所属的企业向私人提供园林服务就是单纯的赢利行为，而不是为了公益目的（LG Offenburg，GewArch. 2000，151/152）。

所以，国家行使竞争性行为首先需要有关**管辖权限或职责的法律规定**，由这些法律来规定行政主体具有哪些权限来实现公共利益或公益目的（allgemein Ipsen，Allgemeines Verwaltungsrecht，Rn. 235）。首先，基本法中有**个别的条款允许国家从事竞争行为**，如基本法第28条第2款、第87条、第87a条、第87e条、第88条、第91a条、第109条第2款、第135条。其次，基本法中的其他条款虽然没有涉及具体的经济宪法内容，但也可能使国家竞争行为合法化。

例：从基本法第20a条导出的环境保护原则使行政机关负有义务保护自然生存基础，该义务作为公益目的可以成为乡镇从事经济活动的充足的理由，例如，乡镇所属的市政公用事业公司可据此对转换使用天然气的用户发放补贴作为奖励（vgl. BGH，ZIP 1998，1416/1420）。又如，基本法第87f条第2款第2句也明确规定，继承德国联邦邮政的企业，只要还是公用企业，则其在邮政和电讯方面的经济行为就是合法的。

公共利益和相应的职能授权规定可以**使国家行为具有合法性**，但并**不必然使侵犯公民权利的国家行为获得合法性**。这就意味着，与国家竞争行为紧密相连的侵犯基本权利的行为需要法律的授权才能获得合法性（Selmer，in：Stober/Vogel［Hrsg.］，Wirtschaftliche Betaetigung der Oeffentlichen Hand, S. 75/83)。具体而言,在普通法上存在大量的规定授权国家从事竞争行为。在此值得一提的是针对乡镇自己从事经济活动的乡镇经济法规(Synopse bei Schliesky, Oeffentliches Wettbewerbsrecht, Anhang II, S. 495 ff.)。对以国家警告形式出现的国家竞争行为也有具体的授权法律规定,例如药品法第69条第1款第3句和第4款的规定或者产品安全法第8条的规定。

例:如果某乡镇或其机构在乡镇经济法规设定的范围内从事竞争活动,则其侵犯私人竞争者自由的行为具有合法性。

总而言之,经济公法考察国家竞争行为的第一步是审查国家机关是否具有从事竞争行为的权限。如果某具体的国家行为都得到具体**公益目的**的充分支持,则该行为具有合法性。对缺乏公益目的的国家竞争行为则不必再进行进一步审查即可认定为不合法。如果法律提及公益目的,则要进一步审查,该法律是给国家机构划分职能还是授予职权,如果是后者,则国家据此而侵犯私经济主体竞争地位的行为也具有正当合法性。值得注意的是,运用公益目的来审查国家竞争行为时,只有少数国家行为不能通过审查,因为大部分国家行为一般都**至少具有间接的公益目的**,这就可以使该竞争行为具有合法性。

参考文献: Ehlers, Die Zulaessigkeit einer erwerbswirtschaftlichen Betaetigung der Oeffentlichen Hand, Jura 1999, 212 ff.; ders, Gutachten E fuer den 64. DJT, 2002; Hidien, Gemeindliche Betaetigungen rein erwerbswirtschaftlicher Art und "Oeffentlicher Zweck" kommunaler wirtschaftlicher Unternehmen, 1981; Hoesch, Der oeffentliche Zweck als Voraussetzung kommunaler Wirtschaftstaetigkeit, GewArch. 2000, 1 ff.; Kluth, ffentlich-rechtliche Zulaessigkeit gewinnorientierter staatlicher und kommunaler Taetigkeit, in: Stober/Vogel (Hrsg.), Wirtschaftliche Betaetigung der Oeffentlichen Hand, 2000, S. 23 ff.

第三节 国家竞争行为的界限

对国家竞争行为的行为规则和竞争公法体系来说,有两大重要**支柱:**其一为竞争行为的法律授权依据;其二为国家进入市场必须遵守的界限。该界限可能来自其他竞争者或市场主体的(**主观**)**法律权益要求**,也可能是立法者出于**制度政策的考虑而设定的客观公法上的界限**。国家从事竞争性行为时必须遵守的法律规范的总和就构成了**竞争公法**(Oeffentliches Wettbewerbsrecht)。

一、基本权利

基本权利作为**主观防御权**(subjektive Abwehrrechte)为从事竞争行为的国家设定了最高级别的行为界限。人们认为,基本权利**适用于每一种国家行为**,根据基本法第1条第3款,国家行为如果不是立法行为和司法行为,则为行政行为或执行行为,但不论何种行为都要受到基本权利的约束,所以国家的竞争行为也不能例外。该观点得到了广泛认同(Ehlers, Verwaltung in Privatrechtsform, S. 217 f.; P. M. Huber, Konkurrenzschutz im Verwaltungsrecht, S. 115)。同时,必须反驳所有对基本权利约束的担忧,例如认为基本权利约束是"绝对的法律保留",会使国家陷入瘫痪,或者会使国家完全不能参与竞争。实际上,基本权利的约束并没有排除确定权利保护的范围,也没有免除审查国家侵权行为以及对侵权行为可能的合法化。因为只有基本权利受到了实际的侵害后,其才能作为限制国家竞争行为的具体界限。

司法机关,尤其是行政法院对上述认识持犹豫态度,所以至今还没有产生普遍有效的判例规则,对相关案件主要采取个案判决的方式。

对限制国家竞争行为有重要作用的是基本法第12条第1款、基本法第14条第1款第1句以及基本法第2条第1款。通说认为**基本法第12条第1款**保护竞争自由(BVerfGE 82, 209/223 f.; BVerwGE 89, 281/283)。职业自由作为竞争自由的一种表现形式,具体体现了个人成就以及个人在生存保障方面的发展自由。职业自由是经济领域自由竞争的起始条件,同时也体现了经济领域的人格权。(私人)经济主体的市场行为属于其从业行为的一部分,因此也受到基本法第12条第1款第1句的保护。职业自由因此也补充了基本法第12条第1款第1句规定的**企业家的自由**,即保证企业家有权建立和领导企业(BVerfGE 50, 290/363)。竞争自由也补充保证企业以营利为目的的自由行为,所以,**企业家在竞争中的行为**被作为企业行为的组成部分而得到保护。

竞争自由是指**参与竞争的自由**和**竞争中的自由**。也即，竞争自由保障企业进入市场和在市场中竞争的自由，同时也保障企业的竞争地位。竞争地位是指企业在某一确定市场中的地位和占有的市场份额。但不保护赢利的希望或预期，只有可实现的具体的赢利机会才受到保护（Di Fabio，JZ 1993，689/694）。

以上关于基本法第 12 条的认识可以**使德国法对竞争自由的保护程度与欧盟法保持协调**，因为欧洲法院在决定竞争者是否有权对不公正补助提起诉讼时，考虑的因素主要是：得到补助者的竞争地位和未得到补助者的竞争地位是否因此受到影响（EuGH，Slg. 1986，391/451 f.；EuGH，DVBl. 2001，270/271）。关于基本法保护竞争自由的其他细节问题在此不再详述，请参见本书经济宪法部分的论述。

例：联邦行政法院在关于农业协会发布产品检测结果一案的判决中（BVerwG，NJW 1996，3161 f. = JA 1997，284 ff.：Veroeffentlichung von Warentests durch eine Landwirtschaftskammer）认定，基本法第 12 条第 1 款保护企业以营利为目的的自由行为。在现有的经济制度框架下，企业家的竞争行为属于企业行为的组成部分。联邦行政法院还认为，发布产品检测结果的单纯行政活动也会侵犯基本法第 12 条第 1 款所保护的竞争自由。如果要使该侵权行为合法化，则必须有充分的法律依据，该法律不是普通的划定权限的法律，而是出于公益目的限定行政机关行为的法律。

参考文献：Ehlers，Verwaltung in Privatrechtsform，1984，S. 100 ff.，212 ff.；Erichsen/Ebber，Die Grundrechtsbindung des privatrechtlich handelnden Staates，Jura 1999，373 ff.；P. M. Huber，Konkurrenzschutz im Verwaltungsrecht，1991，S. 173 ff.，358 ff.；Moestl，Grundrechtsbindung Oeffentlicher Wirtschaftstaetigkeit，1999，S. 39 ff.；Selmer，Wirtschaftliche Betaetigung der Oeffentlichen Hand und Unternehmergrundrechte，in：Stober/Vogel（Hrsg.），Wirtschaftliche Betaetigung der Oeffentlichen Hand，2000，S. 75 ff.；Tsiliotis，Der verfassungsrechtliche Schutz der Wettbewerbsfreiheit und seine Einwirkungen auf die privatrechtlichen Beziehungen，2000，S. 169 ff.；Weiß，Oeffentliche Monopole，kommunaler Anschluß- und Benutzungszwang und Art. 12 GG，VerwArch 90（1999），415 ff.；Wieland，Konkurrentenschutz in der neueren Rechtssprechung zum Wirtschaftsverwaltungsrecht，Die Verwaltung 1999，217 ff.

二、反不正当竞争法(UWG)

(一)问题的提出

长期以来人们一直在争论:反不正当竞争法,尤其是该法第1条是否为**国家竞争行为设定了行为界限**。通过进一步思考可以发现,该问题实际包括了**几个不同的问题**。首先涉及的是反不正当竞争法的**一般适用性**,如果适用性得到了肯定,则还涉及反不正当竞争法作为竞争公法组成部分的**法律性质**的问题。随后还要考虑可以在多大程度上修正反不正当竞争行为的构成要件。最后要回答的问题是,以反不正当竞争法作为行为规则所产生的法律纠纷应该如何解决(详见:Schuenemann, in: Stober/Vogel [Hrsg.], Wirtschaftliche Betaetigung der Oeffentlichen Hand, S. 41/46 ff.; Schliesky, Oeffentliches Wettbewerbsrecht, S. 278 ff.)。

如果国家介入市场,则应当被当做竞争者(当其自主从事经济活动时)或者至少与其他市场主体一样对待。因此,国家竞争行为就应当受到市场行为规则的约束,首当其冲的就是反不正当竞争法。反不正当竞争法的**适用性得到绝大多数人的肯定**,虽然理由不尽相同。理由不同,法律救济途径也就不同,关键问题是如何选择正确的法律救济途径。对解决该问题起决定作用的是公、私法二分论、方法论基础以及竞争理论,竞争理论通常体现了**对公共利益的不同考量**。在此无需对上述问题进行深入讨论就可以肯定反不正当竞争法具有普遍适用性,因为**反不正当竞争法是针对市场主体或市场影响者参与竞争而设定的市场行为规则**。因为市场主体可以根据反不正当竞争法第1条主张国家不作为来制止某些国家行为,所以必须**恰当考虑**国家行为的特殊性,尤其是国家行为所追求的公共目的。在审查是否构成不正当竞争行为时应当考虑到**国家行为的特殊性**,而且应当以反不正当竞争法第1条为标准在个案中对具体问题进行具体分析。

例:如果某乡镇在出售新开发区的一块土地时附加一项义务,要求该土地的热能供应必须由乡镇所属的热能电厂提供,乡镇的这一行为则要受到反不正当竞争法第1条和反限制竞争法第19条、第20条的审查,在此要考虑到国家机构的特殊性(BGH, WRP 2002, 1426 ff.)。

(二)反不正当竞争法第1条

根据反不正当竞争法第1条,商业交往中的竞争行为如果违反了公序良俗,则可能被要求**不作为**或赔偿损失。在审查不正当竞争的构成要件时,要注意对**国家竞争行为提出的一些特殊要求**。

在审查商业行为的目的时要注意其是否具有公益性,因为**公益目的**(Oeffentlicher Zweck)能够使商业行为获得合法性,例如能够使国家像私人一样从事某些追求利益最大化的经济活动。根据对反不正当竞争法第1条所指的"商业目的"的通常定义,被审查的商业行为目的还包括另一种目的,尤其是指国家在实施补助、推荐或警告等行为时暗含的商业动机。

竞争行为的构成要件除了要求客观存在竞争行为外,还有主观方面的要求,即"**出于竞争的目的**"(zu Zwecken des Wettbwerbs),也就是说具有**竞争意图**(Wettbewerbsabsicht)。这一构成要件基本上也可以适用于国家竞争行为,即使人们认为国家不像私人那样追逐利益最大化(国家由于负有维护公共利益的义务而不允许这样做)。虽然国家一般没有像追求利益的私人一样的竞争意图,但是竞争意图并不要求以营利为目的,只要具有竞争的动机即可满足该构成要件。所以,在国家竞争行为中确定"出于竞争的目的"通常并不困难。同理可以确认国家推荐行为也具有竞争目的。

例:根据小业主的要求,工商协会为其任命一个自认为合适的顾问(BVerwGE 89, 281 ff.),这就是一个需要接受反不正当竞争法审查的竞争行为。因为该行为客观上使受到任命的人得到赚钱机会,而其他人则没有这样的机会,除此之外,该行为还存在竞争意图,即:工商协会意欲帮助被任命的顾问而故意不垂青其他顾问,因为工商协会主观上就想阻止他认为不合适的人选得到顾问委托。与此不同的是**国家的警告行为**,例如在警告国民不要使用含有有害物质的葡萄酒案件中(BVerwGE 87, 37 ff.),虽然国家客观上有竞争性行为,但主观上并没有帮助那些未受到警告的生产商的意图。

对主张市场行为法中的不作为请求权来说,至关重要的是确认竞争行为**违反了"公序良俗"**(Verstoßes gegen die guten Sitten)。"公序良俗"是一个**不确定法律概念**,必须对其进行法律解释,因此引发了很多争论。在此由于篇幅所限不做深入探讨。在竞争公法中要确立以下认识：对受到合法性原则约束的行政活动来说，违反公序良俗是一种**特别形式的违法行为**。反不正当竞争法作为市场行为法要贯彻很多立法保护目的（保护竞争参与者的利益、维持高效竞争、保护消费者），而这些目的又包含了不同的有时甚至相互背离的利益，所以如果不进行利益衡量就无法解决该问题。如果在保护目的中选取利益保护为例，则毫无疑问，**竞争者的竞争自由**应当得到优先保护。如果竞争自由是保护目的，则严重侵害竞争者的市场地位及其自由的行为就是违反公序良俗的行为。但是，市场主体对竞争者市场地位的一般性侵犯是典型的竞争行为，这种轻度侵害符合竞争的本质（Otting, DVBl. 1997, 1258/1260）。如果因为认定某行为违反公序良俗就会导致该领域的市场竞争不复存在，那么就不能轻易作出这种定论，而必须首先**综合考量各种复杂要素**（VGH Mannheim, DOEV 1995, 120/121）再作结论。也就是说，要进行**利益衡量**，尤其是要衡量基本权利所涉及的法益。因为私人间的基本权利原则上是同等重要的，如果两个私人企业的竞争自由相互冲突，则其法益难分轻重。此时，需要通过审查基本权利的**间接第三人效力来**审查竞争行为是否违反公序良俗。当国家机构参与竞争，公共利益与私人竞争自由相对立时，在利益衡量中要**考虑到**国家竞争行为所追求的**公共利益**。但是，因为每一个竞争行为都会侵害其他竞争者的利益，所以违反"公序良俗"的界限不能限定在自由竞争带来的一般不利后果，而是指影响竞争的措施达到了无法忍受的程度。支持该论点的依据是不正当竞争法的立法目的——"维护高效竞争"。国家对竞争的修正措施必须接受公序良俗的审查，而且要综合考虑国家采取措施的内容、目的和动机。综上所述，违反公序良俗是一种**特殊的违法竞争行为**（wettbewerbsspezifische Rechtswidrigkeit），其违法性通过**衡量**国家追求的**公共利益**和**私人的竞争自由**而得到确定。反不正当竞争法第 1 条罗列了所有**典型的不正当竞争行为**，这些典型表现形式有助于判断某竞争行为是否违法，同时可作为利益衡量的参照标准（Baumbach/Hefermehl, UWG, § 1 Rn. 5 ff.），但同时不能忽略从整体上考虑各种复杂要素。这些典型的不正当竞争行为基本上可以用来判断所有国家竞争性行为的合法性（详见：Schliesky, Oeffentliches Wettbewerbsrecht, S. 352 ff.）。

例:“滥用公权力”即为符合“违反公序良俗”定义的一个典型表现形式。例如,某个国家疗养行政管理机关在回答公民咨询时优先推荐国有宾馆。这种推荐行为违背了咨询人认为国家机关应当客观中立的想法,滥用了其对国家机关的信赖,构成反不正当竞争法第 1 条所指的不正当竞争行为,而且没有正当的公共利益目的(BGHZ 19, 299/304 ff.)。

(三)反不正当竞争法和基本权利的关系

还需要解释的问题是,**基本权利和普通法上的行为规则**在竞争公法中**的关系**,该问题对于如何正确分析考题并作答非常重要。有少数人认为,基本权利的保护优先和独立于普通法上的竞争法,因为两者具有不同的保护目的(Selmer, in: Stober/Vogel [Hrsg.], Wirtschaftliche Betaetigung der Oeffentlichen Hand, S. 75/99; Tettinger, NJW 1998, 3473/3474)。这种观点的依据是基本法在法律位阶方面具有优先性(宪法的优先适用性),同时该观点还具有实际意义,其可以纠正在实践中行政法院,尤其是民事法院常常忽视宪法价值的做法。

从**保护法规理论**(Schutznormlehre)的角度来说(P. M. Huber, Konkurrenzschutz im Verwaltungsrecht, S. 107 ff.),基本权利和反不正当竞争法作为竞争行为规则处于并列的地位。基本权利代表主观上的防御权和不作为请求权,与其并存的是普通法上规定的其他的主观权利。不过,**普通法得到优先适用**(BVerwGE 89, 69/78; Wahl, DVBl. 1996, 641/650)。只有**不存在相应的普通法规定**,或者普通法**不能适用**,或者普通法规定的构成要件无法满足时,才把基本权利作为竞争行为规则直接适用。如果已经适用了普通法上的行为规则,则不能再根据基本权利来行使其他的请求权。

参考文献:Ehlers, Gutachten E fuer den 64. DJT, 2002; Otting, Neues Steuerungsmodell und rechtliche Betaetigungsspielraeume der Kommunen, S. 220 ff.; Schuenemann, Wettbewerbsrechtliche Zulaessigkeit wirtschaftlicher Taetigkeit der Oeffentlichen Hand, in: Stober/Vogel (Hrsg.), Wirtschaftliche Betaetigung der Oeffentlichen Hand, 2000, S. 41 ff.; Schliesky, Oeffentliches Wettbewerbsrecht, S. 278 ff.; Wolf, Anstalt des Oeffentlichen Recht als Wettbewerbsunternehmen, 2002, S. 293 ff.

三、对乡镇从事经济活动的有关规定

在地方自治法中规定了乡镇从事国家竞争活动的行为界限(Cronauge, Kommunale Unternehmen, Rn. 439 ff.; Schmidt-Jortzig, Kommunalrecht, Rn. 686 ff.)。首先乡镇的经济法规设定了乡镇**经济活动**(Wirtschaftliche Betaetigung)的界限。同时,这些法律规定了国家经济活动应该遵守的前提条件,是国家经济活动的**普通法依据**。除了重申公益目的作为经济活动的前提外,此类法规还包括了**其他限制性前提条件**。很多联邦州都规定了类似的前提条件,但这种相似性并不是巧合,而是**有其共同的历史渊源,即1935年的德国乡镇条例第67条第1款**的规定。虽然有明确的乡镇活动的行为界限,但是如何解释这些法规却引发了不同的争论,这里只提一笔,但不做详述。同时还要指出,像其他经济公法一样,乡镇经济法也处于**变革**之中。主要表现为:目前各州立法者都倾向于放松法律对乡镇经济活动的约束,以便乡镇(和县)有收入来源来缓解财政困难。但日益增多的乡镇经济活动对私人造成的竞争压力也与日俱增,这一点常常被人们忽视。

例:立法者对公益目的作出特定的定义(§ 107 Abs. 1 Nr. 3 GO NW)或者为某些经济活动制造"非经济活动"的幌子(z. B. § 107 Abs. 2 GO NW; § 101 Abs. 4 GO SH),把乡镇所属企业的营业范围扩大到乡镇辖区以外(z. B. § 107 Abs. 3 GO NW; § 101 Abs. 2 GO SH),甚或超出国界(z. B. § 101 Abs. 3 GO SH),立法者还仿照公法机构的形式创造了乡镇经济活动的一种新的组织形式,即**乡镇所属企业**(z. B. Art. 89 ff. BayGO; § 106a GO SH; dazu Wolf, Anstalt des Oeffentlichen Rechts als Wettbewerbsunternehmen, S. 48 ff.)。

国家从事竞争性经济活动必须具备的前提条件——公益目的,也是乡镇经济活动的第一个要件(Hoesch, GewArch. 2000, 1 ff.)。该公益目的虽然符合宪法的要求,但由于乡镇**只享有在本辖区内**完成公共任务的**有限权能**,所以该公益目的也可能**只是为了维护乡镇的利益**。

例:为居民供电是实现"生存照顾"任务的一种行为,因而具有公益目的，该任务可由乡镇所属企业承担。但是，如果该企业在供电范围和质量上都依赖于一个私人电站，那么就不存在公益目的了（LG Muenchen, GewArch. 1999, 413 ff.）。又如：乡镇所属企业以赢利为目的并利用其所拥有的乡镇行政资源来提供园林服务则不具有充分的公益目的（LG Offenburg, GewArch. 2000, 151/152）。

与公益目的相关的一个争论是，公益目的是否也包含了对乡镇经济活动进行**地域限制**的“地域性原则”（Oebbecke, ZHR 164［2000］, 375/381 ff.; Schliesky, Die Gemeinde SH 2001, 302 ff.）或者说，是否允许乡镇的经济活动超越乡镇的界限（Moraing, WiVerw. 1998, 233/245 f.）。引发该问题的背景是乡镇通过其所有的电话公司在**电信领域**内积极开展活动（Mueller, DVBl. 1998, 1256 ff.; Puender, DVBl. 1997, 1353 ff.）。许多市镇都不愿意错过电信领域打破垄断，引入竞争的绝好机会，尤其是很多市镇正急于开发新的财源，以解决入不敷出的财政危机（Henneke, Der Landkreis 1999, 226 ff.）。这样一来，乡镇经济法就被推到了浪尖，改革的压力促使个别联邦州修改了乡镇经济法（z. B. Art. 87 GO Bay; § 107 Abs. 1 GO NW; § 101 GO SH; vgl. Cronauge, AfK 1999, 24 ff.; Ehlers, NWVBl. 2000, 1 ff.; Held, WiVerW. 1998, 264 ff.）。**基本法第 28 条第 2 款第 1 句**所规定的**乡镇联合的权限**（“处理地方事务的权限”）并不能通过州法而突破，从基本法第 87f 条也不能推出乡镇可以从事电信事业的结论。但不论如何，对每一种形式的国家行为，不论具体组织形式或活动方式如何，国家权力主体都只允许**在权限范围内活动（包括地域权限范围）**，所以，乡镇也必须在其联合权限范围内从事经济活动。因此，某些立法者的“立法战略”——在乡镇经济法规中允许乡镇从事超越乡镇辖区，有时甚至是超越国境的经济活动，从宪法上来说，是很值得质疑的（Gern, NJW 2002, 2593 ff.）。

例：乡镇所属的公用事业公司与另一个外国能源企业合作，在世界范围内从事经济活动——营业范围包括安全技术、电力设施、供暖设备（空调）、卫生技术和电梯（运载技术）等，通通都不具有公益目的，因而超越了乡镇联合的权限，是乡镇经济法所不允许的经济行为。

乡镇经济法规是否规定了**私人竞争者请求乡镇不作为的主观权利**，这是一个老问题但又重新获得高度关注。回答该问题的切入点是法律规定的构成要件(z. B. § 101 Abs. 1 Nr. 3 GO SH)，有时也被称之为"辅助条款"。该条款对乡镇经济活动的适法性附加了一个前提条件——只有以其他方式不能更好地更经济地实现乡镇的公益目的，才允许乡镇从事经济活动以实现公益目的。从这一条款或其他近似的表述可以得出有利于私人竞争者的保护第三人的观点，即：确定私人竞争者享有主观权利和享有可诉性的防御权(P. M. Huber, in: Stober [Hrsg.], Rechtsschutz, S. 61)。但认为乡镇经济法具有保护第三人效力的观点并没有得到大多数人的认同。因为限制乡镇从事经济活动的首要目的在于，通过阻止乡镇过度从事经济活动而**保证乡镇财产的安全性**，其次是**保护整体的私人经济**不受到过度的国家竞争的侵害。所以，为保护单个私人企业而限制竞争只是该法的副产品，是**客观权利的实际反射**，但并不是该法的主要目的(BVerwGE 39, 329/336; Stober, Kommunalrecht, S. 241; fuer Art. 87 BayGO ausdruecklich BGH, NJW 2002, 2645/2647; a. A. RhPfVerfGH, NVwZ 2000, 801/804; dazu Ruffert, NVwZ 2000, 763 ff.)。

据此，乡镇经济法规就是**客观的市场行为规则**，主要由监督机构来运用。但由于乡镇的财政危机，监督机构也睁只眼、闭只眼，而行政法院对基本权利方面的竞争保护诉求**也不予支持**，所以，实践中人们就转而诉诸民事法院。民事法院常借助"违法越权"来审查乡镇经济法是否符合反不正当竞争法第1条的规定。如果乡镇法规超越了权限，按照最近的判决，这一违法即可构成反不正当竞争法第1条所指的违反公序良俗，而不像以前的判决那样还要求有其他的违法情形(BGH, NJW 1987, 60/61; VGH Mannheim, DOEV 1995, 120/121; in diesem Sinne jetzt auch OLG Karlsuhe, DOEV 2001, 431/432; OLG Muenchen, NVwZ 2000, 835/836)。

例：业余大学为学生提供补课的服务即被认为违反了北威州乡镇条例第107条，同时也被认定为违反反不正当竞争法第1条(OLG Duesseldorf, NWVBl. 1997, 353 ff. m. Anm. Moraing)。同样的例子还有被认为是"示范案例"的"Gelsengruen"一案(OLG Hamm, JZ 1998, 576 ff. m. Anm. Mueller = Ja 1998, 930 ff. m. Anm. Schliesky, LG Muenchen, GewArch. 1999, 413/415;

zustimmend LG Offenburg, NVwZ 2000, 717 f.; Badura, Wirtschaftsverwaltungsrecht, Rn. 122; a. A. LG Kassel, AbfallPrax 1999, 174 f.)。

借助民事法律来保护私人竞争者的做法虽然受到了私人的欢迎和认可,但从方法论上和法律体系的角度来说,都是很有疑问和令人忧虑的(详见:Schliesky, Oeffentliches Wettbewerbsrecht, S. 447 ff., 455 ff.)。虽然通过反不正当竞争法这种变通方式保证了乡镇经济法规具有保护第三人的效力,但从法律保护理论的角度来说,乡镇经济法规并不具有这种效力。这种由民事法院来禁止国家竞争行为的做法很值得质疑,因为监督国家机关是否遵守公法上的客观行为规则是国家行政监督机关或行政法院的事务和职责。最后,这种解决问题的方式从竞争法的角度来看也是很有问题的,乡镇竞争法规作为客观行为规则并不属于一般性的竞争规则,只有违反一般性竞争规则的行为可以通过反不正当竞争法,以“违法越权”为由进行惩罚。在审查某行为是否违反不正当竞争法时并不取决于其是否违反了乡镇经济法,所以,违反乡镇联合权限的行为并不应当作为不正当竞争行为加以考虑。

联邦最高法院也持上述观点,并在最近明确强调,乡镇违反乡镇经济法的行为**并不必然构成反不正当竞争法所指的违背公序良俗**(BGH, NJW 2002, 2645/2646 ff.; bestaetigt durch BGH, NJW 2003, 586 ff.)。联邦最高法院并没有赋予乡镇经济法规保护个体权利的功能,而是强调有必要**从竞争的角度来解释**反不正当竞争法中“违背公序良俗”的概念,而且强调正是违反法律的行为导致了不正当的市场竞争行为。联邦最高法院否认市场准入的法律限制(在此即指乡镇经济法)具有保护乡镇正当竞争的作用,所以,违反乡镇经济法的行为并不构成违反公序良俗。联邦最高法院不再像以前那样区分国家“可否”和“如何”从事经济活动,而是把反不正当竞争法的审查范围局限于**乡镇从事经济活动的方式**(关于德国联邦法院对有关该问题的判例的发展见:Schliesky, Oeffentliches Wettbewerbsrecht, S. 304 ff.)。对于乡镇可否实施竞争行为的问题,联邦最高法院把决定权留给立法机关和行政机关(尤其是乡镇监督机关)。法院的做法被大多数学者反对(Dreher, ZIP 2002, 1648 ff.; Frenz, WRP 2002, 1367 ff.; Haslinger,

WRP 2002, 1023 ff.; Knauff/Nolte, VR 2003, 3 ff.),不过,这种做法很务实地拒绝了通过民法途径来审查乡镇经济行为,而且也默认了联邦法院此前判例所确立的值得质疑的前提条件。即使还有很多问题没有得到回答,但还是从整体上积极评价联邦法院的这一决定,因为这对于从理论上清晰界定乡镇的经济活动是一个重要的进步。因此,也呼吁行政法院认真考虑其对待该问题的不合时宜的立场,并能及时填补法律保护的空档。此外,只要某行为属于反不正当竞争法列举的不正当竞争行为,则不应该排除当事人依据该法第1条行使不作为请求权。但仅仅是违反乡镇经济法的行为则并不构成违反不正当竞争的行为。

反不正当竞争法中的其他法律规定也是乡镇竞争行为必须遵守的重要法律界限,例如,反不正当竞争法第2条(近似的广告)或者第3条,该条禁止对商业关系做出误导性的介绍。

例:法定医疗保险机构的不客观、不真实的广告(BSGE 56, 140/144; BGH, GRUR 1998, 744 ff.; OLG Koblenz, WRP 1985, 358/359.; vgl. "Gemeinsame Wettbewerbsgrundsaetze der Aufsichtsbehoerden der gesetzlichen Krankenversicherung vom 19. 3. 1998", abgedruckt in WRP 1998, 1023 ff., Rn. 4 f., 8 ff.)。

参考文献:Badura, Wirtschaftliche Betaetigung der Gemeinde zur Erledigung von Angelegenheiten der oertlichen Gemeinschaft im Rahmen der Gesetze, DOEV 1998, 818 ff.; Ehlers, Rechtsprobleme der Kommunalwirtschaft, DVBl. 1998, 497 ff.; Enkler, Wirtschaftliche Betaetigung der Kommunen in neuen Geschaeftsfeldern, ZG 1998, 328 ff.; Henneke, Das Recht der Kommunalwirtschaft in Gegenwart und Zukunft, NdsVBl. 1999, 1 ff.; Hoesch, Oeffentlicher Zweck und wirtschaftliche Betaetigung von Kommunen, DOEV 2000, 393 ff.; Jarass, Kommunale Wirtschaftsunternehmen im Wettbewerb, 2002; Kluth, Grenzen kommunaler Wettbewerbsteilnahme, 1992; Moestl, Zur Zulaessigkeit kommunaler Telekommunikationsdienstleistungen, BayVBl. 1999, 547 ff.; Mueller-Teroitz, Die wirtschaftliche Betaetigung von Kommunen im Bereich der Telekommunikation, NWVBl. 1999, 292 ff.; von Mutius, Kommunale Wirtschaftsbetaetigung in Deutschland durch Einrichtungen und Unternehmen, in: Olszewski/Popowska (Hrsg.), Festschrift fuer Rapska, 1997, S. 321 ff.; Ruffert, Grundlagen und Maßstaebe einer wirkungsvollen Aufsicht ueber die kommunale wirtschaftliche Betaetigung, VerwArch, 92 (2001), 27 ff.; Schink, Wirtschaftliche Betaetigung kommunaler Unternehmen, NVwZ 2002, 129 ff.; Schliesky, Oeffentliches Wettbewerbsrecht, S. 433 ff.

四、其他普通法律对国家经济行为的限定

反限制竞争法（GWB）也是竞争公法的组成部分。该法不同于反不正当竞争法，在适用范围上没有什么疑问，因为该法第130条第1款第1句明确指出本法可适用于公用企业。根据主流观点，“企业”是一个**功能概念**，也就是说包括每一种独立自主的商业交往行为（BGHZ 110，371/380）。这就再一次确认了已经论证过的观点：可以把公用企业和国家经济行为相提并论。在以前的反限制竞争法中曾经保留了很多**国家享有特权的领域**，1998年修正该法，这些例外规定在很大程度上已被废除。

例：原反限制竞争法第10条规定公用能源供应企业不受该法第10条卡特尔禁止的约束。新的反限制竞争法不再保留该例外规定（比较新法第28条以下条款以及新法第130条第3款）。

反限制竞争法包括很多**主观法上和客观法上的市场行为规则**，在此不一一详述。在**客观行为规则**中有很大部分涉及“经济行政法”，经济行政法以为竞争提供制度保护为目的建立了一套**经济监督**体系，并为国家经济活动提供经济行政法的调整手段。研究反限制竞争法的切入点是该法第1条规定的具有解禁保留的**卡特尔禁止**（Kartellverbot）。具有限制竞争内容的企业之间的联合协议和决定，可以通过主管卡特尔局颁布的决定而免受卡特尔禁止的约束（见反限制竞争法第2条以下条款和第10条的规定）。反限制竞争法明确规定卡特尔局有权了解关于卡特尔的信息，该法第32条**授权**卡特尔局可以**禁止**企业或企业联盟从事反限制竞争法禁止的行为。

除此之外，反限制竞争法赋予受到影响的竞争者**主观防御权**，这种主观权利作为一种主观行为界限体现了受到基本法保护的竞争自由（基本法第12条第1款）。另外，反限制竞争法第20条结合第33条第1款则是平等原则在该法中的特殊表现。从主观法行为界限的角度来说，具有重要意义的是**禁止滥用市场主导地位**（反限制竞争法第19条第1款）以及**禁止歧视竞争者和阻碍竞争**（反限制竞争法第20条第1款），依据上述条款，借助反限制竞争法第33条第1款和法律保护理论可以主张主观法上的防御权、不作

为请求权和损害赔偿请求权。

反限制竞争法第19条第1款禁止滥用市场主导地位,不论其是供货方还是需求方。这对国家竞争性行为来说具有重要意义,尤其是当国家机构作为需求一方时,由于其巨大的需求可以控制市场,这种对**市场的强大控制力**促使立法者为公共采购设立行为规则(详见下述第三章)。此外,国家机构也可能为了节约开支,通过建立**采购合作机构**(Einkaufskooperationen)来压低市场价格,这也是反限制竞争法第1条要防止的卡特尔行为。

例:人们一直争论不休的一个问题是:中小型乡镇成立的采购共同体是违反了反限制竞争法第1条的卡特尔禁止行为,还是受到该法第4条第1、2款的调整并因此不受卡特尔禁止的约束(Knauth, Der Landkreis 1999, 532 ff.; Schumacher/Schalst, DZWir 1998, 296 ff.)。策勒高等法院(Das OLG Celle)认定某采购消防设备的乡镇共同体享有反限制竞争法第4条第2款规定的特权。

反限制竞争法第20条第1款禁止两种行为:不合理的阻碍竞争的行为以及实质不合法的歧视,这两种行为常常会同时出现,而且会继续发展为一种统一的被禁止的广义上的歧视行为(Emmerich, Kartellrecht, S. 212)。禁止上述行为的目的是保证市场的开放,避免与竞争不相符的限制竞争的行为。

例:某县在汽车牌照发放中心的大楼内经营牌照烤制业务(BGH, NJW 1974, 1333 ff.)或者把汽车牌照发放中心大楼内的某块地方租赁给私人从事牌照烤制业务(BGH, NJW 1998, 3778 ff.),都没有违反反限制竞争法第20条第1款的规定。但是,社会保险机构在回答关于疗养服务咨询时,如果歧视了个别疗养浴场,则构成反限制竞争法第20条第1款所指的不正当的不平等对待(OLG Schleswig, NJW-RR 1996, 1068/1069 f.)。又如,某市在允许在民俗节日上经营饮食服务时附加一个前提条件——出售的物品必须产自本市,这一做法就构成反限制竞争法第20条第1款所指的不合理的阻碍竞争的行为(OLG Koblenz, GRUR 1990, 64 ff.)。

参考文献: Bunte, Kartellrecht, 2003; Emmerich, Kartellrecht; Immenga, Wettbewerbsrechtliche Grenzen von Standortvorteilen der Oeffentlichen Hand, NJW 1995, 1921 ff.; Rittner, Wettbewerbs- und Kartellrecht, 5. Auflage 1997.

预算基本原则法(HGrG)和联邦以及各州的**预算条例**(BHO)也可以用来规制国家竞争行为。首先,预算基本原则法第6条和联邦预算条例第7条以及其他相关的州预算条例都确定了经济性原则和节约原则,这两个原则为国家机构的竞争性行为设定了客观行为界限。但私人竞争者不能据此寻求司法救济,因为经济性原则(例如联邦预算条例第7条的规定)完全是为了保护**公共利益**,并不具有第三人保护的效力(BVerwG, NVwZ 1999, 70 f.)。具体落实经济性原则可以通过**私有化审查义务**(Privatisierungspruefpflicht)(联邦预算条例第7条第1款第2句),以及联邦预算条例第7条第2款第2句规定的义务,即在某些情况下要实施辅助原则意义上的给私人**表达自身利益的程序**(Interessenbekundungsverfahren),但上述两种义务能否真正起到贯彻经济性原则的作用是令人怀疑的(Schliesky, DOEV 1996, 109 ff.)。联邦预算条例第65条第1款最后还规定了国家参与私法企业的前提和界限。

参考文献: von Arnim, Wirtschaftlichkeit als Rechtsprinzip, 1988; Groepl, Oekonomisierung von Verwaltung und Verwaltungsrecht, VerwArch. 93 (2002), 459 ff.; Heller, Haushaltsgrundsaetze fuer Bund, Laender und Gemeinden, 1998; Schliesky, Mehr Wirtschaftlichkeit durch ein zusaetzliches Verwaltungsverfahren?, DOEV 1996, 109 ff.

第三章

公共采购/招投标法

第一节　意　　义

招投标法为**国家机构的采购行为设定了行为标准**。招投标的本质特征是,公共采购必须通过公开招标的方式委托给第三人,投标人可以作为潜在的任务承担者参与招投标过程。这就涉及**竞争公法**,因为招投标法是调整国家机构从事特定竞争行为的特别法律。本章之前论述的法律规范调整的都是国家机构作为供应方或以其他角色积极影响竞争的行为,所以,招投标法通过**调整国家机构作为需求**一方的采购行为补充了经济公法的内容。

国家不仅仅通过法律规制措施或亲自参与竞争来影响竞争,而且可以**作为需求者**在很大程度上影响竞争。公共采购合同对私经济来说是一个**巨大的委托合同**,所以,公共采购是影响竞争的一个**非常重要的经济因素**。公共采购在很多方面都有重要意义,如对税法、预算法、生态保护、基础设施建设、社会国家、总体经济政策等都有重大影响(Stober, Besonderes Wirtschaftsverwaltungsrecht, S. 398)。公共采购的作用不仅局限在国家范围内,其很早就开始影响**欧洲内部市场**。随着全球化的发展,也影响到**国际市场**(例如,关于公共采购的国际公约"政府采购协议"[Government Procurement Agreement - GPA], abgedruckt in ABl. EG 1996 Nr. C 256/1; s. auch Stober, Besonderes Wirtschaftsverwaltungsrecht, S. 399)。

从**欧盟法的角度来说**,优先适用的欧盟法没有明确规定公共采购,因而内部市场的一般规则就非常重要。这些一般规则又通过很多具有次级效力的关于招投标的条例得到具体实施(s. die Nachweise bei Stober, Besonderes

Wirtschaftsverwaltungsrecht, S. 401)。

把招投标法归类为经济公法的做法在德国才刚刚开始得到贯彻,这有其历史原因。最早招投标法被视为预算法的一部分,属于纯粹的国内法,主要是为了依照**经济和节约原则**来执行财政预算。因而,有关招投标的事务都在联邦和州的预算条例中规定(原预算基本原则法第55a条至第57c条以及石荷州预算条例第55条)。当时的法院判决也否认招投标法规的主观法性质,所以,如果落选的投标者质疑发包程序的合法性时,也没有法律救济的途径。学界对上述观点和做法虽然持怀疑态度(z. B. Faber, DOEV 1995, 403/408),但得不到实务界的响应与支持。

欧盟法加大了德国对招投标法改革的压力。为了贯彻欧盟条例,德国的招投标法必须与欧盟法的规定基本一致,但德国法往往做不到这一点。人们逐渐认识到,经济节省地执行财政预算虽然其一如既往的仍然是招投标法的目的之一,但不是招投标法唯一的,或者说不是主要的目的。人们也渐渐意识到,公共采购的巨大需求以及对私人竞争者的重大影响,**公权力的巨大市场力量都强烈要求**国家采购行为公开透明、符合市场规则,这就**需要制定行为法上以及竞争法上的规则**,而且该规则应当包括投标者的主观的、可诉的法律权利。

公共采购自1999年1月1日起有了一个全新的法律体系,其脱离了预算法的窠臼,满足了欧盟法的要求并强化了公共采购的竞争作用。通过1998年8月26日颁布的招投标法修正法(BGBl. I S. 2512),调整公共采购的法律框架被加入反限制竞争法中(Gesetz gegen Wettbewerbeschraenkungen [GWB] in der Fassung der Neubekanntmachung vom 2. 9. 1998, BGBl. I S. 2546)。促成这一根本改变的原因在于来自欧盟法的不断增大的改革压力以及日益明朗的认识——德国的招投标法不再与欧盟的招投标条例保持一致。尤其是所谓的“预算法的解决办法”,即只在预算法中规定招投标事务,而且排除投标者的主观权利和司法救济途径,受到了欧洲法院和欧洲理事会的强烈指责(关于招投标法修改的发展背景请参见 Thieme/Correll, DVBl. 1999, 884/886 f.; s. auch Anerkennung des Vergabeueberwachungsausschusses durch den EuGH als vorlageberechtigtes Gericht i. S. d. Art. 234 EGV: EuGH, NJW 1997, 3365)。立法者通过修正反限制竞争法(反限制竞争法第97条以下条款)强调了招投标事务的竞争意义,并使公共采购受到竞争法的约束(关于该法在正式实施过程中的障碍和该法的颁布请参见Peus, NJW 1998, 3474, und Byok, NJW 1998, 3475)。

与上述改革要求相一致的是,德国立法者把招投标法**从预算法中剥离出来**,并正确将其确立在竞争法中(**在反限制竞争法新增加第97条及以下条款**)。而与此不一致的是,立法者只把欧盟法上规定的超过一定标的数额的采购任务列入竞争法调整的范围,而一定金额以下的,只在国内有重大影响的采购任务则仍留由预算法来调整。不一致的地方还在于德国立法者在对投标者的法律保护制度方面,只要注意一下其他关于竞争公法的讨论,就会发现人们对德国在招投标方面法律保护的不满(详见下述第四章)。奥地利宪法法院在一个类似的案件中认定,如果公共采购的标的额低于欧盟法要求公开招标的规定,但没有给予申请人和投标者最小程度的程序权利保障,则该公共采购行为违反了平等原则,因而违反宪法(Oesterr, VerfGH, VergabeR 2001, 32 ff.)。所以,可以**大胆预测**,德国的招投标法还处于变动之中,还没有最后定型(Pache, DVBl. 2001, 1781/1791 f.)。出于对投标者法律安定性的考虑,同时也考虑到作为发包人的小乡镇的利益,最理想的办法是制定和适用**统一的招标法**。

第二节 新招投标法

一、基本原则

新招投标法的第1条为基本原则(反限制竞争法第97条)。根据反限制竞争法第97条第1款,公共采购或公共工程的发包方(关于该概念的论述见下文)有义务按照该条的规定**以竞争的方式采取透明的招投标程序来**采购物品或委托建设以及公共服务任务。该法第97条第2款结合欧盟法禁止歧视的规定(欧共体条约第12条)要求发包人必须平等对待招投标程序的参与人,除非本法明确规定或允许某种不平等待遇。**中等企业保护**(Mittelstandsschutz)体现在该法第97条第3款,即采购或承包任务应当向不同的专业和部门发包,而不是集中在一个企业。该法第97条第4、5款规定的是适用于发包和评价标书的基本原则。一方面,委托合同应当发包给具有专业知识的、有履约能力的、值得信赖的企业。只有联邦和州法律可以规定其他的对承包方的要求。另一方面,项目应当发包给**报价最低**的投标人,该规定体现了预算法对招投标法的影响。

反限制竞争法第 97 条第 7 款的内容是全新的,依据该条款招投标程序的参与人有权要求发包人遵守程序法。该请求权可以在招投标法的复核程序中独立主张,不论是否还有其他的请求权,如损害赔偿请求权(请比较反限制竞争法第 104 条第 2 款第 2 句)。没有得到合法公正对待的投标人的法律地位通过这条规定得到了强化。源自反限制竞争法第 97 条第 7 款的主观权利是申请启动复核程序的权利依据。根据反限制竞争法第 107 条第 2 款第 2 句,起诉的企业必须证明,其由于发包方违反招投标法已经遭受损失或处于这样一种危险的境地。值得注意的是与此有联系的主动预防结果发生条款(第 107 条第 3 款),该条款的目的是避免复核程序的迟延。每个企业都要在得知违反行为后立即提起诉讼。法律保护在此是有限的,大多数的招投标法律规范应当保护没有得到公正机会的投标人,法律保护理论也要求扩大第三人保护的范围。此外,起诉企业还要证明,承包项目本应该发包给该企业,而且该企业因为没有中标而遭受损失或者至少可能会有损失(Thieme/Correll, DVBl. 1999, 884/888)。

例:在著名的柏林 schoenefeld 机场建设发包案件中,根据反限制竞争法第 97 条第 7 款主张的主观权利第一次得到了保护。勃兰登堡州高等法院认定(NVwZ 1999, 1142 ff.),发包决定违反了反限制竞争法第 97 条第 1 款规定的透明原则和该法第 97 条第 2 款的中立和平等原则,因此撤销了该发包决定(对该案件的评论参见:Neßler, NVwZ 1999, 1081 ff.; Otting, NJW 2000, 484 ff.)。

投标人信赖发包方会自觉遵守招投标程序,违背投标人信赖的行为可以导致合同订立中的过错责任(民法典第 24 条第 2 款、第 280 条、第 311 条第 2 款)(BGH, DVBl. 2001, 1603 ff.)。因为存在民法上的合同订立的信赖关系以及关系到公法上信赖保护行政程序的启动,所以**撤销招标**也不是不可能的。招标也可能是因为招投标的操作过程或委托合同发包过程本身的瑕疵问题而被撤销(BGH, DVBl. 2001, 1603/1606)。

二、发包人的概念(Begriff des Auftraggebers)

反限制竞争法第97条以下条款对公共发包人(Oeffentliche Auftraggeber)作了规定,第98条是具体的详细规定。该规定在很大程度上与其前身预算基本原则法第57a条的规定相一致。公共发包人包括了广义上的公权力主体,问题的关节点是**功能意义上的企业概念**(Schliesky, Oeffentliches Wettbwerbsrecht, S. 408),在招投标法中对企业的界定主要取决于公共机构的需求影响力。因此,公共机构**以何种法律形式活动是无关紧要的**。尤其是反限制竞争法第98条第2项明确规定,公共机构的主导性影响非常重要,它使招投标法能够合法地调整公共机构的某个行为。所以,已经完全私有化或至少绝大部分私有化的德国电信公司或德国铁路有限公司也属于反限制竞争法第98条所规定的发包人,因为德国一如既往的对这两个企业有**绝对影响**(比较反限制竞争法第98条第4款)。

例:由两个乡镇共同建立的从事垃圾处理和城市清洁事务的有限责任公司也可能有义务对外发包此类项目,因为所谓的"不赢利的公益性事务"也包括那些由私人企业完成或可以由其完成的事务(EuGH, BayVBl. 1999, 141 ff.)。

三、公共采购(Oeffentliche Auftraege)

反限制竞争法第99条第1款对公共采购作了定义,即公共发包人和企业之间签订的以供货、建设或提供服务为标的的有偿合同,以及为达成服务委托合同所采取的公开招标程序。有疑问的是,行政程序法第54条及以下条款所规定的公法合同是否也可归入招投标法的适用范围。从新招投标法的立法目的和意义来看,答案应该是肯定的。

通过对"公共采购"进行定义也为国家需求行为是否适用**招投**标法定下了基调。反限制竞争法第100条作了进一步的规定,同时也排除了某些公共采购适用该法(详见反限制竞争法第100条第2款)。此外,根据反限制竞争法第100条第1款的规定,招投标法至**适用于标的额超过确切数目**

的公共委托项目。具体的数额由欧盟条例规定，而这些欧盟条例则要根据反限制竞争法第127条第1项的规定，通过行政法规转化为国内法，这些行政法规是联邦政府经联邦参议院通过而颁布的。新的**招投标条例**（Vergabeverordnung）（VgV vom 9. 1. 2001, BGBl. I S. 110; naeher Hoefler/Bert, NJW 2000, 3310 ff.）在第2条以及其他条款中对必须进行招投标的项目的标的额下限作了下述规定：建设工程为500百万欧元；一般的供货和服务合同为20万欧元。另外，还有很多针对特定行业发包人的特殊规定，如反限制竞争法第98条的规定（详见：Thieme/Correll, DVBl. 1999, 884/885 f.）。

标的额把招投标法的适用范围一分为二，因为到目前为止，根据欧盟条例，对招投标的严格要求只适用于特定金额以上的委托项目。立法者的立法意图是：**特定标的额以下的项目不享有优先的法律保护**，这一观点一直没有改变，原因在于，德国从预算法的角度来解决招投标法的问题，这种方法不保护主观权利（确认这一观点的判决为曼海姆行政法院的一个判决，见 NVwZ-RR 1999, 264/265）。这种二分法是否符合基本法第3条第1款规定的平等原则，还没有定论。而且，即使某项目标的额在特定数额以下也不一定就免除公共发包人公开招标的义务，发包人还要同时遵守预算法的规定（联邦预算条例第55条；§ 55 LHO SH；§ 29 GEmHVO SH；s. hierzu auch OVG Schleswig, NordOER 1998, 314/316）。但是，这样的招投标可不必在欧盟范围内进行，落选的投标人也没有法律救济途径。不过，最近司法界和学界的动向表明，在特定情形下，也可以对特定标的额以下的招标项目进行司法审查（LG Heilbronn, NZBau 2002, 239 f.; P. M. Huber, JZ 2000, 877 ff.）。从方法论和法律系统化的角度出发，希望立法者最好能够取消招投标法适用范围的人为的二分法。

还有一个问题是，所谓的"**免于招投标的项目**"（In-house-Geschaefte）是否属于反限制竞争法第99条第1款定义的公共委托的范围。联邦法院的观点为（BGHZ 148, 55 ff.; dazu Roehl, JuS 2002, 1053 ff.），如果公共发包人是某委托项目的唯一的股权人，其通过这种身份来对项目行使监督权，就像对自己的下属机关进行监督那样，而且项目承包人也几乎完全是为发包人工作，虽然为此类项目提供管理服务的人员不是公共发包人，但其行为还是可以归责于公共发包人，那么这种无需招标的项目就不属于公共委托的范围。

关于反限制竞争法第 97 条及以下条款的适用范围问题，还要注意相关的**特殊规定**，这些特殊规定可能对反限制竞争法作了补充，也可能排除该法的适用（例如，邮政法第 14 条）。

以招投标条例为纽带形成了一个**三层次的招投标法律体系**（即所谓的阶梯原则），该法律体系适用于超过特定标的额的必须公开招标的公共委托项目。第一个层次是欧盟条例；第二个层次是将欧盟条例具体化并转化为国内法的招投标条例；因为在招投标条例第 4 条至第 7 条中又规定参照适用劳务发包规则，由私人委员会制定的劳务发包规则因此作为第三层次跻身于招投标法律体系中，而且因此具有了对外的法律效力。

四、招标的种类

反限制竞争法第 101 条第 1 款规定了**三种可能的招标方式**，即：通过公开程序、不公开程序或议标程序来对供货、建设和服务委托合同进行招标。这三种程序在该法第 101 条第 2 款至第 4 款中详细规定，第 5 款规定公共发包人一般情况下应当运用**公开程序**（Offenes Verfahren）来招标。只有该法第 98 条第 4 款所规定的特定行业的企业依据该法第 101 条第 5 款第 2 句可以自由选择招标程序（关于此类行业的重要条例请参见：Prieß, Handbuch des europaeischen Vergaberechts, S. 108 ff., 186 ff.; zur Zulaessigkeit des Verhandlungsverfahrens EuGH, DVBl. 2001, 56 ff.）。

有问题的是一种值得注意的趋势，即公开招标程序越来越多地承担社会调控任务。公共发包人在招标时除了提出经济性和履约能力方面的要求外，在个别情况下还越来越多地要求投标人能够满足社会政治、就业市场政策或者是预防犯罪政策方面的标准。当今重点讨论的社会政治方面的要求，除了将有腐败嫌疑的动机排除在外，主要要求资助妇女、优先提供实习岗位或者要求出具忠实履行劳资协议的申明。虽然欧洲法院已经判定，在公共工程委托时，除了考虑经济和履约能力因素外，也可以考虑社会和政治因素，只要并没有因此使国内投标人获得直接或间接的特权即可（EuGH, Slg. 1988, 4652/4659），但是这样的招标活动还是要遵守一些法律规定：首先是欧共体条约第 12 条规定的禁止歧视原则，以及国内法上的基本法第 3

条规定的平等原则。此外,还要注意反限制竞争法第19条以下条款和劳务发包条例(z. B. § 8 Nr. 3 und 5 VOB/A)的规定。尤其还要注意反限制竞争法第4条,根据此条款委托合同应当发包给专业过硬的、有履约能力的、值得信赖的企业。这些是作出发包决定的基本依据。按照反限制竞争法第97条第4款后半句的规定,只有联邦法律和州法律规定了其他条件,才能在招标过程中对项目承包人提出其他要求。所以,如果在实践中引入额外的招标标准,则会对招标活动造成障碍(s. auch KG Berlin, ZIP 1998, 1600 ff.; JZ 2000, 514 ff.)。

例:联邦法院(JZ 2000, 514 ff.)针对柏林州招投标法第1条向联邦宪法法院提起合宪性审查之诉。该条款规定,柏林发包机构要附条件的发包公共工程,只有在企业依照柏林劳资协议的水平向工人支付报酬的情况下,才可以得到该工程的建设委托合同。联邦法院认为,柏林州的这部法律无权制定这样附条件的招标规定。

但是否允许联邦或州的法律把满足一些**与招标本身无关的标准**(如环境保护或信守劳资协议)作为中标的前提条件,也是非常有争议的(Heintzen, ZHR 165 [2001], 62 ff.; P. M. Huber, ThuerVBl. 2000, 193 ff.; Kaemmerer/Thuesing, ZIP 2002, 596 ff.)。联邦立法者曾经试图通过一部信守劳资协议法把忠实遵守劳资协议设定为参与公共招标的前提条件,但遭到联邦参议院的反对而未获通过,其遭遇了与建议将不值得信赖的企业登上黑名单的议案一样的失败命运。但有些联邦州却接受了该立法草案,并且颁布了相应的**州招投标法**(例如,下萨克森州、石荷州正在计划中)。很多欧盟法律的规定(服务自由;招投标条例;另见 EuGH, JZ 2001, 138 f.)和国内法(立法权限;基本法第9条第3款;反限制竞争法第20条)的规定都反对在招投标中确立与招投标无关的标准。接受那些与招标无关的标准本来就是没有说服力的,因为招标是与商法上的概念**“值得信赖”**(Zuverlaessigkeit)联系在一起的(详见第四编第一章),但在招投标法中对“值得信赖”的内容不应该做不同于其他经济公法的扩大解释。而且如果企业违反了法律规定,则会被排除出招标程序。因此,保证参与投标的企业都是值得信赖的,这是一个良好的希望,但并不因此就要求制作一个登记簿,来记录那些曾经违法的企业,这种做法会引发很多数据保护法方面的问题,而且会毫无必要地增加招标程序的复杂性,因为现存的工商登记簿(Gewerbezentralregister)就可以发挥作用,依据新的工商条例第150条第1款的规定只把较为严重的违法行为登记在案。

五、审核程序(Nachpruefungsverfahren)

新的招投标法规定了一个非常重要的新内容,即适用于**招投标裁判庭**(Vergabekammern)的审核程序,该程序依据欧盟法的要求为未中标的投标人提供法律保护。反限制竞争法第102条以下规定的审核程序主要是为了保护每一个投标人根据反限制竞争法第97条第7款所享有的主观权利,例如审查程序启动权(反限制竞争法第107条第2款作了明确规定)。这一法律保护体系分为几个层级:首先,联邦和州可以设立招投标审查机构(反限制竞争法第103条),是否设立没有强制性规定,如果设有此类机构,则其进行的审查是招投标裁判庭审核程序的前置程序,但向招投标审查机构提起核查要求并**不是向招投标裁判庭起诉的前提条件**,反限制竞争法第103条第3款第2句对此有明确规定。启动反限制竞争法第102条以下所规定的审查程序的重要前提是招投标项目超过了法律规定的标的额(反限制竞争法第100条第1款)。

例:根据通行观点,决定是否启动法律保护程序的因素不是招标机构在欧盟范围内公开招标的项目事实上超过了应该招标的标的额,而是估计该委托项目的整体价值超过了应该招标的数额(OLG Stuttgart, VergabeR 2003, 101 ff. m. Anm. Huebner; Dreher, NZBau 2002, 419 ff.)。

招投标裁判庭根据反限制竞争法第104条第1款对公共采购的招投标行为进行审核,为未中标的投标人提供真正的法律保护。联邦一级的招投标裁判庭设立于联邦卡特尔局(反限制竞争法第106条第1款第1句),在各州也都设有招投标裁判庭,而且可以设立跨州的共同的审核机构(反限制竞争法第106条第2款第3句)。从以上规定也可以看出,招投标裁判所不是法院,而是行政机关,但其不受行政机关内部指令的约束,只服从法律(反限制竞争法第104条第1、4款)。招投标裁判庭实施的程序根据反限制竞争法第110条规定的**职权调查原则**来确定。招投标裁判庭的决定以行政行为的方式作出（反限制竞争法第114条第3款第1句）。作出该决定的依据是经审查确定申请人的权利的确受到了侵害，而且在审查时不局限于当事人的申请，可以自主地审查招投标程序的合法性。

反限制竞争法第115条第1款确定了审核程序的意义，即：要求启动审核程序的申请送达发包人后，则禁止该项目被发包出去。尚未确定的是，是否停止公共发包人招标的行为也属于审核程序审查的对象。德国的法院判决到目前为止持否定态度（OLG Duesseldorf, NVwZ-RR 2001, 25 ff.），但欧洲法院却赞成将其也纳入审核程序（详见：Huebner, VergabeR 2002, 429 ff.）。

如果对招投标裁判庭的决定不服，可以向裁判庭所在地的州高等法院提起**立即上诉（sofortige Beschwerde）**，州高等法院设有**招投标事务法庭**（详见反限制竞争法第116条的规定）。

参考文献：Boesen, Vergaberecht: Kommentar zum 4. Teil des GWB, 2000; Broß, Die neuere Rechtsprechung des Bundesgerichtshofs zur Vergabe Oeffentlicher Auftraege, VerwArch. 91 (2000), 133 ff.; Dreher, Die Zukunft des untergesetzlichen Vergaberechts, NVwZ 1999, 1265 ff.; Gallwas, Das Recht der Vergabe Oeffentlicher Auftraege - ein UEberblick, GewArch. 2000, 401 ff.; Pache, Der Staat als Kunde - Systeme und Defizite des neuen deutschen Vergaberechts, ZHR 162 (1998), 427 ff.; Thieme/Correll, Deutsches Vergaberecht zwischen nationaler Tradition und europaeischer Integration, DVBl. 1999, 884 ff.

第四章
法律保护问题

第一节　法律救济途径评析

从本书前述例子已经可以看出，在实践中对国家竞争行为有**不同的司法审查途径**。这些司法审查从数量来看，民事法庭担当了重任。普通行政法院和专门行政法院也功不可没。当然值得一提的还有专门职业法院。**法律救济途径多样性**并不是因为国家竞争行为方式的多种多样(见前文第一章)，因为同一种形式的国家竞争行为也可能受到不同法院的审查。所以，在实践中对国家竞争行为设定不同的法律准则也是不足为奇的。民事法院主要运用反不正当竞争法作为审查标准，而行政法院则主要适用基本权利、专门法律、乡镇经济法或者竞争法的法律理念。与法律准则不同相适应，对国家竞争行为在内容上的要求也有所不同，有时即使在同一种法律救济途径中也可能**适用不同的法律**。所以，人们常常无法捉摸判决的结果，对国家和私人竞争者来说，**也没有足够的法律安定性**的保障。可以说，在这方面的法律保护现状不尽如人意，其**根本原因**在于人们对竞争公法基础理论有不同的争议，对经济政策也有不同的观点。例如，以保护私人企业为重心的民事法院判决被视为是“披着司法外衣的中产阶级保护政策”(Spieß, SGb 1984, 56/62)，而侧重保护国家利益的行政法院判决被批评为“拒绝法律保护”(Ulmer, ZHR 1982, 466/471 f.)。实际上，民事法院在法律保护中占据主导地位正是由于行政法院的过度谨慎和退缩造成的。行政法院害怕坚持适用基本权利作为审查标准会过度束缚国家的手脚，所以其在审查国家竞争行为时常常坚持一种已经过时的方法论立场，该过时的立场在学界也得到了较多的支持。

国家竞争行为法律保护的现状之所以不令人满意，主要是因为从方法论角度来说，以**普通法院为主要的救济途径没有令人信服的理由**（详见：Schliesky, Oeffentliches Wettbewerbsrecht, S. 457 ff.）。在此只提及**几个最为重要的论点**：民事法院判决把国家竞争行为区分为国家参与竞争的执行性法律关系和竞争性法律关系，但其采取的区分标准（完全是以结果为中心的区分标准）本身却不断发生变化。众所周知，区分不同的法律关系对采取何种法律救济途径至关重要。通过"公权力措施的双重性"的提法，人们试图回避竞争关系所具有的公法特征，因为竞争关系一般说来总是私法性质的，借助这一概念国家行为、公权力措施都因此突然变成了私法性质的（BGHZ 66, 229/237; st. Rspr.）。已经有证据证明这种自称的"双重属性"的归类依据是错误的，而且这些归类依据是以早已过时的国家和公民臣属关系理论（Subjektionstheorie）（Scherer, NJW 1989, 2724/2726 f.）。此外，**对国家行为的禁止也**没有得到重视。回答法律保护途径问题**首先要明确的问题**是，国家竞争行为受到公法的约束和具有公法特征，而且此类行为具有法律明确规定的公共目的。

第二节　一般原则

之前所列举的国家竞争行为的例子都可以定性为行政活动。对这些典型的国家竞争行为应该进行统一研究并由行政行政法院来审查其合法性，原因在于，这些行为都是**行政行为或国家行为**。因此，从实践角度和方法论角度来说，现在对国家竞争行为采取的不同法律救济途径和由此产生的对同一行为适用不同的审查标准，都无法令人满意。虽然根据基本法第 19 条第 4 款（BVerfGE 31, 364/368），所有的法律救济途径都能起到保护公民权利的相同作用，但是对于寻求法律保护的主体来说，还是存在**重大的实际差别**。**举证责任**（Beweislast）即为一个很好的例子。在这方面的差别很明显，是原告必须自己向普通法院提出证据证明其满足反不正当竞争法第 1 条规定的起诉条件，还是依据职权调查原则（行政法院条例第 86 条第 1 款）减轻原告针对行政机关的举证责任，而且原告对行政机关做出决定的过程也可能不甚了解,而无法举出证据。

从法治国家的角度来说,对同一个国家竞争行为采取不同的法律救济途径,很难令人理解,也无法让人接受,因为宪法上明确规定了有效法律保护原则,该原则的题中应有之意是完全的司法保护,即要求"尽可能符合事实的、全面的、程序合法的、目的明确的、富有成效的"法律保护(Schmidt-Jortzig, NJW 1994, 2569/2572)。符合事实的全面保护和以结果为中心的有效保护(从寻求法律保护的主体的角度)要求**通过行政法院来**解决关于国家竞争行为的法律纠纷。只有对国家竞争行为的适法性作出具有法律约束力的判定之后,才能全面地有效地解决此类纠纷。非常重要的是,在审判程序结束后要作出一个有法律效力的关于该国家竞争行为适法性的判决。因为只有通过有法律约束力的判决才能有效地禁止行政主体从事某些经济行为。对要求法律保护的私人来说,**有效的保护**意味着其不用再担心国家的违法侵害行为。因为讨论法律救济问题的前提是确定行政活动是否符合公法规定以及公共目的,所以,即使普通法院在具体个案中能够评价以上两个问题,但却无权作出有法律约束力的判决(BGHZ 66, 229/238; 67, 81/88),因为这属于公法的问题。

从方法论的角度来说,有一种**较新的特别权力理论**(neuere Sonderrechts-Theorie)能够正确清晰地分析法律救济途径的问题,该理论支持把国家竞争行为的司法管辖权交给普通行政法院或专门**行政法院**(Ehlers, in: Erichsen [Hrsg.], Allgemeines Verwaltungsrecht, § 2 Rn. 26 ff.)。一部法律如果约束的主体至少有一个是国家权力主体,而且该主体得到授权、负有义务从事某行为,或该主体的组织结构由法律来调整规范,则该法律是公法性质的法律规范。如果受到审查的**客观行为规范**只适用于国家,则该法律毫无疑问是公法性质的,且应由行政法院来实施审查。

例:乡镇经济规定是对乡镇及其机构授予权利和赋予义务的法律规定,因此属于竞争公法的范围,是国家活动的客观行为界限,但仅对作为国家权力主体的乡镇授予权利或赋予义务。所以该法律规定毫无疑问属于公法上的国家行为规则。

但审查**主观法上的行为界限**就会遇到比较多的问题。首先涉及的问题是如何定位私人竞争者所主张的（防御或者不作为）权利。因为这些权利会对国家行为设定潜在的行为界限，所以必须对这类权利进行法律定性。如果权利主体只主张**基本法上的权利**，则属于行政法院的管辖范围。但如果权利主体根据优先适用的专门法律而主张其他权利，则由该权利来决定法律关系的性质以及由此产生的法律纠纷的性质。如果涉及的是**中性的法律规定**，如反不正当竞争法第 1 条，则需要根据实质主体理论来对具体情况进行具体分析（反对意见参见：Schuenemann, in: Stober/Vogel [Hrsg.], Wirtschaftliche Betaetigung der Oeffentlichen Hand, S. 41/53）。这样的法律规定不能根据已确定的（民法上的）事先判断而定性，而是要运用**两个归类标准**来准确定性：一是主体相关性，二是客体相关性。如果**主体涉及的是国家**（或国家机构），而**客体涉及的是国家行为**，则抽象的中性的法律规范就体现出具体的公法特征。如果被审查的行为是**国家竞争行为**，则可以运用上述标准。此外，还可以增加**其他的标准**来判定行为的法律性质，例如，根据**公共利益标准**，国家竞争行为应当是为了公共利益而实施的。又如，还可以依据公法规范所规定的某行为的竞争性特征来确定。

必须承认，优先考虑行政救济的途径，在方法论上是正确的，但在实践中却只能得到缓慢的实施，因为私人原告是围绕诉讼后果来考虑问题和行事的。因此，当事人是否优先考虑行政救济途径等问题，都取决于行政法院能否成功地**协调好基本权利的保护和反不正当竞争法第 1 条所规定的法律保护之间的关系**。如果能成功地做到这一点，那么行政救济途径的法律保护就一点也不逊色于民事救济途径。

例：一个公法上的医疗保险机构建立了一个血糖测试条发放站。一个出售血糖测试条的药店担心影响其销售额，针对医疗机构的行为提起不作为之诉。因为药店的诉讼请求直接关系到医疗机构的公法任务，即：为投保人提供必要的辅助医疗器械或工具（社会法典第五部第 140 条第 2 款），所以根据社会法典第 51 条第 2 款第 1 句第 3 项，可以提起**社会法诉讼**。又如，企业顾问和房地产商人起诉某个城市的竞争行为，起诉依据是基本法第 12、14 条，第 2 条第 1 款以及反不正当竞争法第 1、3 条，可以据此提起行政诉讼（VGH Mannheim, DOEV 1995, 120 f.）。

关于防御和不作为请求权法律性质的争议通过法院组织法第 17 条第 2 款第 1 句得到了缓和，根据该款的规定，具有管辖权的法院必须在考虑到所有法律因素的情况下判决法律纠纷。

对**公共采购**的法律救济来说，还有一个**特殊之处**。立法者为了审查招投标程序是否符合规定，设定了一个**特别的审核程序**（反限制竞争法第 102 条以下条款），该程序适用于招投标审核机构（反限制竞争法第 103 条）和招投标裁判庭（反限制竞争法第 104 条）。对招投标裁判庭的决定不服可以向州高等法院提起一个**即时上诉**（sofortige Beschwerde），在**州高等法院**设有**招投标事务法庭**（反限制竞争法第 116 条）。但是否招投标程序的这种特殊性要继续保持下去，或者是否招投标法在这方面不需要与其他竞争公法保持协调一致，这些问题都有待于实践来回答（对第一个问题的改革要求详见：Kus，NJW 2000，544 ff.）。

参考文献：Brohm，Wirtschaftstaetigkeit der Oeffentlichen Hand und Wettbewerb，NJW 1994，281 ff.；Gronemeyer，Rechtsschutz gegen gewinnorientierte Taetigkeit der Oeffentlichen Hand，in：Stober/Vogel（Hrsg.），Wirtschaftliche Betaetigung der Oeffentlichen Hand，2000，S. 167 ff.；Scherer，Realakte mit Doppelnatur，NJW 1989，2724 ff.；Schliesky，Der Rechtsweg bei wettbwerbsrelevantem Staatshandeln，DOEV 1994，114 ff.；Stober（Hrsg.），Rechtsschutz im Wirtschaftsverwaltungs- und Umweltrecht，1993.

第四篇　特别经济行政法——以个别经济部门为例

第一章
工商业法

第一节　工商业法的基础和作用

一、历　　史

如果不深究工商业法多样化的思想史根源以及缓慢的历史发展，则可以把工商法发展的开端标定在1810年10月28日发布的工商税谕令，该谕令引入了“完全的工商自由”（请参见第一编第二章），同时废除了旧的行会规章以及加入行会的强制，旧的行会规章曾经在普鲁士国家的一般州法中得到确认。促成工商业法发展的除了自由主义的思想外，还有一个重要的原因是统治者想借此解决财政危机。因为普鲁士国家当时正处于财政危机中，而通过引入工商营业税以及发放营业执照可以为国库增加新的收入。1811年又颁布了“工商业警察法律关系法”（Gewerbepolizeigesetz - PrGS 1811 S. 263），该法对1810年的工商税谕令作了进一步的补充。这两部法律都已经规定为了维护公共安全和秩序可以限制工商业自由。**工商业警察法**（Gewerbepolizeirecht）又通过1845年1月17日发布的普鲁士工商业条例得到进一步的发展。普鲁士工商业条例，这部成文法为1869年6月21日颁布的北德联邦工商条例奠定了基础（BGBl. 1869 S. 245；abgedr. Bei Stober, Quellen, S. 152 ff.）。1869年颁布的工商条例被视为是目前适用的工商条例的前身，在德意志帝国建立以后，其适用范围扩展到整个帝国辖区。该工商条例于1900年7月26日作了修正，但改动不大，1978年1月1日再次作了修改，作为新工商条例公布。1987年1月1日又一次修改，但基本上也没有增加新内容。除了多次的小改动外,值得一提的是 1994 年 11 月 23 日发布的“关于修改工商条例和其他工商业规定的法律”(Frotscher, NVwZ 1996, 33 ff.)以及 1998 年 6 月 16 日颁布的第二部同样标题的法律(Kremer, VR 1999, 163 ff.),不过这两部法律也没有改动工商条例的基本体系。所以,可以说,工商条例是**最老**的**最传统的**仍然有效的**经济公法**。工商条例的**宪法基础**是基本法第 74 条第 1 款第 11 项。

订立工商条例的初衷是制定一个工商法的统一法典,包括后来被称之为“经济行政法”的所有法律规范。直到今天工商条例还被视为“工商法的基本法”,虽然该法律部门已经日益被新确立的**特别部门法**所分解。就像在其他的法律部门一样,立法者也并未认真考虑过制定一个经济公法的统一的、体系协调的法典,而是不断地单独立法来调整某一工商业领域,而且并不一定与工商条例保持一致。例如,立法者先后制定了旅店餐饮业法(以前由工商条例第 33 条调整)、手工业法(以前由工商条例第 81 条及以下条款调整)、放射物质保护法(以前由工商条例第 16 条调整)、器械安全法(以前由工商条例第 24 条及以下条款调整)和工作时间法(工商条例第 105a 条至第 105j 条)。纷繁复杂的单行法律使工商法律变成了一个**“法律规定的灌木丛”**(Vorschriftengestrupp),也对法律运用者造成了很大的困难。工商条例的分崩离析趋势到现在并没有停止,例如不断产生新分化出来的经济部门以及环境法与工商法在调整范围方面存在“竞争”(例如,放射物质保护法)。

工商条例第 1 条第 1 款确立了工商自由,该自由现在已经得到了基本法第 12 条第 1 款的保护。所以工商条例第 1 条第 1 款的规定由于其普通法性质而更多地具有宣言作用,但其可独立适用于外国工商业者和公法法人。

参考文献:Frotscher, Gewerberecht, in: Schmidt (Hrsg.), Oeffentliches Wirtschaftsrecht-BT 1, § Rn. 1 ff.; Groeschner, Das UEberwachungsrechtsverhaeltnis, S. 3 ff.; E. R. Huber, Wirtschaftsverwaltungsrecht, Bd. I, S. 648 ff.; Kempen, Die Entwicklung des allgemeinen Gewerberechts von 1996 bis 1999, NVwZ 2000, 1115 ff.; Oberrath, Ausgewaehlte Grundfragen des Gewerberechts, JA 2001, 991 ff.; Ziekow, Freiheit und Bindung des Gewerbes, S. 323 ff.

二、作用和归类

工商条例仍在广泛地发挥作用,因为在缺乏特别法律规定时该法律的某些条款可以补充适用。例如,撤销旅店餐饮业营业许可依据的是旅店餐饮业法第 15 条第 2 款,但最终关闭旅店或餐馆依照的却是旅店餐饮业法第 31 条结合工商条例第 15 条第 2 款第 1 句的规定。

工商条例的目的是监督和预防由于工商营业活动而产生的对公共安全和秩序的危害。因此,可以把工商条例归入**经济监督**领域。但同时,工商条例又具有明显的警察和秩序法的立法目的,所以其也可以作为**特别秩序法**归纳到警察和安全法中。工商条例所具有的警察法的特征也体现在执行工商条例的行政机关的管辖权方面。

在个别情况下也会产生工商条例与其他秩序法的**界分问题**。例如,是否在工商管理领域除了适用工商条例外,还可以适用一般的警察和安全法,或工商条例排斥一般警察和安全法的适用。

例:暂时关闭游艺厅(OVG Koblenz, GewArch. 1999, 30 = DVBl. 1999, 338: Vorlaeufige Spielhallenschließung)一案。

主管公共秩序的行政机关确认在 S 游艺厅内和门前有过麻醉品交易,于是该行政机关下达了口头通知,要求立即暂时关闭该游艺厅。几天以后,又在书面决定中再次确定口头通知的关闭决定,并引用了一般警察和秩序法,同时进一步规定,该游艺厅在澄清其是否符合工商法上“值得信赖”的要求之前必须一直关闭。行政机关的行为是否符合法律规定呢?回答该问题的关键在于:是否可以根据州法的规定作出一个暂时的“禁止营业”决定。因为根据工商条例第 1 条第 1 款的规定,只要该法没有例外规定或限制,则每个人都允许从事工商业活动。如果某州法规定了普遍的工商许可限制或者允许行政机关一般性地禁止工商业活动,则该法不符合联邦法规定的工商自由,根据基本法第 31 条(联邦法优先于州法)州法无效,所以根据州法作出的永久性的工商营业禁止决定也无效。但是该案中的“暂时关闭营业场所”并不包括这样的禁止决定,因为该决定只在必要的调查期间有效;工商营业的法律权力仍然保留,只是暂时受到限制,直到作出 S 是否

“值得信赖”的决定为止。如果存在上述前提条件,则行政决定的合法性毋庸置疑。

从此案可以得出这样的结论:为了防御危险,在做出行政决定前的调查期间完全可以适用一般警察和安全法(OVG Muenster, GewArch. 2001, 71 ff.)。另一个问题是,如果必须禁止某种新出现的工商活动形式,**警察法的一般概括条款**是否可以作为干预职业自由的充分法律依据。回答该问题必须首先对不同的利益进行衡量(BVerwG, GewArch. 2002, 154 ff.)。

工商条例第 6 条规定了该法的**适用范围**。根据该条款,某些特定领域的工商行为由特别法来调整,例如律师、审计师和经济审计公司的从业活动。新修正的工商条例第 6 条第 3 款(自 1998 年 10 月 1 日起生效)扩大了排除适用工商条例的范围。例如,除了关于工商业登记总簿的例外规定,工商条例不再适用于医护车的乘客运输(该运输指的是乘客运输法第 1 条第 2 款第 2 项结合该法第 1 条第 1 款)。由此,医护车的乘客运输完全脱离了工商法的监督,但现存的州法规定对此漏洞作了弥补。

三、管　　辖

执行工商条例不是一个行政机关的事务,而是分别由不同的机构来承担的。执行该法第 2、4 和 10 部分的一般是县治安机构(在石荷州是县长和不辖县的市的市长)。在石荷州,对管辖作具体规定的是“关于根据工商业条例确定相关事务主管机关的州行政法规”(关于所有联邦州的规定参见:Tettinger/Wank, GewO, § 155 Rn. 6 ff.)。由工商条例主管机关条例结合管辖权目录来确定对具体个案负责的行政机关,管辖权目录作为附录是工商条例的重要组成部分。所以,执行工商条例第 15 条第 2 款以及第 35 条的行政机关一般是县治安机关。在机构改革过程中,也有一些县辖的乡镇得到了该事务的管辖权。在一定的条件下,人口多于 2 万的小市的市长也作为地方治安机构负责执行工商条例第 15 条第 2 款的规定,在人口多于 1 万的乡镇,则由市长负责执行该法规。

工商条例的其他管辖规定则依据地域、事务性质和执行工商法律的难度来确定。所以,有时工商协会或者执行警察也有权执行工商条例。

区别于工商行政机关的是工商监督机关(工商条例第 139b 条的规

定),建立该机构是各州的责任。石荷州的工商监督局在1997年被撤销,其一部分事务管辖权由新成立的直属联邦的环保局接管。

第二节 工商业的概念

整个工商条例都没有对“工商业”的概念作出定义。即使是工商条例第6条将某些行业排除适用工商条例,也没有给出明确的定义。虽然乍一看,人们会惊讶,作为核心概念的工商业却没有定义,但细一想,一切又都在情理之中,因为只有保持**工商业概念的开放性**,才能保证该法跟得上层出不穷的新形式的经济活动的发展。不过,司法界和学界都对工商法的概念达成了很大程度的共识,从而保证把因适用工商法而引发的法律不安定限制在符合宪法的范围内。据此,**工商条例中的工商业**是指具有社会价值的、得到法律允许的、以营利为目的的、长期的而不是偶尔从事的独立经营活动,但原产品生产、自由职业和单纯的管理自有财产不属于工商业活动(BVerwG NJW 1977, 772; Stober, Besonderes Wirtschaftsverwaltungsrecht, S. 7 f.)。该概念具有很多客观的、主观的、正面肯定和反面排除的特征,只有全部符合了这些特征的行为才是工商业行为。工商业概念对于整个工商业条例的适用性至关重要,也就是说,是适用工商条例的敲门砖。

一般来说,工商业的概念包括分成正面肯定和反面否定两个要件,肯定要件是指符合经营性(Gewerbsmaeßigkeit)要求,否定要件是指经营能力(Gewerbsfaehigkeit),根据否定要件则可以确定某营业活动可否被认定为工商业。只有某活动既具有经营能力,又符合经营性要求,才是工商条例所指的“工商业”。

一、经营性(Gewerbsmaeßigkeit)

经营性回答人们如何进行经营活动的问题。其又包括四个特征,即:法律允许的、长期和持续的、以营利为目的的以及独立从业的。

(一)法律允许的活动(Erlaubte Taetigkeit)

经营活动必须符合法律规定,也就是说是法律允许的,或者说,不是普遍禁止的。在此,还要注意**刑法或其他法律的禁止规定**,例如,刑法典第

260 条(具有营业性的窝赃行为),刑法典第 302d 条(具有营业性的高利贷行为)或者刑法典第 180b 条(贩卖人口)。还有其他一些行为,虽然不是刑法禁止的,但也是法律不允许从事的工商业行为,如器官移植法第 17 条禁止器官买卖行为。

人们一直争论不休的问题是,**卖淫**到底是法律允许的还是禁止的。主流观点否定其是工商业条例中所规定的工商业行为。而正确的做法应该区别对待不同形式的卖淫活动。例如,如果经营一个场所,妓女在其中卖淫,而且,妓女在人身和经济上都依附于该经营机构,则根据刑法典第 180a 条第 1 款第 1 项是违反刑法的行为。但是,如果妓女独立从业,而且遵守所有的治安管理规定(如只在圈定的区域内从业),则卖淫活动不应当被绝对禁止。另外一个问题是,卖淫是否被视为违反公序良俗而不具有社会价值,因而"应当"被禁止?

通行观点认定"法律允许"特征时依据的不仅是刑法和其他禁止性法律,而且也包括**公序良俗**。"公序良俗"指的是所有公正合理的思想观念和礼仪规矩,以及法律共同体内的符合社会伦理的价值观(BVerwGE 84, 314/317; OVG Muenster, GewArch. 1995, 470)。由于缺少"公序良俗"的确切定义,而且要参照(很难确定的)社会伦理标准,所以,把公序良俗作为判断工商活动是否可以得到允许的标准还是很有问题的。对此存在两种顾虑:首先,立法者几乎无法对概念的解释产生影响;其次,法院必须单独判定社会风俗标准(反对观点见:Schulze-Fielitz, NVwZ 1993, 1156/1161)。鉴于以上顾虑,在使用违反公序良俗作为判断工商业活动的合法性的问题上,即使不是尽量避免使用这一标准,也应当非常谨慎地运用。对什么是违反公序良俗,为更好地适应民主国家的要求,应该像在竞争公法中那样,把违反公序良俗作为一个特殊的违法行为来对待。

例:某游艺厅经营一种激光游戏,游戏者手持一种类似手枪的工具向对手的前胸和后背射击,来"杀死"对手。这种经营活动就是违反善良风俗的(OVG Koblenz, DOEV 1994, 965 f.)。"法律允许的"这一要求也表明,"工商业"这一概念并不是在所有法律中统一运用的,而是特别的行业有不同的规定。所以,"法律允许"这一要求并不适用于税务条例中的工商业的定义,因为来自违法行为的收入也都会被征税。与此相对应,联邦宪法法院也确认(BVerfG, NJW 1996, 2086 f.):妓院的收入也要征税,这样一来就使这一违法行为符合了税法上的工商业概念。

(二)长期或持续的经营活动(Dauerhate bzw. fortgesetze Taetigkeit)

经营活动必须不是偶尔为之,而是在较长的一段时间内持续从事。但这并不是要求经营活动不能中断,所以,季节性的经营也符合该标准(例如,冷饮店、远足俱乐部以及专门出售新上市葡萄酒的小酒馆)。但是,必须要有持续经营的打算。

例:在体育馆外一次性地出售足球赛门票也可能是持续的或有重复动机的经营活动,也可能被视为是一种工商业活动(fuer den Begriff der Gewerbsmaeßigkeit in § 55 Abs. 1 GewO OLG Hamm, GewArch. 1994, 168/169; s. hierzu auch BGH, NStZ 1995, 38 f.)。

(三)营利目的(Gewinnerzielungsabsicht)

从事的经营活动必须是以营利为目的的。只要有营利目的即可,实际上是否能够盈利无关紧要。与盈利性相对立的概念是公益性,即不是为了自已,而是以促进公众的物质和精神生活以及善良风俗为目的的活动。如果一个组织或经营者同时从事两种性质不同的活动,则要从总体上来判定其活动的性质(BVerwG, GewArch. 1993, 196/197 f.; VGH Mannheim, GewArch. 1995, 339)。

有争议的是,是否应该设定一个**小额赢利的界限**(Bagatellgrenze),如果低于该界限,即使有营利目的,也不算作是工商业行为(反对观点见:Stober, Besonderes Wirtschaftsverwaltungsrecht, S. 10;赞成观点见:Stollenwerk, Praxishandbuch zur Gewerbeordnung, Rn. 118)。持反对意见的人认为,该标准具有不确定性而且很难操作;赞成意见认为,工商条例已经明确表明,不调整微不足道的经济活动。通行的观点试图借助整体判断理论来使小额赢利的问题获得合理的解决。整体判断理论要求,除了确定某活动具有工商业活动的传统特征外,其整体表现也要符合工商业活动的一般要求(BVerwG, GewArch. 1993, 196/197 f.; kritisch Frotscher, in: Schmidt [Hrsg.], Oeffentliches Wirtschaftsrecht-BT 2, § 1 Rn. 33)。

工商业活动必须具有营利目的这一特征使“工商业”的概念区别于公用企业或国家经济活动的概念。对后两者来说,营利目的不是概念包含的必要内容(Schliesky, Oeffentliches Wettbewerbsrecht, S. 51)。

例:如果一个公益性的社团提供餐饮和住宿服务(如自然保护之家),但亏本经营,收入所得都是为了补贴成本和开销,经营活动都是为了社团的精神生活,则这种经营活动不具有营利目的,而且不需要注册登记(工商条例第14条第1款第1句)(AG Radolfzell, NVwZ-RR 1998, 233 f.)。

(四)独立从业(Selbstaendigkeit)

最后,工商业活动必须是独立进行的。如果某工商业活动是以自己的名义实施的、自负其责的、在人事和事务上都是独立的,则符合独立从业的标准。该标准可以保证使工商业者和经营者的代理人(工商条例第45条)以及工商业者的助手(工商业条例第41条、第105条)区别开来。但工商业者和有些职业有时也很难区别,例如,商业代表或商业经纪人。正是由于这种困难,从整体上来判断活动的性质就非常重要,也就是说要综合考虑工商业者是否具有人事上的独立性、不受到其他人指挥、可以自由地安排业务和时间。在判断工商业的“独立从业”特征时,如果不运用**整体判断理论**(Gesamtbildtheorie)则常常无法得出结论。

值得注意的是,根据工商业条例第2部分的规定,完全的独立性要求只适用于定点营业的工商业,而工商条例第55条明确规定,**非独立性**的营业活动也属于工商业。

与独立从业相关的另一个问题是目前正在讨论的热点问题——**表面独立性**(Scheinselbstaendigkeit),即:如果某人虽然在法律形式上是独立从业的,但却像雇员一样系属于一个企业并受其领导,则被认为是表面上的独立。目前,该问题主要在社会法领域讨论,但对工商业法来说也意义重大(Stollenwerk, Praxishandbuch zur Gewerbeordnung, Rn. 539 ff.)。因为目前讨论的出发点都显然是为了保护表面独立的工商业者的权利,如劳动合同解除权、要求继续支付工资以及社会保险等方面的权利,所以,在工商业法中则应当保留一直沿用的关于独立性的标准。因为工商条例的目的是经济监督而不是社会保障,所以,对表面上独立的工商业也必须进行有效的经济监督（Stober, Besonderes Wirtschaftsverwaltungsrecht, S. 13 f.）。

因为“独立性”标准是从工商业条例第14条推导出来的，所以从这一条款也可以得知，独立性的要求只是适用于定点营业的工商业，而不适用于流动摊贩。

独立性的要求常常会在“替罪羊代理人”问题上遇到麻烦，这种代理人虽然对外代表营业者，但对内实际上是一个被操纵的“傀儡”，其只是真正经营者的一个“幌子”，所以，即使该企业被禁止营业了，但幕后操纵者因未受到处罚，也未被怀疑其信任度，而得以日后继续营业。这一问题应当根据工商条例第35条深入讨论解决。

商业活动的**经营性**要求也可以由特别法规定或由**特别法**做出例外规定。例如，环境鉴定专家根据环境监测法第4条第2款所作的鉴定活动不是工商业行为。

二、经营能力（Gewerbsfaehigkeit）

如果某活动满足了工商业的正面特征要求，被确认为具有经营性后，还要审查该活动是否具有经营能力。审查依据的是负面的三个排除特征。某行为即使符合了经营性的特征，也可能被排除适用工商条例。

（一）原产品生产（Urproduktion）

原产品生产是指利用土地和其他自然资源获取自然产品的行为。工商业条例第6条列举了渔业、矿业和畜牧业作为例子，当然列举并没有穷尽。同样被从经营性中排除的还有农业、林业、园林业和葡萄酒种植业、狩猎以及采集原产品。但是随着日益增多的大规模集中的家禽家畜饲养，以及在新联邦州工业化的大面积农业垦殖，排除前述经济活动的做法产生了越来越多的问题。

如果从广义上来理解原产品生产，那么生产流程中的第一道工序——对产品的加工和处理也被排除在经营能力之外，根据欧共体条约这些经济活动属于农业生产的范围（例如，自己用榨汁机榨葡萄酒或者对自产谷物脱粒打谷）。而且出售自产物品的行为也不属于工商业活动，而是被视为主业的副业，这种经济活动具有从属性的、服务性的功能（BayObLG, GewArch. 1994, 478/479）。与手工业法中的规定一样，在工商条例中也有一条基本原则，即工商业性质的副业具有与主业一样的法律资格，从而分享同样的法律地位。

例：关于生态农场的农场商店的案例（VG Schleswig, SchlHA 1998, 296）。

B在其生态农场上经营一家农场商店，出售自产的农产品，同时也出售他买来的产品，但只占销售额的30%。B出售农产品的行为是否是工商业活动呢？石勒苏益格行政法院认为这是一种工商业行为，因为B的出售行为已经超出了通常情况下只出售原产品的范围。尤其是如果农民在**一个商店**出售其产品，就已经超越了农业经营的范围，不论该商店是在农场内或之外。另一个不容忽视的法律事实是，B所经营的农场商店在一周内营业时间长达20个小时。又如，出售自产农产品的某行为，如果违反了就地出售的原则，也不再属于农业生产的范围。例如，生产者季节性地经营好几个出售柜台，出售其在**不同地点**生产的产品，这就违反了就地出售的原则（VG Schleswig, GewArch. 2001, 373 f.）。

（二）自由职业（Freie Berufe）

自由职业被排除出经营能力的范围几乎没有什么争议，但这种排除除了历史传统的原因外，缺少合理的理由。因为经济生活发生了巨大的变化（例如，出现了被雇佣的律师和审计师），所以人们开始考虑，将自由职业从工商业概念中排除是否符合时代的发展（详见：Stober, Besonderes Wirtschaftsverwaltungsrecht, S. 19 f.）。以前列举的理由，如自由职业者的营利目的与其职业道德不相适宜，如今已经不再具有说服力了。

自由职业可细分为以下几种，如从事较高水平的科学研究、艺术活动或者写作，以及较高水平的个人服务，这类服务都要求有较高的教育背景。因为很难仔细区分科学和艺术，所以也很难区分工商业和第一大类型的自由职业。典型的例子是摄影应该归入工商业活动还是艺术职业。第二大类的自由职业是指那些需要较高教育水平的职业。工商条例第6条列举的典型职业有教师、幼教、律师、审计师、税务顾问和医生。一般来说，如果某种服务要求具有大学文凭为前提，则该服务就是高附加值的服务（OVG Lueneburg, GewArch. 2002, 293）。

现如今某经济活动是否归入上述两类自由职业的重要性不在于该职业因此而具有较高的社会威望，而是如果归入自由职业就可以享受免除工商营业税的待遇。

例：关于提供企业顾问是否属于工商业活动的案例（VGH Kassel, NVwZ-RR 1994, 324）。

该案的核心问题是：企业顾问是属于自由职业者还是工商业者？卡塞尔行政法院将企业顾问的行为认定为工商业活动，从而适用工商业条例，依据是工商业条例第6条。因为该职业在工商业条例第6条中没有提到，也就是说，企业顾问这一职业没有像该条列举的其他职业那样被排除，因而也不受到其他特别法律的监督调整。所以，企业顾问的活动应当被视为是独立的工商业活动，属于工商业条例的调整范围（a. A. Stollenwerk, Praxishandbuch zur Gewerbeordnung, Rn. 154 f.）。又如，“体育活动的主办人”（判例中为自行车体育活动的组织者）从事的活动是工商业活动而不是自由职业行为，因为组织和运作体育活动不需要较高的教育背景，例如不要求大学文凭（VG Schleswig, GewArch. 1999, 479 f.）。同样的判断标准也适用于经营瑜伽学校（OVG Muenster, GewArch. 2001, 293）。

（三）管理自有财产（Verwaltung eigenen Vermoegens）

管理自有财产只要在适当的、常规的范围内，一般即被认为不具有经营能力。而且对管理自有财产的事实认定与税法上的规定类似。管理自有财产被排除出工商业的一个正当的理由是，工商条例的立法目的中没有包括对该行为的监督（BVerwG, GewArch. 1993, 196/197 f.）。另外，管理自有财产也欠缺强烈的营利目的和从业的持续性，而这两个特征是工商业活动不可或缺的基本要素。由此也可以看出，管理自有财产和盈利性的财产管理之间有时很难区分。在这种情况下就需要从整体上来判断财产管理的性质，同时考虑其是否具有强烈的营利目的。

例：关于出租度假寓所的案例（BVerwG, GewArch. 1993, 196 ff.）。

某公寓楼的所有人拥有15套住房，其中有10套住房的55个床位一年中有 2 ~6 个星期作为度假寓所出租。联邦行政法院认为这是一种工商营业行为。在该案中联邦行政法院运用的就是对事物表象进行整体判断的方法,根据现有的标准,该财产所有人的行为是一种在度假区经营旅店的工商业活动。又如,石勒苏益格行政法院也认定(VG Schleswig, GewArch. 2002, 292 f.),出租整个住房中的6 套房间30 个床位作为度假寓所的行为是营业性行为。再如,某人不断地收购旧房子,然后让大约 16 个不需缴纳社会保险的工人重新维修,接着再出租出去,根据曼海姆行政法院的观点(VGH Mannheim, GewArch. 1995, 339),这是一种定点营业行为。

参考文献: Frotscher, Wirtschaftsverwaltungs- und Wirtschaftsverwaltungsrecht, § 9; Stober, Besonderes Wirtschaftsverwaltungsrecht, § 45 IV; Stollenwerk, Praxishandbuch zur Gewerbeordnung, Rn. 98 ff.

第三节 工商业法的法律调整手段

一、无需许可原则(Grundsatz der Genehmigungsfreiheit)

工商业法中规定了**工商业自由原则**(Grundsatz der Gewerbefreiheit),这是对历史的继承。根据该原则,只要工商条例没有对工商自由的限制或例外规定,则每个人都允许从事工商业(工商条例第 1 条第 1 句)。因为宪法确认了工商业自由(基本法第12 条第1 款),所以普通法上关于保障工商业自由的规定就失去了原有的意义,但是工商条例第 1 条第 1 款的规定对外国人还是有重要意义的,因为基本法第 12 条第 1 款只适用于德国人,而工商条例的该款规定适用于所有人,所以工商条例第 1 条第 1 款是外国自然人和法人以及(内国)公法法人行使工商自由的法律依据。

工商条例第 1 条第 1 款规定的工商业自由也具有其他方面的意义。该工商条例规定,只有本法可以明确规定工商自由的例外或限制(本法当然也包括从工商条例中独立出来的手工业条例和旅店餐饮业法),所以该法具有阻止州立法者行使竞合立法权的作用(竞合立法权的规定见基本法第72 条第1 款),这一作用对于警察和秩序法的适用都有重要影响。不过,工商条例第 1 条第 1 款阻止行使竞合立法权的作用只适用于**经营工商业**,也就是说，只是针对开始或经营某工商业的自由，而不是择业自由，工商业经营方式或从业方式不享受该法的保护。另外，不允许立法者行使竞合立法权的规定不适用于建设条例或道路法等州法，这类法律可以详细规定从事工商业活动的方式（BVerfGE 28, 364/373 f.）。

工商条例第1条第1款规定的工商自由原则对工商业法的法律调整手段也具有非常重要的意义，因为工商业自由同时也意味着**从事工商业原则上不需要申请许可**。工商条例第1条第1款的后半句规定可以对工商自由进行限制，立法者在不同的范围内使用这种限制。工商业活动可能造成的**危险决定了其受到监督的程度**，而且构成了一个程度不同的监督体系。根据工商活动的危害程度的不同，工商条例的立法者设计了一个三层次的监督制度，三个层次对应三种不同的工商业活动：定点营业、流动营业和博览会、展览和集市。流动营业必须经许可方可从事，博览会、展览和集市则不需要申请许可，有时甚至不需要登记注册。监督程度处于二者中间的是实践中最重要的一种工商业活动，即定点营业。定点营业一般情况下只需要登记注册，只有某些行业需要申请许可。对于立法者列举的一般禁止个别许可的情形，为了保护公众不受到工商业活动的危害，主管机关必须对其进行特别的监督。

与工商业自由对应的是**工商监督**（Gewerbeueberwachung），这也是工商条例的侧重点。对于不需要事前申请的工商业活动只能进行**事后的监督**。为了主管行政机关在上述情形下仍然可以有效实施监督并获得必要的信息，立法者特别规定了**问讯和查看权**（Auskunfts- und Nachschaurechte）。在第二部工商法修改法（1998年10月1日生效）（BGBl. I S. 1291）之前，问讯和查看权都分散规定在不同的工商行业法规中，之后则统一规定在工商条例第29条之中。根据该条规定，工商业经营者必须满足主管机关委托人的要求，无偿提供对工商业监督必需的口头的或书面的问讯信息。工商条例第1条第2款规定，受到行政机关委托的工作人员有权出于监督的目的，在通常的营业时间进入当事人所拥有的土地和营业场所，进行现场检查和勘验，或者查阅商业文件。此外，工商条例第29条第4款还规定，对于其他的工商业活动，只要事实证明了人们的猜测，某人正在从事一个必须经许可才可从事的或者必须接受监督的工商业活动，则可以对该工商企业进行查看。根据工商条例第61a条第1款和第71b条第1款,工商条例第29条也可以分别适用于流动营业和在博览会、展览或集市上从事的工商业活动。

行政机关的进入查看权(behoerdliche Nachschaurechte)总是不断地引起法律问题,因为该权利与基本法第13条所规定的住宅权不可侵犯的法律体例不是很适合。宪法制定者并没有利用修改基本法第13条(修改的动因是为引入"合法窃听")的机会来为行政机关进入查看权创造一个宪法基础(反对意见:Kempen, NVwZ 1999, 360/362)。联邦宪法法院通过一个有争议的观点来解决该问题,其认为行政机关的进入和查看权并没有"侵犯和限制"基本法第13条第7款规定的权利,因为对商业场所的住宅不受侵犯权的防御保护程度要低于私人住宅(BVerfGE 32, 54/76; BVerfG, NVwZ-RR 1995, 425/426)。如果认可该观点,那么进入和查看权就只有运用基本法第2条第1款(在不侵犯他人和法律的情况下,人人享有个性自由发展的权利)来衡量了。但有趣的是,立法者似乎是从限制基本法第13条(住宅不受侵犯权)出发来规定进入和查看权的,因为工商条例第29条第2款第2句引用了基本法第13条,并明确规定住宅自由因此受到限制。根据联邦宪法法院的观点,适用基本法第2条第1款来审查行政机关进入查看权时要遵守四个条件:第一,进入商业场所需要有专门法律的规定;第二,进入和查看商业场所是为了特定的法律允许的目的,而且必须是达到该目的所必需的;第三,法律必须明确规定进入的目的、查看的物体和范围;第四,进入商业场所必须是在正常的营业时间。上述要求实际上是从比例**原则**中引申出来的。

工商条例除了对定点营业和经许可方可营业的工商业活动作了一般规定外,还对某些特殊的工商业行业作了特殊规定,这些行业本身都具有较高的危害性。以前各联邦州都根据工商条例原第38条的授权规定各自需要特别监督的工商行业,第二部工商条例修改法在新的工商条例第38条中对**需要特别监督的工商行业作了**统一规定,废除了28个州各自为政的行政规定。对从事需要监督的工商业的经营者来说,主管行政机关必须在其根据工商条例第14条申报以后,立即审查其是否值得信赖。为此,工商业者有义务在工商注册登记或改变登记后立即提交经营证明以及工商业统一登记簿中所要求的信息。如果工商业者没有遵守该义务,则行政机关可依据职权自己调取该信息。

参考文献：Frotscher，Gewerberecht，in：Schmidt（Hrsg.），Oeffentliches Wirtschaftsrecht- BT 1，§ 1 Rn. 6 ff.；Hahn，Die nach § 38 GewO ueberwachungsbeduerftigen Gewerbe，GewArch. 1999，217 ff.；Vosskuhle，Behoerdliche Betretungs- und Nachschaurechte，DVBl. 1994，611 ff.

二、申报义务（工商条例第 14 条）（Anzeigepflicht）

虽然工商条例第 14 条因为其在整个法律体系中的位置而只适用于定点营业的工商业，但该条款却包含了一种典型的工商法调整手段——申报义务。根据工商条例第 14 条第 1 款第 1 句的规定，所有独立从事定点工商业的或者经营分支机构或新设一个非独立的分支机构的工商业者都必须到相关的主管机关申报（详见：Marcks，in：Robinski，Gewerberecht，F.）。必须申报的事项包括开业、转移营业地点、改变分支机构、扩展营业范围以及增加营业内容等（但不包括：季节性歇业，如冷饮店或露营地）（具体见工商条例第 14 条第 1 款第 2 句）。

工商条例第 14 条第 1 款第 3 句规定了申报义务的目的，即通过申报使主管行政机关**监督工商业活动的实施**（Frotscher，NVwZ 1996，33/34 f.）。只有根据申报的资料行政机关才能够审查该工商业活动是否必须经过许可；此外，申报材料还为统计经济信息提供了数据资料，或者为工商登记簿提供必要信息。

申报义务被规定在工商条例定点营业这一章的最前面并不是毫无理由的。因为只有根据申报的材料才可以判定该经营活动是否为工商条例定义的"工商业活动"，所以该规定具有重要意义。

根据工商条例第 14 条进行的申报不能替代许可申请，更不能替代营业许可。根据工商条例第 15 条，主管行政机关必须在收到工商申报后 3 天之内出具一份证书［即所谓的**"营业执照"**（Gewerbeschein）］，但该证书并不是关于工商业活动合法性的说明，更不是行政程序法第 38 条第 1 款意义上的承诺，也就是说并不许诺将来一定会颁发营业许可证。该证明仅仅是一个事实说明，因为缺乏独立的调整内容，所以不是一个行政行为。但有争议的是，**拒绝出具该证明的行为**是否是行政行为（持肯定意见的为：Tettinger/Wank，GewO，§ 15 Rn. 6；持反对意见的为：Stollenwerk，Praxishandbuch zur Gewerbeordnung, Rn. 212)。

申报义务人是从事工商业的人。违反申报义务的行为构成**秩序违法**(见工商条例第146条第2款第1项)。如果工商业者在适当的期限内没有履行**注销工商登记**的义务,行政机关可以**依职权**自行注销该登记(见工商条例第14条第1款第5句)。

近来人们开始质疑:工商条例第14条第1款所规定的申报义务是否与欧盟法上的服务自由相符合(VG Lueneburg, GewArch. 1998, 28 f.)。引发讨论的情形为:住所在其他欧盟成员国的企业在德国从事工商业活动,在其住所之外向德国提供服务,例如建筑服务业。大多数人认为,这样的企业必须履行申报义务。但随之产生的问题是,根据工商条例第42条第2款,德国的企业如果在工商条例的适用法域内开设分支机构,则无须再次申报。某大型建筑公司的总部在建筑工地所在地,该公司想开设一个分支机构,而只有该公司的住所地在德国时,其才可以享受工商条例第42条规定的"特权"而免除申报义务。在这种情况下,该企业就受到了不同于德国企业的不平等待遇,这并不符合欧共体条约第49f条的规定(Fueßer/Schiedt, NVwZ 1999, 620/621 f.)。

例:宗教组织的服务。

自称为教会的某宗教组织S向其成员有偿提供商品和服务(例如:辅导班;咨询性质的讨论课)。主管机关根据工商条例第14条的规定要求S进行工商申报,但S没有遵从该义务。主管行政机关向S做出了一个决定,要求其"在该决定不可撤销之后的两周之内,就经营辅导班、讨论课、书籍和教授课程等的定点工商业活动向主管行政机关进行申报"。工商条例第14条第1款第1句规定的申报义务适用于"独立经营定点商业活动"。所以,在本案中至关重要的是S的销售和服务行为是否属于工商业活动。工商业活动的一个特征是"以营利为目的",本案中的疑难问题是如何确定营利性的特征。在以前的判例中,是否以出售商品和服务为目的对判断某行为是否应当适用工商条例无足轻重。把某行为纳入工商法的调整范围的目的是为了保护公众或个人不受到危险侵害、避免明显的不利或滋扰。根据一般经验,某些特定的经济活动会带来这些负面的危害或影响。是否受到工商业法的约束不完全取决于商业目的,也就是说,具有宗教目的的或世界观目的的活动也并不一定不受到工商业法的约束。某协会也可能只针对其成员从事“以营利为目的”商业活动,协会的成员也可以是应被保护的工商法上的第三人。因此,在本案中,S 的行为符合工商业的概念,因而要履行工商条例所规定的申报义务。又因为该义务是法律直接规定的,所以行政机关的决定就是一个执行性的行政行为,该行政决定的内容也没有超出直接的法定义务,即没有超出工商条例第 14 条所规定的义务范围。(可以与该案比照的判决见:BVerwG, NVwZ 1999, 766 ff.; OVG Bremen, NVwZ-RR 1997, 408 ff.; BVerwG, GewArch. 1995, 152 ff.; OVG Hamburg, GewArch. 1994, 15 ff.)

三、因缺乏可靠性导致从业禁止(工商条例第 35 条)(Untersagung wegen Unzuverlaessigkeit)

工商条例第 35 条规定对**缺乏可靠性的工商业者**必须禁止其从业。该条规定是作出从业禁止的法律依据,也是**对工商自由的必要修正**。该规定体现了工商条例的一个特征,即:工商条例是防御危险和进行经济监督的法律手段。因此,要求工商业者值得信赖就是贯穿整个工商业法的一个基本原则,当然在其他的法律中该要求也发挥了重要作用,例如在基因技术法第 13 条第 1 款第 1 项,放射物质保护法第 20 条第 3 款第 1 句,环境监测法第 9 条第 1 款第 1 句,以及电信法第 8 条第 3 款第 1 句第 1 项。

从**法律体系的角度**来看,工商条例第 35 条规定在第二部分“定点营业”中,这就是说,该条款只适用于定点营业的工商业活动。此外,从整个法律体系的角度来说,工商条例第 35 条只适用于那些不需要许可的工商业活动(工商业条例第 1 条第 1 款意义上的工商业活动),也就是说不需要特别经营许可的活动。这一点也体现在工商条例第 35 条第 8 款第 1 句的规定中。该条款规定,如果有特殊法律规定了从业禁止,则应该援引适用该特殊法律。与法律的体系化相适应,工商条例第 57 条规定了调整吊销**流动营业**经营卡的情形,而对于**博览会**、**展览和集市则**由工商条例第 70a 条调整,如果工商业者不值得信任,则可以禁止其参加会展或集市活动。

工商业监督的**核心概念**是工商业者**值得(或不值得)信赖**([Un-]Zuverlaessigkeit)。跟工商业的概念处境相同,工商业条例也没有对什么是"值得信赖"做出法律定义。个别特殊法律例外地对该概念作了法律定义,如**货物运输法第3条第3款第1项**,根据该条款,"如果企业家或被雇佣的企业领导人员能够保证合法地经营企业而且在经营过程中能够保证公众不受到损害或危险的威胁,则其是值得信赖的",**电信法第8条第3款第2句第1项**也有类似的规定。以联邦行政法院为领头人(BVerwGE 65, 1/2),在司法界和学界形成了一个统一的"不可信赖"的概念,该概念在其他工商法律中也得到了运用,即:**不可信赖**是指某人的行为给人留下一个整体印象,其将来不会合法地从事工商活动。不可信赖针对的一般只是那些不再能保证合法经营的工商业。不过,工商条例第35条第1款第1句所规定的禁止从业的范围涉及所有工商业活动。"不可信赖"最后还指**经营者缺乏从事工商业活动的品质和能力**(Locher, in: Jarass, Wirtschaftsverwaltungsrecht, § 15 Rn. 71)。这种形式的"不可信赖"有时是由法律列举规定的,例如,工商条例第33c条第2款第2句、第33d条第3款第2句等列举的情形。由此可见,**不是所有的违法行为**都会影响工商业者的可信度,对工商业者信誉产生影响的主要是违反公法规范的行为。而且对不同的工商业活动也有不同的要求。在私法领域的违法行为或者"不可信赖的行为"一般都不考虑,除非该民事违法行为很严重且持续不断。

例:某货物运输企业业主在业余时间驾驶私人汽车交通肇事,但是其货物运输业却长期合规经营,该业主就不能因为其私生活中的违法行为而被认定为不可信赖(BVerwGE 36, 288/290)。

不可信赖的概念是一个需要价值判断的不确定法律概念。由行政机关进行事实判断从而得出不可信赖的结论是否应当受到全面的司法审查,是一个有争议的问题(Laubinger, VerwArch. 89 [1998], 145/159 m. umfanger. Nw.)。根据主流的正确观点,法院应当对其进行审查,因为基本法第12条规定的职业自由要求司法审查,而工商业活动正是行使职业自由的行为,所以,由行政机关做出的事实判断完全可以受到法院的审查。

确定某工商业者不可信赖需要行政机关做出一个**预测性决定**。做出该决定的依据是过去和现在的事实，基于这些事实不可能期望该从业者**将来**能够遵纪守法地从事工商业活动。就像危险预防法一样，在此起决定作用的是存在不遵纪守法的**较大可能性**（Wahrscheinlichkeit）。该“预测”基于现有的事实和对从业者的总体评价而得出一个论断，该论断针对从业者将来可能实施的行为。依据可能性标准而得出的不确切的论断必须接受基本法规定的职业自由的严格审查（BVerwG, GewArch. 1997, 242/243）。根据比例原则可以得出以下结论，损失越大，越严重，这种损害发生的可能性就越小，而对或然性的要求也就越低。在预测某工商业者是否具有必要的可信性时，也要考虑到这一点（这就是所谓的有差别的或然性标准）。此外，危险预防法中的危险预测的一般标准也适用于可信性的预测。虽然人们发展确立了一些判断可信性的典型例子，但最重要的还是具体案件具体分析。

按照主流观点，**判断不可信赖的时间节点**不是行政诉讼程序的最后一次口头审理，而是最后一**个行政决定作出的时间**（BVerwGE 65, 1/2; BVerwG, DOEV 1996, 960/963）。这一特殊的期间起算点在工商条例第35条第6款中得到了确认和合法化。根据该条款，行政机关在接到**工商业者的书面申请后**，如果经考察确定其不可信的事实已不存在，则可以撤销不可信的决定，允许工商业者重新营业（关于工商条例第35条第6款是否符合基本法第12条第1款，请参见：BVerfG, NVwZ 1995, 1096）。不过，在某些情况下，如果不可信赖的事实是首次出现或者可以构成禁止营业的理由，则可以把期间的起算点定在行政诉讼的最后一次庭审（OVG Lueneburg, NVwZ 1995, 185 f.）。

判断某工商业者的可信性要依据**事实**，也就是能够用证据证明的事实（Laubinger, VerwArch. 89 [1998]）。行政机关在审查时需要依据具体的事实，而不是进行价值判断，虽然认定某人不可信赖本身是一个价值判断。该事实必须是在过去或现在已经发生的，预测将来会发生某事不能作为事实依据。事实距离现在的时间越久远，其对不可信赖的论断越不重要。作为**调查事实的手段**，主管行政机关可以调取、处理和使用数据（工商条例第11条），申报义务在此也可以起到向行政机关提供数据的作用（工商条例第14条）。对某些特别的工商行业还可以采取额外的审查措施（工商条例第38条），而且允许行政机关针对工商业者进行询问或进入其住所查看（工商条例第 29 条)。

综上所述,并没有确定的事实可以用来判定某人必然不可信赖。但是,却有一些值得仔细观察的事实可以作为论证某人不可信赖的理由(详见:Laubinger, VerwArch. 89 [1998], 145/150 ff.)。

1. 实施了受到刑法处罚或秩序罚的行为。一方面,某工商业者是否受到了刑法处罚无关紧要,只要危害了法益就足以判定其不可信赖;另一方面,并不是每一个违反刑法的行为都可以作为某人不可信赖的理由,即使该行为严重违法。所以应该做出以下非常谨慎的表述:犯罪行为与工商业活动的关系越紧密,犯罪行为危害性越大,罪犯的主观故意越明显,则该违法行为越能说明该工商业者不可信赖。

2. 不遵守税法规定的义务。这一情形常常出现在实践和法院判决中。如果某人不遵守税法义务,尤其是不及时纳税和/或进行税务申报,则完全可以断定其不可信赖。根据联邦行政法院的通常判决,偷税漏税行为,如果数额较大,或者所占应缴税款的比重较大,都可以作为恰当的理由来认定某工商业者不可信赖。而且工商业者不遵守税法义务的时间长短也对判定其是否具有可信性具有重要作用(BVerwG, GewArch. 1988, 162 f.; GewArch. 1999, 72)。但是,在判断企业经济偿付能力和欠税的严重性时,不能只考虑偷漏税的数额大小。

3. 不遵守社会保险法规定的义务。工商企业如果不为其雇员缴纳社会保险费用,则可以根据适用于偷漏税的相同原则,将该企业认定为不可信赖。在此类情形下,当然应当认定工商企业具有遵守社会保险法的义务以保护企业雇员的利益。

4. 经济给付不能。认定某人不可信赖的另一个可能理由是经济给付不能,这一理由与不履行税法和社会保险法的义务紧密相连。联邦行政法院在判决中认为,如果某工商企业长期经济给付不能,则可认定该企业不可信赖。经济给付不能是指没有足够的资金进行企业的日常运营,而且也无法履行公法上的支付义务,同时也没有迹象表明该现状将得到好转(例如通过卓有成效的企业重组)(BVerwG, GewArch. 1999, 72)。在这一点上要注意新增加的于 1999 年 1 月 1 日生效的工商条例第 12 条,该条款明确规定,在某企业处于破产程序时,不得因其缺乏给付能力而认定其不可信并禁止其继续营业,该规定的目的在于不妨碍破产程序的进行。此外,根据联邦宪法法院的观点,从经济给付能力角度来认定工商法上的不可信赖并不存在宪法问题。

5. 欠缺从事工商业的能力。缺乏专业知识,或在智力和体力上不适合从事相关的工商业等都可以构成认定某人不可信赖的理由。这些要求也适用于其他工商业,根据经验,必要的专业技能对于合乎规范地从事这些工商行业是必不可少的。对该事实的认定人们非常谨慎小心,否则可能会出现这种危险,即:借助可信赖这一标准,变相要求工商业者具备法律并没有规定的专业证书,否则就认定某人不具备能力,从而不可信赖。为了避免这种情况发生,工商条例原第35a条被取消了(BGBl. I 1984 S. 1008),原法条的内容为:如果缺乏某行业所要求的理论或实践培训,则可被认定为工商条例第35条第1款所指的不可信赖的事实。

6. 对认定不可信赖有重要意义的其他事实。很多通过判例确定的认定不可信赖的事实依据都可以纳入该兜底规定,例如:精神病、吸毒或酗酒,雇用外国非法劳工、严重的种族歧视、散播新纳粹言论,允许和纵容游艺厅的吸毒行为(Laubinger, VerwArch. 89 [1998], 145/155 ff.)。

禁止营业的**对象**是工商业者。如果是一个法人经营某工商业,则会产生责任归属的问题。有关个人的法律关系(如经济支付能力)可以归责到该法人,有关工商业者个性特征的问题则必须归责到法定代表人身上(Marcks, in: Landmann/Rohmer, GewO, § 35 Rn. 65)。一般来说,可否信赖取决于法律规定的工商业主的个性特征。所以,企业的工作人员或其他参与经营的人员是否值得信赖并不重要。不过,如果工商业者允许一个不值得信赖的人对企业经营产生决定性的影响,则该工商业者也会被认为不值得信赖(BVerwG, GewArch. 1966, 124 f.)。因此,工商业者的配偶或非婚伴侣也会影响到工商业者的可信度。

与上述问题有联系的是关于**"傀儡经理人"**(Strohmann)的问题。傀儡经理人是指表面上对外代表工商业主,实际上是为了给真正的工商业主当幌子,掩盖非法的经营行为。在这种情况下,幕后操纵者给傀儡发布指示,同时承担企业风险,而且在实践中傀儡经理人一般都缺乏专业知识。这种情形之所以经常出现,是因为工商条例第35条第2款规定,在工商业者被认定为不可信赖的情况下,其可以向行政机关递交申请,请求由其指定的代理人继续经营该工商业。为了避免这种规避法律的情形发生,可以把傀儡经理人和幕后操纵人都视为工商业主,都是依据工商条例第 35 条第 1 款作出的禁止决定的约束对象(BVerwGE 65, 12 ff.; BVerwG, NJW 1993, 1346 f.)。工商条例第 35 条第 7a 款对这一观点作了确认。根据该条款,禁止营业决定也可以针对代理人或者是工商业主的委托人做出。该规定特别针对非独立从业,但对工商业活动有决定性影响的第三人,对其的不信任也必将牵涉工商业主(例如,工商业主的配偶)。一般认为,对第三人作出禁止营业决定的前提条件是事先有一个针对工商业主的禁止程序,因为根据工商条例第 35 条第 7a 款作出的禁止决定应当是从属性的。但是该条款明确规定,对第三人的营业禁止决定可以独立做出,不以首先禁止工商业主为必要前提条件(VGH Mannheim, NVwZ-RR 1995, 26 f.)。

认定工商业主不可信赖不需要其具有过错,而且也不需要其具有经济给付不能的情形(BVerwG, Buchholz 451, 20 § 35 GewO Nr. 69)。根据工商条例第 35 条作出的营业禁止决定不具有**惩罚性质**,而是一种**预防危险的措施**,这一点虽然被不断强调,但还是常常被当事人误解。

认定某工商业主不可信赖的要件除了从事定点营业并有构成不可信赖的事实外,根据工商条例第 35 条第 1 款第 1 句还有另外一个前提条件,也就是说,禁止营业是为了保护公众或者是为了保护企业雇员所必要的。为了考察是否存在该要件,必须进行比例原则的审查,内容包括适当性、必要性和狭义比例原则。工商条例规定了采取禁止营业措施所要实现的公共目的——保护公众或保护企业雇员。在进行比例原则审查时必须认真考虑,某禁止决定是否能够全部或部分地得到实现。

行政机关对工商条例第 35 条第 1 款第 1 句所规定的**法律后果没有裁量权**,也就是说,只要满足了构成要件,就必须做出禁止营业的决定。该条款同时也没有规定**对竞争者或消费者提供第三人保护**,对第三人的保护是该条款立法目的(保护公众)的一个必然结果。有争议的是,工商条例第 35 条第 1 款第 1 句所提到的人员(企业雇员)是否可以享有第三人保护。如果运用保护规范理论则应该肯定其享有该权利。与此相关的另一个需要注意的问题是,主管行政机关有裁量权来决定是否将营业禁止扩大到其他的经济活动或者工商业主从事的其他经营活动。行政机关还享有另一种自由裁量权，即根据工商业者自主经营的内容来决定是否继续已经开始的禁止程序，尤其是如果中断行政程序，工商业者就会立即恢复工商业行为，那么就应该行使裁量权，继续禁止其营业(OVG Muenster, GewArch. 2000, 387 f.)。

例：禁止经营吸毒器具(VGH Muenchen, NVwZ-RR 1998, 233)。

A是伊朗人，自1984年起居住在德国，一直没有不良行为表现。自1995年8月1日起开始经营经过申报的工商业"进出口、大量批发或零售、中东物品——银器、纺织品、水烟壶、地毯、礼品"。在此经营范围内，有大约80%的商品都跟麻醉消费品有关。A值得信赖吗？主管行政机关从其经营的商品得出其不可信赖的结论。因为该经营行为至少是与麻醉品有关的活动，而单看那些毒品消费行为就可构成麻醉品法上的犯罪行为。但是慕尼黑行政法院持相反的意见，不过该法院避免做出最后的决定，因为这涉及行政法院组织法第80条第5款所规定的程序。该法院认定，经营上述物品的行为是不符合法规的。虽然禁止营业可以预防麻醉品法上的犯罪行为，但是立法者首先必须决定，与毒品犯罪做斗争的同时可以在多大程度上限制职业自由。如果立法者容忍经营上述物品，那么就不能认为经营该物品的人是不值得信赖的。但是如果某人从事印刷和发送宣传新纳粹思想的工商业行为，则是不值得信赖的。如果其他的行为很可能严重侵害刑法典第130条所保护的法益，实施此行为的人也是不值得信赖的(VG Arnsberg, NVwZ-RR 2000, 17 ff.)。又如，为性商业行为准备一间暗室也是构成不可信赖的事实依据(VG Stuttgart, GewArch. 1998, 291 ff.; GewArch. 2000, 25 ff.; VGH Mannheim, GewArch. 2000, 193 f.)。

原工商条例第35条第5款规定了**关闭企业**(Schließung des Betriebes)的措施，这是一个值得探讨的问题。因为该条款曾经引发了激烈的争论，即：该条款规定的到底是执行禁止营业的一个行政执行措施(OVG Muenster, GewArch. 1982, 129; Heß, in: Friauf, GewO, § 35 Rn. 203)，还是授权行政机关采取另外一个具有工商业法内容的行政行为，即通过威胁和使用强制手段来贯彻禁止营业决定(Marks, in: Landmann/Rohmer, GewO, §

35 Rn. 171)。持第一种观点的理由是,根据工商条例第35条第1款作出的营业禁止决定是行政执行的充分依据,该禁止决定应当根据州行政执行法来执行。但这种观点也受到了质疑,因为禁止从事某工商行业并不必然导致关闭该企业的结果。不过立法者还是更多地遵从了第一种观点,废除了原工商条例第35条第5款的规定(BGBl. I 1998 S. 1291)。立法者认为,执行禁止营业的决定不需要再作出其他的行政行为(BT-Drs. 13/9109, S. 15, unter ausdruecklicher Bezugnahme auf VGH Mannheim, GewArch. 1986, 162)。所以,立法者对上述争论作出了如下结论:从1998年10月1日起,禁止无需许可的定点工商业继续营业的决定可以根据州行政执行法的规定直接执行(OVG Schleswig, GewArch. 1992, 232/233)。通过修改工商条例第35条第7款第2、3句,立法者明确规定,如果某工商业者在被禁止营业后继续经营,则除了做出禁止决定的机关外,当地的其他主管机关都有权对其进行管理。如果州行政执行法允许,在执行营业禁止决定时也可以请求第三人协助。

例:在特定情况下,主管行政机关在执行禁止营业决定时可以要求银行冻结工商业主的账户(VGH Kassel, NVwZ-RR 2000, 152 ff.)。

工商条例第35条第1款是行政机关作出营业禁止决定的法律授权依据,联邦行政法院认为该条款**符合欧盟法的规定**(BVerwG, NVwZ 1994, 374)。虽然其他欧盟成员国都没有类似的规定,但这并不会产生欧洲经济联盟条约第7条(现欧共体条约第12条)所提到的(公开的或隐蔽的)歧视待遇,因为该条款不再要求德国和其他成员国都受到内国法性质的工商法的约束。根据欧洲法院关于商品流通自由的判例,在一定情况下禁止营业也是正确的,因为禁止营业的构成要件涉及的是对经营方面的要求,而不是销售方面的(参见本书第一编第三章)。

工商条例第51条补充规定了禁止营业的**另一种可能性**。工商条例第35条第1款规定的是因为个人能力或人品的问题而产生的不信赖,从而禁止营业,但工商条例第51条第1句规定的却是由于使用设施会对公共福祉产生巨大的损害或危险,则禁止使用该设施。该条款第3句明确指出本法除了不适用于放射物保护法上规定的设施,适用于其他所有的工商业设施,如私人医疗诊所的设备（工商条例第30条，Stollenwerk，Praxishandbuch zur Gewerbeordnung，Rn. 44）。从条文的表述就可以看出，并不是每一个危害公共福祉的设施使用行为都会被禁止，只有产生巨大危害的才被禁止，所以在判断禁止构成要件时，已经对公共利益和工商业者继续使用设施的利益进行了衡量。此外，在决定法律后果方面，行政机关具有符合比例原则的自由裁量权。因为该条款的适用条件很高，而且还规定了必须对禁止使用给予补偿的法律后果，所以在实践中该条款实际意义不大。

参考文献：Dickersbach，Die Gewerbeuntersagung wegen Unzuverlaessigkeit，WiVerw. 1982，65 ff.；Frotscher，Wirtschaftsverfassungs- und Wirtschaftsverwaltungsrechts，§ 10 I；Hoesch，Unzuverlaessigkeit，Gewerbeuntersagung，Ruecknahme und Widerruf gewerberechtlicher Erlaubnisse，JA 1995，148 ff.；Laubinger/Repkewitz，Die gewerberechtliche Unzuverlaessigkeit und ihre Folgen（drei Teile），VerwArch. 89（1998），145 ff.，337 ff.，609 ff.；Marcks，in：Robinski，Gewerberecht，G.；Stober，Besonderes Wirtschaftsverwaltungsrecht，S. 34 ff.；Thiel，Auskunftverlangen und Nachschau als Instrumente der Informationsbeschaffung im Rahmen der Gewerbeaufsicht，GewArch. 2001，403 ff.

四、许可申请义务

尽管基本法第12条第1款规定了职业自由，工商条例第1条第1款规定了工商业自由，但某些工商行业或工商业者还是需要行政机关的许可或批准才可营业。根据法律规定的实体要件的不同，可以将许可区分为**对人的许可和对事的许可**（Sach- und Personalkonzessionen）（Tuennesen-Harmes，in：Jarass，Wirtschaftsverwaltungsrecht，§ 9 Rn. 12 ff.）。对人的许可（Personalkonzessionen）是指许可的前提条件针对的是经营者个人（如工商条例第34c条），而**对事的许可**（Sachkonzession）要求申请者必须满足实物或设施方面的要求（如放射物保护法第4条及以下条款规定）。通常情况下经营许可都**结合了两方面的要素**。作这种区分的意义在于，不同性质的经营许可对**权利继受者**（Rechtsnachfolge）的意义不同：对事的许可可以转让给权利继受者，但对人的许可则不可以，其权利继受者人必须在自己满足申请条件的情况下重新申请许可。为了便于工商业主的继承人继续经营并确保其生活基础，工商条例第46条规定可以简化工商业者继承人的继续经营手续

(即所谓的继承人特权[Hinterbliebnenprivileg])。

工商条例规定的需要申请许可的工商业有两类:一般许可例外禁止和一般禁止例外许可。基于工商业自由的基本原则,所以,一般许可例外禁止是通常情况,即:只要满足了法定申请条件,就应当颁发许可(**羁束的许可**[gebundene Erlaubnis])。而与此相反,一般禁止例外许可是对工商自由的较大程度的限制,所以,工商条例较少规定这类许可(例如,工商条例第56条第1款)。

虽然一般许可例外禁止也对工商自由作了一定程度的限制,但这是在宪法允许的范围内的,因为在很多情况下,仅仅依靠申报义务或营业禁止的手段并不能够完全保证有效地防御危险以及保障工商活动的秩序。

例:工商条例规定需要申请许可的工商行业有:私人医疗机构(工商条例第30条)、演出(工商条例第33a条)、有博彩性质的游艺设施(工商条例第33c条)(需要提供必要的证明,工商条例第33d条第2款,BVerwG, NVwZ 2002, 862 ff.)、游艺厅或类似场所(工商条例第33i条)、典当业(工商条例第34条)、保安业(工商条例第34a条)(关于商场侦探的问题见联邦行政法院判决 BVerwG, NVwZ-RR 2000, 424)、拍卖行(工商条例第34b条)、经纪人、建筑承包人、建筑负责人(工商条例第34c条)、公职鉴定专家(工商条例第36条, BVerfGE 86, 28 ff.; zur UEberschreitung von Kompetenzen eines Sachverstaendigen VG Neustadt, NVwZ-RR 2002, 272 ff.)。有争议的是,**网上拍卖**(Internetauktionen)是否也属于工商条例第34b条所指的拍卖行为,如果答案是肯定的话,则必须按照工商条例第34b条第1款第1句的要求申请许可,并且要适用严格的拍卖条例(持肯定观点的为:LG Hamburg, MMR 1999, 678 f.; 持否定观点的为:KG, GewArch. 2001, 378/379; Hoesch, GewArch. 2002, 257 ff.; Schoenleiter, GewArch. 2000, 49 f.)。如果认为网上拍卖不属于工商条例意义上的拍卖行为,则此类拍卖活动是不需要申请许可的工商行业,产生的法律结果由工商条例第14条、第35条调整。网上拍卖合同的订立遵守民法典第145条及以下条款的规定(BGH, NJW 2002, 363 ff.; LG Muenster, GewArch. 2000, 205 ff.)。因此,即使在签订合同过程中没有遵守工商条例第34b的规定,也不会影响合同的效力(BGH, NJW 2002, 363/365)。

对**保安业**（Bewachungsgewerbe）来说，2002 年 7 月 23 日新修正的工商条例（BGBl. I S. 2724）增加了调整保安业的规定。根据工商条例第 34a 条第 4 款，如果保安公司所属的员工被认定为不可信赖，则其行为也可导致该公司被禁止营业。此外，为了加强对该行业的监督，还有很多其他的特别法律规定了相关的许可申请义务。

关于**许可的撤销**（Aufhebung der Genehmigung），如果没有特别法律的规定（例如工商条例第 33d 条第 4 款、第 5 款，乘客运输法第 25 条，放射物质保护法第 21 条，信贷法第 35 条第 2 款，旅店餐饮业法第 15 条），则适用联邦行政程序法第 48、49 条和各州相应的州行政程序法的规定。关于许可撤销的问题还要注意的是，如果经营私人医疗机构、从事演出或经营游艺厅的被许可人在得到许可后的一年之内不开始营业或者在一年内不再营业，则会被撤销许可（工商条例第 49 条第 2 款）；跟许可一起颁发的证件，如**流动营业卡**，则可以由主管行政机关根据行政程序法第 52 条（或相应的州行政程序法的规定）撤回。

在许可被撤销或撤回以后，以及在**工商业者无证经营**的情况下，主管行政机关都可以禁止工商业者继续营业（工商条例第 15 条第 2 款第 1 句），例如做出停业决定。根据**工商条例第 15 条第 2 款第 1 句**的规定，作出停业决定的唯一要件是工商业行为形式违法，该工商业是否被许可无关紧要。不过，在行政机关作出停业决定前进行**比例原则审查**时，该工商业是否必须经许可方可营业是一个非常重要的衡量因素。

工商条例第 15 条第 2 款的规定在某种程度上受到了其他的特别法规定的排挤而不再被适用，例如：器械安全法第 2 条、手工业条例第 15 条第 2 款、放射物质保护法第 20 条第 2 款。在其他情况下，该条款则作为一般规定适用，而且不仅仅适用于工商条例中所规定的工商行业，而且也适用于其他与工商业相关的法律所调整的行业，如基因技术法第 1 条第 2 款、自然理疗医师法、药店法、驾驶教师法等。工商条例第 15 条第 2 款在适用时并不区分许可证是对人还是对事的。

例:具有争议的是,可否根据工商条例第 15 条第 2 款第 1 句[7]禁止从事在身体上刺穿孔洞的商业行为。吉森法院(VG Gießen, GewArch. 1999, 164 f.)认为在身体上刺穿孔洞以及随之进行的局部麻醉是自然理疗医师法第 1 条第 2 款所规定的无需国家考试的自然理疗行为,必须持有自然理疗医师法所规定的特别许可。吉森法院把穿孔服务视为是必须经许可方可从事的商业行为,而在该案中,从业者没有许可证,所以,吉森法院把工商条例第 15 条第 2 款作为停业决定的依据。但是卡塞尔高等行政法院持相反观点。其认为,适用工商条例的前提条件是,该工商业必须经许可才可经营,但从业者无证经营,只有在这种情况下才可禁止营业,并作出停业决定。按照工商条例,穿孔服务不需要申请许可,局部麻醉注射服务也不需要工商业许可,而是需要自然理疗服务从业许可(自然理疗医师法第 1 条第 1 款)。因为不需要申请工商营业许可证,所以即使无证经营,也不适用工商条例第 15 条第 2 款第 1 句,而应当适用一般的秩序法。

根据工商条例第 15 条第 2 款第 1 句而实施的**停止营业行为**是一个**持续的行政行为**(Heß, in: Friauf, GewO, § 15 Rn. 33, 37)。而强制执行停业决定的事实行为是根据州法实施的行政执行行为,这种执行行为需要根据工商条例第 15 条第 2 款第 1 句而做出的基础行政行为作为依据(Stober, Besonderes Wirtschaftsverwaltungsrecht, S. 44)。

按照通行的观点,工商条例第 15 条第 2 款第 1 句**不具有保护第三人的作用**,所以,第三人针对停业决定而提起的诉讼因为不具有诉权而不被受理(Tettinger/Wank, GewO, § 15 Rn. 26; Stollenwerk, Praxishandbuch zur Gewerbeordnung, Rn. 223; a. A. VGH Kassel, GewArch. 1992, 344)。

例:色情表演和公序良俗(BVerwGE 84, 314 ff.)。

汉堡市许可 P 在 Reeperbahn 大街的两栋楼里经营工商条例第 33a 条意义上的色情表演活动"Peep-Show"。许可证上同时也注明,表演活动不得违

---

[7] 该条规定的内容为:对无证经营必须经许可的工商业,行政机关可以作出停业决定。

反法律和公序良俗。两年后,汉堡市在一个决定中又认定,当年颁发的许可证无效,因为色情表演“Peep-Show”违反了公序良俗,作为法律依据汉堡市援引了联邦行政法院的判决“BVerwGE 64”。汉堡市要求 P 在年底停止该表演。P 有胜诉的可能吗？作出该停业决定的法律依据是工商条例第 15 条第 2 款第 1 句。关键的问题是,P 是否无证经营了必须经许可的工商业。人员表演根据工商条例第 33a 条第 1 款第 1 句必须申请经营许可。P 拥有经营许可证。因而问题的关键在于,该许可证是否根据行政程序法第 44 条可判定是无效的,就像汉堡市所主张的那样,也就是说,汉堡市可以依职权根据行政程序法第 44 条第 5 款认定该许可无效。无效的理由依据还有行政程序法第 44 条第 2 款第 6 项,即该许可证违反了公序良俗。一个行政行为违反公序良俗不仅是因为其本身的内容违反善良风俗,而且可能是行政机关许可了本来不应被允许的违反公序良俗的行为。此时就要运用工商条例第 33a 条第 2 款第 2 项。该条款规定,如果可以预料到表演会违背善良风俗,则必须拒绝颁发营业许可证。联邦行政法院在判断是否违背公序良俗时作了修正,不再针对表演妇女的尊严(基本法第 1 条第 1 款)问题,而是针对“在法律共同体内作为秩序前提的受到性别巨变影响的公认的社会伦理价值观”。对该问题起决定作用的应当是多数人的社会伦理标准。他们都作为指标被引入行政实践、法院判决以及公众反应中。联邦行政法院再次确认(BVerwG, GewArch. 1998, 419),某行为是否违反善良风俗不取决于某局限空间内的价值观,比如该案中 Reeperbahn 地区的价值观,而是取决于法律共同体内的价值标准。所以,联邦行政法院根据经验理性的判断认定,在绝大多数人看来,色情表演是不符合社会道德风尚的。如果色情表演因其内容违反行政程序法第 44 条第 2 款第 6 项所规定的公序良俗,那么汉堡市就可以根据行政程序法第 44 条第 5 款的规定主动依职权确认以前颁发的许可证无效。这样一来,P 的经营行为就成了无证经营,满足了工商条例第 15 条第 2 款规定的停业决定的条件。但在法律后果方面必须要考虑到信赖保护和 P 已经投入的资金,所以,如果决定立即停止营业则是不符合比例原则的。因此,该案中给予色情表演经营者在停业前一段缓冲时间是无可指责的。

参考文献:Discher, Die Peep-show-Urteile des BVerwG - BverwGE 64, 274, und BVerwG,

NVwZ 1990, 668, Jus 1991, 642 ff.; Frotscher, Wirtschaftsverfassungs- und Wirtschaftsverwaltungsrecht, S. 125 ff.; Locher, in: Jarass, Wirtschaftsverwaltungsrecht, § 15 Rn. 54 ff.; Marcks, in: Robinski, Gewerberecht, F. Rn. 26 ff., H., J.; Odenthal, Die Gewerbeuntersagung nach § 15 Abs. 2 GewO, GewArch. 2001, 448 ff.; Stober, Besonderes Wirtschaftsverwaltungsrecht, S. 45 ff.

五、附加条款(Nebenbestimmungen)

具有重要作用和实际意义的是工商法中的附加条款规定,借助附加条款可以很好地调控必须申请许可的工商业活动,而不是简单地给予许可或者拒绝颁发许可(详见:Tuennesen-Harmes, in: Jarass, Wirtschaftsverwaltungsrecht, § 9 Rn. 21; allgemein s. die Erlaeuterung von Henneke, in: Knack [Hrsg.], VwVfG, § 36)。因为很多**许可是羁束性**(gebundene Erlaubnis)的,即只要申请人满足了许可要件,就应当得到许可,所以行政机关只有在下述两种情况下可以附加许可条件,即施加附加条件是法律允许的,或者附加条件能够确保许可申请人满足做出行政行为的前提条件。对于第一种情况,在工商条例中可以找到很多授权行政机关施加附加条件的法律依据,如工商条例第33a条第1款第3句、第33i条第1款第2句。

例:如果主管行政机关担心游艺厅过度经营,则可以根据工商条例第33i条第1款第2句事后颁布附加条款,补充规定在一家游艺厅内允许有几台赌钱或赌物的游戏机(OVG Hamburg, NordOER 1999, 82 ff.)。

参考文献: Stober, Allgemeines Wirtschaftsverwaltungsrecht, S. 302 f.; Tuennesen-Harmes, in: Jarass, Wirtschaftsverwaltungsrecht, § 9 Rn. 21 ff.

第四节　工商业的表现形式

工商条例体系建立的基础是把工商业划分为三种不同的类型。最重要的工商业类型是**定点营业的工商行业**(Stehendes Gewerbe)(工商条例第2部分),所以其排在第一位。接下来是**流动营业**(Reisegewerbe)(工商条例第3部分),最后是关于博览会、会展和集市的规定(Messen, Ausstellungen, Maerkte)(工商条例第4部分)。

一、定点营业(工商条例第2部分)(Stehendes Gewerbe)

工商条例第14条及以下条款详细规定了定点营业的工商业。虽然此类工商业意义重大,但是立法者并没有对其进行定义,而是倚助判决或学说所发展出来的**工商业概念**,目的是为新型工商行业的产生留下灵活的发展空间(见本书前述“工商业的概念”)。不过为了与其他的工商行业相区别,需要从工商业的概念出发来界定定点营业的概念。切入点是工商业概念的两个基本特征:某种商业活动具有经营性和经营能力,如果其不属于集市贸易行为或流动营业行为,则为定点营业的工商业行为。

定点营业的工商业的典型特征是**具有工商住所**(工商条例第42条第2款),这一特征使定点营业的工商业与流动营业和流动商贩区别开来。但并不能因此就排除定点营业的企业在其住所之外从事经营行为(Stober, Besonderes Wirtschaftsverwaltungsrecht, S. 29:“Ausstrahlung des stehenden Gewerbes”)。

二、流动营业(工商条例第3部分)(Reisegewerbe)

流动经营的工商业由工商条例第55条及以下条款调整。根据工商条例第55条第1款对流动营业做出了法律定义,流动经营的工商业是指,“某人没有顾客的要约在经营场所之外从事经营活动,或者根本就没有固定住所的工商业者所实施的下列两种工商业行为:1. 独立地或非独立地亲自出售、推销或买进商品,或者提供服务或推销服务;2. 独立地作为演员进行娱乐性表演或者从事表演性活动”。“没有顾客的要约”是流动营业区别于定点营业的重要特征。从该法律定义可以看出,界定流动营业依据的是经过**修正的工商业概念**,也就是说,流动营业的概念不像定点营业那样强调工商业者必须独立从业。从对流动营业的特别规范也可以看出**立法者对流动商贩的不信任**。直到今天,虽然对其有放松管制的倾向,但与定点营业相比,流动营业还是受到更为**严格的监督**(Stober, Besonderes Wirtschaftsverwaltungsrecht, S. 67 f.)。例如,流动营业**必须申请许可**(工商条例第55条第2款规定了流动营业的许可申请义务),也就是说对流动营业实行的是**一般禁止,例外许可**。许可证为**流动营业卡**。如果申请人符合从事工商活动必须满足的信赖要求，则授予许可（工商条例第 57 条结合第 55 条第 2 款）。对流动营业的许可还要求经营者**个人的品格能力**，以确保该人是值得信赖的。符合条件的人有权要求行政机关颁发许可（即所谓的羁束性许可）。行政机关可以根据工商条例第 55 条第 3 款对流动营业卡的内容进行限制，也可以事后规定附加条款。

工商条例第 55a 条基于不同的理由规定了一些**免除**许可申请义务的流动性工商业。例如，原产品的销售就享有这种特权（工商条例第 55a 条第 1 款第 2 项）。工商条例第 55a 条第 1 款第 10 项也考虑到了宪法所规定的言论自由，从而规定在公共场所（如街道、广场等）兜售印刷制品无需申请许可。上述不需要申请许可即可营业的人也可能因为其不值得信赖而被禁止营业（工商条例第 59 条结合第 57 条）。

某些工商业行为是**绝对禁止**以流动营业的方式来经营的，工商条例第 56 条对此作了具体规定（详见：Stollenwerk, Praxishandbuch zur Gewerbeordnung, Rn. 563 ff.）。立法目的是保护消费者不在流动营业中仓促订立合同，订立的此类合同无效。主管机关可以对违法禁止规定（工商条例第 56 条第 1 款）以流动方式经营的工商业者做出阻止营业决定（工商条例第 60d 条）。在满足工商条例第 56 条第 2 款规定的条件下，可以允许一些**例外情形**不受工商条例第 56 条第 1 款的限制。

行政机关管理流动工商业的主要手段是给经营者颁发许可证——**流动营业卡**（Reisegewerbskarte）。流动营业者必须申请经营许可，该许可申请义务在很大程度上限制了工商条例第 1 条所规定的工商自由，由此也可以看出立法者高度重视对流动工商业的监督。设定许可义务的目的是为了保护公众免受不诚实商业手段的欺骗或者保护其不仓促订立购买合同。因为除了有固定住所的工商业，其他的工商业对消费者来说都存在潜在危险，即经营者可能在签订买卖合同后就销声匿迹，无法再追究其责任。所以，设定许可义务最重要的立法目的是保护消费者（Mueller, GewArch. 1999, 12; Tschentscher/Madl, GewArch. 1996, 448/449）。颁发许可的唯一一个前提条件是：没有事实能够证明许可申请人不具有从业必备的可靠和信任（工商条例第 57 条）。因为许可与个人的品行紧密相关，所以流动营业卡具有高度的个人性，**不能转让**。流动营业卡必须随身携带（工商条例第 60c 条第

1 款)。此卡在整个联邦范围内有效,但不能替代其他必要的许可证(例如,道路法上的道路特别使用许可证),也就是说,流动营业卡**不具有**涵盖其他许可证的**综合功能**。如果经营者没有随身携带该卡,主管行政机关可以要求其**暂停营业**(Einstellung der Taetigkeit),直到提交该许可证为止(工商条例第 60c 条第 1 款第 1 句)。如果经营者压根就没有流动营业卡,主管行政机关则可以阻止其继续营业(工商条例第 60d 条)。这种阻止营业的措施符合工商条例第 15 条第 2 款规定的停业决定(笔者认为,这也符合原工商条例第 35 条第 5 款的规定)。对**流动营业卡的撤销**,因为工商条例里没有特别规定,所以适用行政程序法第 48、49 条以及相应的州行政程序法。

尽管工商条例第 14 条规定了一般申报义务,但是工商条例第 55c 条特别规定了某些流动工商业经营者的申报义务,即根据工商条例第 55a 条第 1 款第 3、9 或 10 项不需要申请许可的经营者,必须在开业之初即到主管行政机关申报。

流动工商业有一些**特殊的组织形式**,因为其具有较高的重复性,所以工商条例对其进行了特别规定:例如流动摊贩(工商条例第 56a 条)、组织博彩性质的游艺活动(工商条例第 60a 条)以及民间节日活动(工商条例第 60b 条)。流动摊贩的典型例子就是所谓的"招揽顾客兜售商品的廉价游览活动"(Kaffenfahrten)(Stollenwerk, Praxihandbuch zur Gewerbeordnung, Rn. 621 ff.)。对此类流动摊贩,工商条例第 56a 条第 2 款规定了**特别的申报义务**(BayObLG, NVwZ-RR 2001, 310 f.),如果经营者不遵守该义务,主管行政机关可以根据工商条例第 56a 条第 3 款的规定禁止流动商贩的经营活动。如果该禁止决定仍未得到执行,行政机关可依据工商条例第 60d 条作出停业决定,并使用强制措施来执行该决定。

例:"中东地毯特卖和大批量拍卖"活动是工商条例第 56a 条第 2 款意义上的需要申报的流动工商业活动,如果经营者不履行申报义务则可以被禁止继续经营(工商条例第 56a 条第 3 款)(详见判决:OVG Koblenz, NVwZ-RR 1997, 704 ff.)。

民间节日(Volksfeste)商业活动也有其**特点**,工商条例第 60b 条对此作了特别规定。这种活动介于工商条例第 3 部分和第 4 部分之间,因为其一方面是典型的流动工商业，另一方面采取了类似集市的形式，这种组织形式需要特别的工商监督。立法者最后决定，对此类活动一方面适用大量的关于博览会、展览和集市的法律规定（详见工商条例第60b条第2款前半句），另一方面也保留关于流动营业的规定。所以，民间节日商业活动基本上也要申请流动营业卡。

例：塔帕聚会（Tupperparty）（VGH Mannheim，NVwZ-RR 1997，702 ff.）。

塔帕家庭塑料制品连锁店最早源自美国，现已几乎遍布全世界，该公司在德国也销售超过250种的自产家庭用品。以设在法兰克福的子公司为起点，塔帕公司建立了一个塔帕商品经营网，由独立从业的商人以自己的名义作为定点工商业来经营。有大约6万个兼职的塔帕商品咨询员负责联络顾客，他们的任务是在家庭举行产品演示，即：在一个没有参与营销的女主人家里演示塔帕产品。H女士在1994年4月1日向被告某市申报作为"塔帕咨询员"从事塔帕产品推介工作。该市要求H申请流动营业卡，因为该市认定，该推介活动根据工商条例第55条第1款第1项和第2款必须申请流动营业卡。但H持相反意见，并且认为该市无权在一个行政行为中确定某工商行为必须申请许可。在本案中，有疑问的是，该市是否具有法定职权作出一个**确认行政行为**（feststellenden Verwaltungsakt）。按照公认的观点，对确认行政行为来说，如果其内容确认某事是合理的，而当事人认为不合理时，则该确认行为必须有法律依据，但并不需要明文的法律依据（上诉到联邦行政法院的曼海姆行政法院持该观点），具有通过法律解释得出的法律依据即可满足该条件，工商条例第55条第2款就满足了该要求。也就是说，可从该条款的立法目的——通过设定许可义务进行事前监督，得出以下结论：该许可规定不仅是颁发或拒绝许可申请的法律依据，同时也是行政机关通过行政行为来确认某行为是否满足许可要求的法律依据。但是曼海姆行政法院还是认定该确认行政行为违法，认为原告的工商行为不需要申请流动营业卡。法院判案的出发点是工商条例第55条第1款第1项（对流动营业的法律定义），工商条例第55a条规定的例外情形在此案中不存在。关节点是该条款所定义的**"没有顾客要约"**（ohne vorhergehende Bestellung）。

曼海姆法院特别强调工商条例第55条及以下条款的立法目的，从而认定该案中不存在没有顾客要约的情形。没有顾客要约所针对的应当是立法者要预防的特别危险，即：顾客被置于一个没有防备，被“突然袭击”并要即刻做出决定的境地。法院认定在该案中不存在这种情形。反而认为咨询员获得了顾客的要约。法院认为，顾客在产品家庭演示会上向咨询员表示了其购买兴趣，表达了其购买愿望，所以该产品演示得以进行，咨询员也同时宣传推广了其产品。在此也不存在所谓的**“挑衅性要约”**（provozierte Bestellung）（虽然不能忽视审查是否存在这种情形）。与立法目的相对应，是否存在挑衅要约取决于接受要约的工商业者是否过度影响了要约行为，以至于该要约不是来自顾客的自主决定而是来自该经营者的影响。立法者必须预料到挑衅情形发生的原因在于，流动营业的商贩总是不期而至地向顾客推销商品。在本案中，顾客自愿前往产品演示聚会，所以不存在挑衅性要约。但在学界对法院的判定有下述反对意见（Mueller，GewArch. 1999，12/15 ff.）：判定是否具有“没有顾客要约”的事实要因人而异；顾客的要约在该案中恰恰不存在。

参考文献：Frotscher，Wirtschaftsverfassungs- und Wirtschaftsverwaltungsrecht，§ 11；Schoenleiter，in：Robinski，Gewerberecht，K.；Stober，Besonderes Wirtschaftsverwaltungsrecht，§ 46 V.

三、博览会、展览和集市（工商条例第4部分）
（Messen，Ausstellungen，Maerkte）

工商业活动的第三种表现形式是博览会、展览和集市，工商条例第64条及以下条款对其进行了规范。博览会、展览和集市在工商条例中占有一席之地是由**历史决定的**，历史上就存在的市场自由是早期经济行政的重要组成部分，根据市场自由城市可以依据被授予的市场特权组织集市买卖，并对其实施司法管辖，征收税赋。由于历史的发展和根据工商条例的立法目的，对此类工商业活动的**监督程度较低**，因为与流动工商业相比，此类活动至少在某段时间内固定在某一地点，而且是由组织者协调安排的。

工商条例中关于博览会、展览和集市的这一章一开始就对相关概念作了**法律定义**，如界定了什么是博览会（工商条例第64条）、展览（工商条例

第65条)、大集市(工商条例第66条)、每周集市(工商条例第67条)、特殊集市和年度集市(工商条例第68条)等。关于工商条例第68条第1款第2项所要求的“间隔较长时间”的问题,如果在同一个地方或区域举行的集市时间间隔在一个月左右,就可满足特殊集市和年度集市对时间的要求(BVerwGE 88, 1 ff.)。典型的会展和集市活动是指很多供货商或展商汇集于某会展或集市,向第三人提供展示产品或服务。举行此类工商业活动首先需要由**主办者**(Veranstalter)申请**举行**(Festsetzung)该活动,并由主管行政机关颁发一个举行**许可**(Erlaubnis)。与该举行许可相对应的是会展集市参加者的市场自由,即:参加者既不需要履行申报义务,也不需要申请许可证,而是享有一系列**特殊权利**(Locher, in: Jarass, Wirtschaftsverwaltungsrecht, § 15 Rn. 45; Stober, Besonderes Wirtschaftsverwaltungsrecht, S. 76)。其特殊性表现在:工商条例第2部分和第3部分的很多规定不再适用(但还是要注意工商条例第71b条的参照适用条款,工商条例第34a、34b、34c条和其他一些关于定点工商业的规定仍然适用。),所以,工商业者参加被许可的会展集市活动既不需要申请流动营业卡,也不用申报。另外,参加者还可以在周日和节假日营业(工作时间法第10条第1款第9a项),青少年也允许在周六参与会展集市活动(青少年劳动保护法第16条第2款第2项),工商条例第69条第1款第1句的规定优先适用于商店营业时间法(商店营业时间法第19条第3款),如果出现工商条例第68a条所规定的情形,则旅店餐饮业法不再适用。

必须分析清楚在博览会、展览和集市中存在的**不同的法律关系**,否则会在案例分析中遇到困难。首先是**组织者和行政机关之间的法律关系**,其主要由工商条例第69条来调整。其次是**参加者和组织者之间的法律关系**,工商条例第70条在充分考虑了参加者的请求权的情况下对该法律关系进行了规范。最后是**活动参加者和行政机关之间的法律关系**,比如工商条例第70a条规定,主管行政机关可以监督每一个参加者并禁止不可信赖的参加者继续参与会展集市活动。

会展集市活动的**许可**是以组织者的申请为前提的,工商条例第69条第1款对此做了规定。立法者设定的此类许可属于一般禁止例外许可的情形。如果申请者满足了工商条例第69a条所规定的前提条件,则其有权要求颁发**许可证**(即该许可是羁束性许可)。拒绝许可的理由由工商条例第69a条第1款规定。行政机关在做出许可决定时还要考虑组织者是否值得信赖(工商条例第69a条第1款第2项)。如果每周集市、年度集市或者特殊集市获得了举办许可,则组织者**必须举行该集市活动**(所谓的开集义务)(工商条例第69条第2款)。但如果组织者没有履行该义务,也不一定受到惩罚,不遵守开集义务的行为并没有被罗列到违反秩序(工商条例第144条及以下条款)的行为中(不过工商条例第69条第3款规定,如果组织者不举行被许可的集市活动,则必须向主管行政机关通报,而不履行该通报义务的行为则属于秩序违法的行为,见工商条例第146条第2款第6项)。但是组织者的举行义务也可以通过**行政强制执行**的方式得到履行。工商条例第69a条第2款还规定,主管行政机关可以在批准许可的同时或之后规定附加条件。有问题的是,如何**从体系上**对集市活动的许可进行归类(详见:Hoesch, GewArch. 1996, 402 ff.):大多数人认为其是行政程序法第35条第2款意义上的一般决定,也有部分人认为其具有双重属性,即针对提出申请的组织者的授益行政行为和相对于公众的组织行为(详见:Tettinger/Wank, GewO, § 69 Rn. 24; Wagner, in: Friauf, GewO, § 69 Rn. 36; Schoenleiter, in: Landmann/Rohmer, GewO, § 69 Rn. 12)。探讨该问题具有特别的意义,尤其是组织者同时也是做出许可的行政机关,这种情况常见于乡镇举办的集市。

如果仔细考察行政机关对组织者的经济监督法律关系,就会发现,如果组织者不值得信赖,行政机关即可采取如下监督措施:首先,根据工商条例第69a条第1款第2项,拒绝集市许可申请。如果集市许可申请已被批准,但出现了**确认申请者不可信赖**的事实,则可以**撤销或撤回该许可**(工商条例第69b条第2款)。当且仅当某会展集市活动满足了有关禁止定点营业的要件时(组织者是否具有继续举行类似活动的动机在此起重要作用),才可以根据工商条例第35条第1款第1句禁止组织者从事其他的和将来的工商业活动(Laubinger/Repkewitz, VerwArch. 89 (1998), 609/625 f.; missverstaendlich insoweit Stober, Besonderes Wirtschaftsverwaltungsrecht, S. 77 f.)。

例:举办有人体表演的"妇女内衣和色情博览会"需要申请特殊集市许

可(工商条例第 68 条第 1 款、第 69 条第 1 款、第 69a 条)以及人体表演许可(工商条例第 33a 条)。如果举办者想在周日及节假日举行该特殊集市,则行政机关不能因此而拒绝颁发许可证,因为在节假日举行集市活动并不构成工商条例第 69a 条第 1 款第 3 项所提到的拒绝许可申请的理由(VG Stuttgart, GewArch. 1998, 115 f.)。

而第二种法律关系,即主办者和参加者之间的法律关系主要涉及参加者是否被允许参加会展集市的问题。工商条例第 70 条第 1 款保证每一个可以参加会展集市的人都有权参加会展集市。在此,主办者使用私法还是公法来决定是否接受某人参与集市并不重要。根据工商条例第 70 条第 2 款,如果有必要,主办者可以限制只允许特定的群体参与,只要该限制没有歧视任何人即可。尤其是出于容纳能力的原因,主办者可以谢绝个别展商或参观者(工商条例第 70 条第 3 款)。考试中常常提到的典型问题是:运用什么样标准来选择参加者才是正当合理的。公认的标准有:本地人优先、轮流原则、优先原则、抽签原则、"熟悉的和经过考验"的原则、产品的吸引力以及可提升展会吸引力的新产品等。如果**乡镇同时是主办者**则会引发另一个问题:因为每个人除了可以根据工商条例第 70 条第 1 款主张其参与会展集市的权利外,还可以根据乡镇法主张自由进入公共设施的权利,在此公共设施表现为乡镇主办的集市。解决该问题最简单的方式是,可以认为基于工商条例第 70 条第 1 款的参加权优先于基于乡镇法上的公共设施进入权。但由此产生的问题的是,当地居民因公共设施准入权而享有的优先参与权与欧盟法规定的服务和商品自由相抵触(Ehlers, in: Achterberg, u. a., Besonderes Verwaltungsrecht I, § 2 Rn. 84; Spannowsky, GewArch. 1995, 265 ff.)。

例:是否允许参加每周市场是由工商条例第 70 条第 1 款和第 3 款来决定的。如果没有足够的摊位,则参展申请者的参加权就不能做到有求必应,这就转化为要求平等地参与公正遴选程序的权利。如果遴选程序仅仅是按照"熟悉和经过考验的"原则来进行,则超越了自由裁量的界限,因为新的申请者根本就不可能有机会被批准参展(OVG Lueneburg, NJW 2003, 531/532; VG Schleswig, NVwZ-RR 1999, 308)。有关参加人遴选程序的案例还可参见慕尼黑行政法院根据拜仁州乡镇条例第 21 条作出的关于慕尼黑啤酒节展位许可的判决(VGH Muenchen, NVwZ-RR 1999, 574 f.)。如果不能认定为该活动是一个集市或者是使用(乡镇)公共设施的行为,则必须运用道路特别使用法来审查分发展位的合法性(VGH Mannheim, GewArch. 2001, 293 ff.)。

最后,主管行政机关也可以监督每一个会展参加人的活动,如果参加者不具备必要的可信条件,行政机关则可以禁止其参加会展集市活动(工商条例第 70a 条)。

参考文献:Bardenz, Rechtsfragen des Troedelmarktes, GewArch. 1998, 53 ff.; Fuchs, in: Robinski, Gewerberecht, L.; Hoesch, Rechtsschutz gegen Nichtzulassung zu festgesetzten Maerkten, GewArch. 1996, 402 ff.; Mueller, Tupperpartys und andere Hauspartys aus der Sicht des Reisegewerberechts, GewArch. 1999, 12 ff.; Stober, Besonderes Wirtschaftsverwaltungsrecht, § 46; Tschentscher/Madl, Reisegewerbekartenpflicht und sogenante "Hauspartys" als moderne Form des Direktvertriebs, GewArch. 1996, 448 ff.

第二章

手工业法

第一节　手工业法的基础和作用

一、历史发展

手工业具有非常悠久的历史传统，而且手工业的历史传统在理解和解释手工业条例方面都具有不可忽视的作用。手工业同业公会书写了历史的开端，直到今天同业公会在手工业法中还占据重要地位。

随着工商业法的法典化，手工业也被纳入工商业法的范围，同时解除了发展的禁锢。1897 年补充修订的手工业规定加强了对手工业的调整力度，直到 1953 年手工业法才从工商条例中分离出来，成为一部调整特殊领域的专门法律——**手工业条例**（Handwerksordnung），同时工商条例第 129 条及以下的规定不再适用。虽然手工业条例随后经历了多次修正，但其基本特征没有改变。最后一次修订的依据是自 1998 年 4 月 1 日起生效的“第二次修改手工业条例和相关手工业法规的法律”。

二、手工业条例的作用和归类

虽然受到工业发展的冲击，手工业直到今天还是一个非常重要的经济产业部门。德国手工业联合会（ZDH）展示的一组数据说明了手工行业的重要性：截止到2001 年12 月31 日德国有850696 个手工业企业和手工业性质的企业，就业人员为 5648000 人，营业额为 5090 亿欧元（资料来源：德国手工业协会大会）。

对手工业条例进行归类要注意以下问题：一方面，手工业法以前是工商业条例的组成部分，直到今天手工业条例还被视为是**工商业法的从属法律**，因而是工商业法的一部分。另一方面，手工业条例从具有警察法性质的工商条例中分离出来对其归类也有重要影响：立法者在对手工业单独立法时也确立了新的**立法目的**，即首先保护和促进手工业这一重要的中型工商业，其次是维持手工业的服务水平、能力和质量。保护从业人员和顾客，以及危险防御都是次要的立法目的。在手工业中能否适用工商条例的某些规定问题可以从历史发展和立法目的转变的角度来回答。一般来说，如果某些情形在手工业条例中没有专门规定，则**工商条例作为一般法律**可以适用。

三、管　　辖

手工业法的特殊历史发展也影响了手工业的管辖机关。手工业法中规定了**全面广泛的行业自治**（umfassend ausgebaute Selbstverwaltung），自治机关承担法定任务和职能。最主要的职能主体是**手工业协会**（Handwerkskammer），这在前面关于经济自治的章节中已有相关论述。手工业条例第四部分对**手工业行业的组织结构**作了详细规定（手工业条例第52条即以下条款）。

关于经济监督的很多法律规定则由国家行政机关来执行。根据基本法第83条规定的联邦和州的职能分工，由各州来贯彻执行手工业条例，因此手工业条例中又存在大量条款授权州政府通过行政法规来确定管理手工业的行政机关（例如：手工业条例第4条第4款第1句、第16条第3款第4句）。例如在石荷州由县长和不辖县的市的市长来作出决定禁止手工业企业继续经营（手工业条例第16条第3款）。

第二节　手工业的概念

跟工商业概念的作用相同，手工业法中手工业的概念也是适用手工业条例的敲门砖。手工业条例第1条第2款对什么是手工业进行了定义。据此，手工业条例所界定的手工业是指，"以手工方式经营的、完全属于手工业行业列表A的，或者本质上属于手工业的经济活动。"从该定义可以看出，手工业条例的立法者也拒绝作出一个封闭式的法律定义。定点经营的手工业必须具备**两个条件：具有手工业性质的**和**以手工方式经营的**。

一、前提条件：具有手工业性质的和以手工方式经营的 (Voraussetzung: Handwerksfaehigkeit und Handwerksmaeßigkeit)

如果某工商业完全**属于手工业行业列表 A**，或本质上属于手工业行业，则该工商业**具有手工业能力**（Handwerksfaehigkeit）。所以，手工业行业列表 A 对于确定某行业是否具有手工业能力起了举足轻重的作用。立法者有权定义什么是具有手工业能力的工商业，而联邦经济和技术部则有权以行政法规的方式对手工业行业列表 A 中列举的手工业行业进行删除、重组、分离或重新命名。联邦经济和技术部的该项权力是通过于 1998 年修正的手工业条例获得的。

根据手工业条例所附的列表 A 来判断某工商业是否具有手工业能力，也就是说，据此来判定某工商活动是否属于手工业，属于什么手工业。手工业条例第 2 条规定，该法也适用于公法企业和以手工业为副业的企业。需要注意的是，手工业只局限于**定点营业的工商业**，这是立法者根据历史发展决定的。具有固定住所和定点营业是手工业的本质特征，流动性的手工业服务（例如，磨刀、清除和重置檐沟）都属于流动工商业，由工商条例调整。

具有手工业能力是指该手工行业完全属于或绝大部分本质上属于手工业行业列表 A。如果只是从事了非本质的、非典型的、辅助性的手工业，且该行业不要求全面的手工业技术（例如：简单手工业、小手工业），则不具有手工业性质，而属于工商条例第 1 条第 2 款意义上的手工业活动。在判断某行业是否属于手工业时，首先要考虑所涉及的**手工业职业**（Berufsbild），同时必须注意到，确定法定的手工职业的前提条件是**与时俱进的手工业的概念**。联邦行政法院也因此特别指出，对手工业的判断涉及该行业的工作内容和方法，其构成手工业的核心内容和本质特征（所谓的**核心内容理论**（Kernbereichstheorie），BVerwG，GewArch. 1984，96 ff.）。如果某经济活动仅仅是在专业上属于某手工业，则还不能确定为手工业，该经济活动必须涉及某手工职业的本质性职业活动，且该职业活动构成该手工职业的核心内容,只有满足此条件的经济活动才能被定性为手工业。界分手工业,虽然有时很难,但却非常重要,因为确认某行业属于手工业后,就可以适用手工业条例所规定的许可保留。上述核心内容理论得到了联邦立法者的重视,其在1998年修正手工业条例时对第1条第2款作了文字上的改动,但内容没有改变。例如该条款中明文强调了“本质属于手工职业的经济活动”,并规定这是认定某经济活动是否属于手工业的必要条件。立法者通过这种方式明确表达对核心内容理论的确认(Amtl. Begr., BT-Drs. 13/9388, S. 17)。

确定手工业的第二个标准是**手工性质**(Handwerksmaeßigkeit),该特征使手工业企业区别于工业企业。为了认定手工业条例第1款第2句所定义的手工业,除了具有手工业性质,即属于手工业行业列表A的范围外,还要有手工方式经营的特征。所以,并不是每一个属于手工业行业列表上的行业都是真正意义上的手工业。不过,具有手工业特征是前提条件。立法者为了适应技术、经济和社会发展,并没有对什么是以手工业方式经营给出定义。以手工方式经营恰恰体现了手工业概念的**动态属性**。如同在工商业法中一样,认定手工业经营方式也要**综合考虑某行业的整体特征**(BVerwGE 58, 217/224)。

为了与工业经济活动相区别,引入了以下几个**非常重要的标准**:手工业必须是定做的;主要是**手工制作**的,机器只能起辅助作用;**企业规模较小**,企业结构一目了然;由**个人加工完成**是企业的主导原则(例证见: VG Halle, GewArch. 2001, 421 f.);分工简单;投资额小;在住所周边地区从事经营活动,等等。

例:设在商场里的“快速修鞋店”。因为在这样的修鞋铺里只进行简单的修鞋业务,而且大部分的工作都是有机器来完成的,因此不是“具有技术含量的手工活”,所以这样的修鞋店从整体上来看不属于鞋匠行业,所以不具备以手工方式经营的特征(BVerwGE 17, 230/232 f.; Frotscher, Wirtschaftsverfassungs- und Wirtschaftsverwaltungsrecht, Rn. 308 ff.)。

上述论述已经表明,在个别情况下很难清晰界分手工业。手工业者也日益要求改善其市场竞争条件,要求不仅在当地,而且要跨区域地提供手工服务,即在多处开业。因为手工业条例当初并没有预见到这些新的发展趋势,所以在手工业登记注册方面常常出现问题,其原因在于:手工业条例第6条规定,手工业登记簿的注册主管机关只是当地的手工业协会。解决跨区域经营的手工业注册的办法是,要求此类手工业者在主要营业地的手工业协会登记造册,同时登记其所有的其他手工业企业(Fiege, GewArch. 2001, 409 ff.; Schlarmann/Niewerth, DVBl. 1999, 375 ff.; zu einem Folgeproblem hinsichtlich der Innungsmitgliedschaft s. VGH Muenchen, BayVBl. 1998, 725 f.)。

二、副业(Nebenbetrieb)

手工业条例第2条规定,该法也适用于公法企业和以手工业为副业的企业。以手工业为副业的企业大多是某较大企业(手工业性质的或非手工业性质的)或者某行政机构的一部分,但被视为一个普通的手工业企业。根据手工业条例第7条第5款,以手工业为副业的企业领导只有满足在手工业登记簿上注册的前提条件后才能登记注册。副业与主业的区别在于,副业在经济、组织和专业方面都从属于主业,而且是以为主业服务为目的的(BVerwGE 67, 273/278)。不过,副业也具有某种程度的独立性,因为主业和副业的专业服务可以相互明显区分。作为副业的另一个要求是,其以手工方式生产商品并出售给第三人,或者以手工经营的方式向第三人提供服务(手工业条例第3条第1款)。但如果某企业只在很小范围内从事上述经济活动或者经营的是辅助手工业,那么该经济活动就不属于副业,也不受手工业条例的规范。根据手工业条例第3条第2款,有一种**小型的副业**(unerheblicher Nebenbetrieb),即该企业的年营业额都不超过该行业的平均水平,营业时间也不超过没有助手的全天工作的同行(全日制工作者的标准是在1998年4月1日生效的手工业条例修正案中确立的)。

例:铺石子路和修平台的工作在整个花园修建工作中就是一个手工条例第3条意义上的副业(LG Itzehoe, GewArch. 1998, 252; s. auch BVerwG, GewArch. 1993, 329 ff.)。

三、辅助手工业(Hilfsbetrieb)

辅助手工业既不属于副业也不属于手工业条例的调整范围(手工业条例第3条第1款及第3款)。辅助手工业不具有独立性,而副业则相对独立。辅助手工业或者是为主业提供辅助服务(手工业条例第3条第3款第1项),或者是作为主业服务的补充向第三者提供服务(手工业条例第3条第3款第2项)。

例:牙医的牙齿技术实验室只是为该牙医的病人服务,所以是辅助手工业(BVerwGE 58, 93/95 ff.)。有关界分辅助手工业的困难问题请参见如下文献:(BVerfG, GewArch. 2000, 240 ff.; Bund-Laender-Ausschuß Handwerksrecht, GewArch. 2001, 123 f.)。

四、类似手工业的工商业(Handwerksaehnliche Gewerbe)

手工业条例第18条对手工业和类似手工业的工商业作了区分。后者在手工业条例附表B中作了列举(手工业条例第18条第2款)。只有在附表B中提到的行业才可能是类似手工业的工商业(封闭式的正面列举),而且该行业是**以类似手工业的方式**经营的。从体系上看,类似手工业的工商业处于不完全手工业和完全手工业(手工业条例第1条所定义的)之间。与手工业类似的特征使该类工商业能够纳入手工业条例,从而形成了一个统一的培训和考核体系(Stober, Besonderes Wirtschaftsverwaltungsrecht, S. 121)。但是该类工商业却不需要申请许可,而是享有工商条例第1条第1款所规定的工商自由。开始或结束从事类似手工业的工商业只需要向手工业协会**通报**(Anzeige)(手工业条例第18条第1款)以及在经营者的工商记录册中登记即可(手工业条例第19条)。借助"类似手工业"这一概念也使该类工商业区别于工业企业。区别二者的标准与手工业和工业的区别标准相同(OVG Hamburg, NVwZ-RR 1993, 185)。

第三节　手工业法的调整手段

手工业法首先明确规定,从事手工业**一般需要申请许可**。根据手工业条例第1条第1款的规定,**只有在手工业登记簿上注册的人**(自然人、法人或人合公司)才被允许从事手工业。如果某人通过了其将要从事的手工业所要求的**出师考试**(Meisterpruefung)(所谓的大资格证书),则一般都能获得手工业登记簿的注册登记(手工业条例第7条第1款第1句)。

一、大资格证书(Großer Befaehigungsnachweis)

作为对个人的要求以及对职业自由的主观许可限制,手工业条例要求**独立**经营的手工业者首先必须**通过出师考试**(Ablegung der Meisterpruefung),即持有大资格证书(手工业条例第7条第1款第1句)。出师考试由手工业条例第45条及以下条款详细规定;第46条第2款具体规定了出师考试的目的和内容。但是出师考试的要求在很多方面都已经放松了,例如,只要能以其他的方式证明具有某项资格和能力,就可以在手工业登记簿上注册。另外,对于已经登记注册并开始经营某手工业的人来说,如果其还想注册与其有经济联系的其他手工业,则对其资格要求也相应降低(手工业条例第7条第6款)。同样的立法思想也构成了手工业条例第7条第7款和第7a条的立法依据。另外,还可以根据手工业条例第8、9条所规定的**例外许可**(Ausnahmebewilligung)而在手工业登记簿上注册。例如:如果参加出师考试对申请者当时或之后都是不堪忍受的负担,则申请者不需要考试而例外获得许可(手工业条例第8条第1款第2句,详见:Schwannecke/Heck, GewArch. 1998, 305/307)。但该例外规定也带来了一定的问题,因为它使人可以回避职业法特殊的能力要求而获得从业资格,手工业者的人数因此而增加(VG Trier, NVwZ-RR 2000, 425 f.)。1993年对该条款进行了修正,确定了判断"提出申请的当时或之后"的时间节点,这样一来,没有经过满师考试的人从事手工业就变得相对简单了,因为在修改法律之前是从申请人的终生计划角度出发,来判断如果要求申请人必须通过考试,那么其为此所花费的时间是否构成不可忍受的负担,而通过立法确定判断的时间节点后，这种实践中的做法就行不通了，申请人因此可以更加容易地得到例外许可。根据手工业条例第 8 条第 2 款，颁发例外许可可以同时规定附加条款，要求申请人在一定期限内通过出师考试，这样就可以避免申请人规避法律的行为。司法判决认定如果申请人年龄在 48 岁至 50 岁之间，则可以年龄太大，通过出师考试对其而言是不可忍受的负担为由，免予再参加考试（OVG Muenster, NVwZ-RR 1996, 501 ff.）。但如果当事人没有遵守例外许可的附加要求，则当其达到这一年龄限制时也不能以考试是不可忍受的负担而要求免除考试。联邦和州对颁发例外许可的典型构成要件已经达成一致意见，其中，因高龄仍被要求通过出师考试也属于不可容忍的情形（abgedruckt in GewArch. 2001, 123 ff.）。

大资格证书受到来自法律政策方面的批评，因为其意味着对**市场准入的限制**（Marktzutrittsschranke）。而且欧洲已经形成了一个内部市场，其他国家都没有此类出师考试，在这一背景下，大资格证书因此被认为是不合时宜的（详见：Stober, Besonderes Wirtschaftsverwaltungsrecht, S. 103 f.）。尤其是**从竞争政策的角度**来说，废除大资格证书被认为是开放市场的前提，因为手工业中的法律关系并不具有特殊地位，而且也不具有合理理由作为例外规定从工商条例的一般规范中单立出来（Monopolkommission, Sondergutachten 31, Reform der Handwerksordnung, 2002, insbes. S. 37 ff.）。但是联邦立法者却明确**支持**以出师考试形式出现的大资格证书继续存在，1998 年 4 月 1 日生效的经修正的手工业条例即表明了联邦德国立法者的立场。从**欧盟法的角度**来说，因为出师考试只是德国法对内国人施加的义务，所以无可指摘。欧盟法并不反对成员国本国法律要求住所在本国的国民从事某职业时必须具有合格的结业证书（EuGH, Slg. 1995, I-311 ff.; BVerwG, GewArch. 1999, 108/109）。只要手工业活动没有超越成员国的界限，则欧共体条约的规定就不适用。从宪法的角度来看，需要考察是否存在违反基本法第 3 条的“内国歧视”，按照联邦行政法院的观点，大资格证书的要求符合基本法第 3 条第 1 款规定的平等原则（BVerwG, GewArch. 1998, 470）。此外，还要根据基本法第 12 条第 1 款（职业自由）来审查大资格证书，因为这一要求是对从事手工业的**主观方面的许可前提**。但按照通行观点，虽然该许可限制某种程度上侵犯了职业自由，但却具有正当合法性，因为大资格证书具有合法的目的，即：保证手工业服务的水平和能力，同时也是为了保证整个手工业后继有人（BVerfGE 13，97/107 f.；BVerfG，GewArch. 1991，137；BVerwG，GewArch. 1999，108；kritisch Stober，Besonderes Wirtschaftsverwaltungsrecht，S. 103 f.）。

二、在手工业者登记簿中注册（Eintragung in die Handwerksrolle）

在手工业者登记簿中成功注册后就意味着被允许从事手工业（手工业条例第1条第1款、第7条第1款第1句）。从手工业条例第1条第1款第1句的规定可以看出，独立从业的手工业者**有义务申请许可**。立法者对手工业设定了**"一般禁止例外许可"**的原则。基本法第12条第1款从宪法上确保了工商自由，所以在普通法上规定从业必须事先申请许可并不是没有问题，因为出师考试是对从业设定的主观上的许可前提条件。这种对职业自由的限制，只有像联邦宪法法院要求的那样，以下述值得保护的公共目的为立法目的，才能获得正当性，这些公共目的为：保护和促进手工业的发展、维护手工业的服务水平、能力和质量（BVerfGE 13，97/110 ff.）。

要求在手工业者登记簿中注册，**从欧盟法的角度来说是有问题的**，因为欧盟公民虽然不需要通过出师考试，但按照手工业条例第9条（对欧洲公民的例外许可）以及欧洲经济共同体手工业条例的规定，其也有义务在手工业者登记簿中注册。这一义务是对欧共体条约第49条规定的服务自由的侵犯，因为在德国只一次性或短暂从业的外国企业，其行使服务自由时会因为注册程序持续的时间、费用以及注册后必须向工业协会缴纳会费等而受到阻碍。因此，欧洲法院决定（NVwZ 2001，183 ff.），通过资格能力的审查后，不得以程序或费用问题为由妨碍手工业者提供服务。不过，到目前为止，立法和实践部门都表现得非常谨小慎微，例如，石荷州2001年根据欧洲经济共同体手工业条例只颁发了7个例外许可（s. LT-Drs. 15/1537）。值得注意的是，在同等条件下，只要内国公民满足了针对外国人的条件，也可以向其颁发手工业条例第9条以及欧洲经济共同体手工业条例所规定的例外许可。在这种情况下，不存在对内国公民的歧视（BVerwG，GewArch. 1998，470）。

在手工业者登记簿上注册以及主管机关基于注册事实而出具的证明

[**手工业卡**（Handwerkskarte），手工业条例第 10 条第 2 款第 1 句]即意味着对意欲从事手工业的人颁发工商业许可证。负责管理手工业登记簿以及注册事宜的是当地的**手工业协会**（Handwerkskammer），申请者打算在其管辖区经营手工业（手工业条例第 6 条第 2 款）。

许可程序分为两个步骤：首先由手工业协会（依职权或依申请）通知工商业者去注册其准备从事的手工业（手工业条例第 11 条）。然后才是真正的**注册登记**（Eintragung in die Handwerksrolle）手续，即由手工业协会出具一份注册证明，也即**手工业卡**（Handwerkskarte）。手工业卡作为许可证书在工商申报时要出示（工商业条例第 14 条）。通知注册和进行注册都**具有行政行为的性质**，因为二者都具有对外效力。通知注册作出了具有法律约束力的确认，即确定某人计划从事的手工业具有注册义务，而注册行为本身也具有法律效力，因为其具有将手工业行为**合法化的作用**（手工业条例第 1 条第 1 款第 1 句），同时也使强制手工业者加入手工业协会具有了正当性（手工业条例第 90 条第 2 款）。

工商业协会有时也可以**参与**手工业登记程序（手工业条例第 11 条）。如果工商业协会反对手工业协会把其会员登记注册到手工业者登记簿中，则除了工商业者本身以外，工商业协会也可以提起行政诉讼。手工业条例对这一扩大的诉权作了规定。

在手工业登记簿中注册的**前提条件**如下（Czybulka，in：Schmidt [Hrsg.]，Oeffentliches Wirtschaftsrecht-BT 1，§ 2 Rn. 40 ff.）：首先，该行业必须是手工业条例附表 A 中所列举的**手工业**；其次，必须满足对于从业人员的**个人资质要求**（persoenliche Qualifikationsanforderungen），对自然人来说，一般必须通过**出师考试**，例外情况下有从业特许和例外许可；对**法人**以及对于副业来说，**企业领导**必须满足手工登记簿注册的要求（手工业条例第 7 条第 4 款第 1 句和第 5 款）。此外，不存在手工业条例第 15 条所规定的**禁止在一定期限内重新提起申请**的情形（反对意见见：Stober，Bedonderes Wirtschaftsverwaltungsrecht，S. 114）。另外，工商条例第 35 条所规定的值得信赖也是一条不成文的要求（BVerwG，GewArch. 1992，339 f.）。虽然手工业条例并没有明文规定该要求，但从手工业条例第 6 条第 1 款和第 7 条第 1 款第 1 句规定的前提条件可以得出上述结论，这两条法律都规定，只有**确实**

经营了手工业,或者确实即将经营该手工业,才会给予登记注册。这一规定来自**设立手工业登记簿的目的**,即:为手工业管理机关和公众提供从事手工业的企业的信息,而提供确切信息的前提是,登记注册的手工业者确实正从事手工业活动。

如果上述要件都得到了满足,则手工业协会必须为手工业者在手工业者登记簿上进行登记注册,对此,手工业协会没有自由裁量权(手工业条例第7条第1款第1句)。为了获取手工业从业人员的信息,手工业条例赋予手工业协会**询问权、经营场所进入权以及查看权**(VG Stuttgart, NVwZ-RR 2001, 585)。

三、注销手工业登记(Loeschung)

根据手工业条例第13条,如果**不再满足手工业注册的条件**,主管机关则可以依职权或依申请注销手工业登记。注销登记实际上是撤销手工业从业许可。跟手工业注册一样,注销登记也经过两个步骤:首先由手工业协会通知业主将注销登记(手工业条例第13条第3款),然后消除基于登记产生的法律后果。在这两个程序中发生的行为都是行政行为,都可通过行政复议或撤销之诉被撤销。在此需要注意的是,根据工商条例第35条第1款作出的停业决定必然导致注销手工业登记的法律后果(BVerwG, GewArch. 1992, 339 f.; VG Schleswig, NVwZ-RR 2000, 19)。手工业登记被注销后业主要把手工业卡交还给手工业协会(手工业条例第13条第4款)。该条法律作为特别法优先适用于行政程序法第52条及相应的州行政法规定。

还需注意的是手工业条例第14条规定的**禁止提起注销申请的时间**,根据该条规定,独立从业的手工业者只有在登记注册生效一年后,而且基本上不再满足注册条件的情况下,才能提出注销申请。

四、禁止继续从事手工业(Untersagung)

手工业条例第16条第3款第1句规定,如果定点经营的手工业违反了手工业条例的规定,则主管行政机关可以**禁止其继续经营**。该停业决定只能针对具体的手工业企业,而不能针对整个手工行业(Ehlers, in: Achterberg/Puettner/Wuertenberger, Besonderes Verwaltungsrecht I, § 2 Rn. 149)。

对于由主管机关依职权注册的手工业来说(手工业条例第10条第1款),单纯的形式违法并不是作出停业决定的充分理由,该手工业行为必须在内容上也违反了手工业条例的规定才能被停止营业。如果手工业者不执行停业决定,则主管机关可以做出决定阻止其继续经营(手工业条例第16条第4款第1句)。在此,又出现了和原工商条例第35条第5款同样的问题:关闭一家手工业企业是执行措施还是一个需要执行的行政行为。立法者在新的工商条例中对该问题做出了明确回答:关闭工商业企业是一个需要执行的行政行为。从工商业法的体系来说,手工业条例第16条第3款的规定也同第35条第5款一样,该行为是需要执行的行政行为。

通行观点认为,**行政机关可以因为手工业者违反手工业条例而作出停业决定**(手工业条例第16条第3款第1句),与此同时,**行政机关也可以因为手工业者不可信赖而作出停业决定**(工商条例第35条第1款),因为手工业条例没有规定对事实上从事手工业的行为如何处理(Locher, in: Jarass, Wirtschaftsverwaltungsrecht, § 16 Rn. 31; kritisch Czybulka, in: Schmidt [Hrsg.], Oeffentliches Wirtschaftsrecht-BT 1, § 2 Rn. 97)。但如果把手工业条例视为一个封闭的法规,则能否同时适用手工业条例和工商条例就值得质疑了。从手工业条例整体来看,是否具备专业能力与个人品行无关,所以,不能通过绕道工商条例第35条来解决手工业条例的问题。但是另一方面,手工业条例的产生历史(曾经是工商条例的组成部分)以及工商条例第35条第8款第1句都可以作为论据来支持上述通行观点。此外,虽然手工业条例没有规定审查从业者是否值得信赖,但该法并没有解释,为什么相对于其他的工商业者而言,手工业者享有个人品行不受审查的特权,而对个人品行的监督审查是防御危险的有效措施。所以,应当适用工商条例第35条第1款,即如果某手工业者不可信赖,则可以禁止其营业。但如果某人不具备必要的出师考试证明,则不能根据该条款认为其不适合从事工商业。

作出停业决定的**行政机关**在石荷州是县长或不辖县的市的市长。

例:安装工业制成的标准窗户(BVerwG, GewArch. 1984, 96 ff.)。

S是一个经验丰富的木匠,受过专业培训,并通过了木匠资格考试。多年来他一直经营工业制成的标准窗户。大多数情况下,S负责安装由客户订购的窗户零部件。具体工作是把窗户安装进墙里，再加固上零部件，但对窗户不做任何改变。S 同他的助手一周内只一天从事安装业务。S 前一年的营业总额大约为 35 万马克。其中约 16500 马克来自安装服务，约 5600 马克来自买卖零部件所得。县长根据手工业协会的申请禁止其营业，如果继续营业将处以 1000 马克的罚款。S 有胜诉的希望吗?

该行政决定的法律依据是**手工业条例第 16 条第 3 款第 1 句**。据此，县长作为主管行政机关可以对违反手工业条例的定点经营的手工业行为作出停业决定。本案中的关键问题是:S 是否独立经营了手工业条例第 1 条第 1 款第 2 句意义上的定点经营的手工业，却没有在手工业者登记簿上注册。要回答该问题首先最重要的是厘清**手工业的概念**。**具有手工业性质**是确定手工业的第一个要件，即必须是手工业行业列表 A 上列举的行业，安装窗户属于该列表第 72 项罗列的玻璃装配手工业。第二个要件是以手工方式经营。S 虽然也安装窗户，但是他的大部分业务是购买和供应窗户。所以，只有安装窗户本质上属于手工业活动时，S 的行为才可能是手工业条例第 1 条第 2 款意义上的以手工方式经营的手工业。这种本质上属于手工业的活动不同于**小型手工业**（Minderhandwerk），后者不适用手工业条例。仅仅从事了符合某种手工业内容的活动还不能构成“本质上的手工业”，必须是该经济活动的内容和方式都符合某手工业的**核心内容**，并体现了其**本质特征**。所以，不重要的、非本质性的、从属性的工作都不能被认为是手工业活动。因本案中，S 的活动更多的是一种小型手工业，不属于手工业条例第 1 条第 2 款的调整范围。如果认为 S 的安装行为不是从属性的，则可以看做是手工业条例第 2 款第 3 项和第 3 条第 1 项第 2 句所指的**副业**（Nebenbetrieb），但副业也不属于手工业条例的调整对象。出售和安装标准窗户是两种不同的业务。根据手工业条例第 3 条第 1 款，起决定性作用的是，以手工业为副业的经营活动是否**只在很小的范围内**进行。因为 S 与其助手平均一周只有一天从事安装业务，而且该业务的营业额在整个企业经营中微不足道，所以，S 的工商行为符合手工业条例第 3 款第 2 句的标准，是一种不重要的副业，不受到手工业条例的规范，所以也不需要在手工业者登记簿上注册。这就意味着，根据手工业条例第 16 条第 3 款第 1 句做出的停业决定是违法的。

参考文献：Czybulka, Die Entwicklung des Handwerkrechts 1995—2001, NVwZ 2003, 164 ff.; Dohmen, in: Robinski, Gewerberecht, O.; Ehlers, Handwerksrecht, in: Achterberg u. a., Besonderes Verwaltungsrecht I, § 2 Rn. 91 ff.; Frueh, Verstoeßt die Pflicht zur Eintragung in die Handwerksrolle gegen die europaeische Dienstleistungsfreiheit?, GewArch. 1998, 402 ff.; Hahn, Das Handwerksrecht in der Rechtsprechung des Bundesverwaltungsgerichts der Jahre 1996 bis 2001, GewArch. 2001, 441 ff.; Honig, Handwerksordnung (Kommentar), 2. Aufl. 1999; Leisner, Der Verfassungsschutz des Handwerks und die Abgrenzung Handwerk-Industrie, GewArch. 1997, 393 ff.; Pieroth/Stoermer, Der gesetzgeberische Spielraum bei der Schaffung neuer Vollhabdwerke, GewArch. 1997, 305 ff.; Stober, Besonderes Wirtschaftsverwaltungsrecht, § 48; Webers, Die Verwendung von Daten aus der Handwerksrolle im Internet, GewArch. 1998, 445 ff.; ders., Das Handwerk im Spiegel des Grundgesetztes, WiVerw. 2001, 260 ff.

第三章
旅店餐饮业法

第一节　旅店餐饮业法的基础和作用

旅店餐饮业法（Gaststaettengesetz，简称 GastG）所调整的对象也属于工商业法的内容。该法第 1 条明确表明了这一点，该条款在对旅店餐饮业进行定义时提到了“定点经营的工商业”和“流动经营的工商业”。这同时说明，旅店餐饮业法不是封闭的，在该法规定有缺漏的地方，工商条例可以**补充适用**，旅店餐饮业法**第 31 条**对此也作了明确规定。

旅店餐饮业最初由工商条例调整。1930 年立法者为反对滥用酒精将旅店餐饮业从工商条例中分离出来，单独立法，因此，该法具有鲜明的时代特点。随着时间的推移，该法的**立法目的和目标**都发生了巨大变化：虽然反对滥用酒精仍然是一个立法目的，但以下立法目的逐渐占据了重要地位。首先，旅店餐饮业法是为了对该工商业领域进行**经济监督**，重要的监督标准是审查经营者**是否值得信赖**（旅店餐饮业法第 4 条第 1 款第 1 项）。其次，该法保护顾客和该行业的从业人员不受到剥削，或受到有害于生命、身体健康或精神健康的威胁（旅店餐饮业法第 4、5、15 条）。最后，旅店餐饮业法还致力于保护邻居和公众不受到来自旅馆饭店的危害或滋扰。

执行和细化旅店餐饮业法是**各州的职权**。根据旅店餐饮法第 30 条，各州可以规定执行该法的行政机关并制定实施细则。在石荷州，该事务一般来说由市长或人口在 1 万人以上的乡镇的镇长负责（该镇长主管所有事务）。此外，在各县由县长负责执行相关旅店餐饮业法（LVO vom 4. 5. 1971，GVOBl. SH S. 224）。

主管行政机关通过批准旅店餐业许可申请或通过行使**问询权和查看权**来获得必要的管理**信息**(旅店餐饮业法第 22 条)。进入企业的查看措施必须是符合立法目的,而且要有限度地实施,例如为了审查从业者是否遵守法规,或为了保护青少年(JueSchG)而采取此类措施。在遵守比例原则的情况下,可以不用事先通知而对迪斯科舞厅进行突然检查(BVerwG, GewArch. 1998, 256)。

第二节 旅店餐饮业的概念

与工商条例的规范体系以及其他的工商业法相一致,旅店餐饮业法中关于"旅店餐饮业"的定义决定了该法的适用范围(旅店餐饮业法第 1 条第 1 款)。餐饮业可以以**定点**(旅店餐饮业法第 1 条第 1 款)或**流动**的方式(旅店餐饮业法第 1 条第 2 款)经营。界定旅店餐饮业概念的基础是工商条例对工商业概念的定义,所以旅店餐饮业必须首先满足工商业的特征。此外,旅店餐饮业的概念也要体现该行业的特殊性。再者,立法者对旅店餐饮业法也进行了修正,例如:该法第 23 条规定,对并不经营工商业的协会或联合会也适用旅店餐饮业法。与此相反,该法第 13 条减轻了流动经营餐饮业者的义务,即:工商条例第三部分关于流动经营的工商业的规定在此不适用,也就是说,餐饮业经营者不需要申请流动营业卡。认定某经营活动是否为旅店餐饮业的一个**非常重要的标准**是:该店铺是否向所有人或者是某个特定圈子的所有人敞开经营。如果该旅店饮食服务只向特别的人提供,则不存在旅店餐饮业特有的公共危险,因此也没有理由运用旅店餐饮业法对其进行规范(Stober, Besonderes Wirtschaftsverwaltungsrecht, S. 83 f.)。

第三节 旅店餐饮业法的调整手段

一、许可申请义务

根据旅店餐饮业法第 2 条第 1 款第 1 句,意欲经营旅店餐饮业者必须事先申请经营许可。立法者对该行业设定了**一般禁止、例外许可**(praeventives Verbot mit Erlaubnisvorbehalt）的许可规则。不过，供应某些特定的产品不需要申请许可（旅店餐饮业法第2条第2款至第4款的规定）。另外，某些特殊形式的餐饮业也不需要经营许可证，例如：出售自酿葡萄酒的小酒馆（旅店餐饮业法第14条），企业或兵营的食堂（旅店餐饮业法第25条）以及在拜仁和莱法州出售自制产品的餐饮业（旅店餐饮业法第26条）。许可的**前提条件**通过不予颁发许可的否定情形来规定（即拒绝颁发许可的理由，见旅店餐饮业法第4条第1款）。同时要求经营者具有**值得信赖的个人品行**（旅店餐饮业法第4条第1款第1项，关于拒发许可是否符合基本法规定的职业自由请参见：BVerwG, NVwZ-RR 1997, 222）。立法者列举了一些典型的不值得信赖的个人品行，如酗酒、纵容赌博或窝藏。此外，对不值得信赖的定义与工商条例第35条一样（Hahn, GewArch. 1997, 41/45）。

例：目前人们激烈讨论的问题是旅店餐饮业法第4条第1款第1项所列举的“纵容不道德行为”的旅店业，这主要指经营妓院或容留卖淫行为。娼妓法（2000年12月12日颁布，BGBl. I S. 3983）在解释旅店餐饮业法第4条第1款第1项时要特别注意，现在已经不再把经营娼妓业自然而然地认定为不道德或有伤风化（相关案例见：VG Berlin, NJW 2001, 983 ff.; VGH Muenchen, NVwZ 2002, 1393 ff.; Caspar, NVwZ 2002, 1322 ff.）。对旅店餐饮业的政治态度是，只要某些行为没有触犯刑法，即使其有违宪法规范，也不认为经营者不可信赖（VG Schleswig, GewArch. 2001, 44/45）。如果某旅店容留帮助非法拘留的外国人卖淫，则构成不可信赖（OVG Berlin, NVwZ-RR 2002, 739 f.），或者经营者不采取必要的措施，来阻止在其经营的迪斯科舞厅违法交易或消费麻醉品的行为，也构成不可信赖（BayVGH, GewArch. 2001, 172 f.）。

非婚生活伙伴的行为也可能对认定不可信赖产生影响：例如，如果可以认定，在伙伴关系中，不值得信赖的一方对旅店餐饮业的经营有重要影响，则可以认定该工商业的经营者也不可信赖（BVerwG, GewArch. 1996, 250）。根据旅店餐饮业法第4条第1款第4句，许可申请人必须提交证明其具有必要的食品法规知识的文件。另外，旅店餐饮业的经营场所也要符合相关的要求（旅店餐饮业法第4条第1款第2、3项）。具体的细节可由州政府通过行政法规来详细规定(旅店餐饮业法第4条第3款)。因为旅店餐饮业经营许可同时涉及了对经营者和经营内容的要求,所以,该许可是一种**混合了对人与对事的许可**。许可的**内容和范围**由旅店餐饮业法第3、5、7、20条具体规定。此外,该法第8条特别规定,如果在许可证颁发后一年之内被许可人没有开始营业或一年持续不营业,则可以吊销该许可证。该许可证也**没有综合许可**的作用,也就是说其不能替代其他必须申请的许可,例如,建筑许可、安置博彩器具的许可(工商业法第33i条)都是不可或缺的。

从旅店餐饮业法第3条第1款第2句(“许可证书”)可以得出结论——旅店餐饮业的许可应当以**书面形式**颁发。如果未采取书面形式,则该许可按照行政程序法第44条第2款第2项是无效的。

此外,有争议的是,**第三人**能否阻止行政机关颁发旅店餐饮业许可。根据正确的观点,该问题的答案取决于许可条件在多大程度上是为了**保护第三人**而设置,以及在具体案件中这些要件是否没有得到满足。例如,旅店餐饮业法第4条第1款第1项规定的许可条件就不具有保护第三人的作用(BVerwG, GewArch. 1989, 100)。但是该法第4条第1款第3项规定的必须满足放射物质保护法中的邻居保护的条件(放射物质保护法第3条第1款)即具有第三人保护的功能。旅店餐饮业法第4条第1款第3项涉及了顾客产生的噪音的污染程度问题,确定噪音污染程度的依据是经专家确定的人们的平均接受程度,而不是个别当事人自己的感受程度(BVerwG, GewArch. 1998, 254)。在应用保护法规理论时,也可以借助“公共安全”这一特征来发挥旅店餐饮业法第4条第1款第2项所规定的第三人保护作用。

旅店餐饮业许可证的持有人也可以**委托代理人**经营其店铺,但需要申请一个**代理经营许可**(Stellvertretungserlaubnis)(旅店餐饮业法第9条)。必须强调的是,委托人自己首先必须已经具有经营许可。在颁发代理经营许可时,要审查代理人是否符合旅店餐饮业法对经营者个人的要求。这种代理经营许可对于连锁经营的旅店餐馆具有重要意义。

旅店餐饮业许可证的**内容**主要由联邦各州的**停止营业时间法规**(Sperrzeitverordnungen)来规定。根据旅店餐饮业法第18条的规定,州政府可以对停止营业的时间作出一般性规定(zur Verfassungsmaeßigkeit juengst VGH

Muenchen)。很多联邦州也都充分利用了这一立法授权(例如,石荷州 1995 年 10 月 4 日颁布的停止营业法规,GVOBl. SH S. 327)。旅店餐饮业法第 18 条所规定的授权立法可以为制定调整游艺厅停止营业时间的法规提供内容、目的和范围方面的充分法律依据(BVerwG, GewArch, 1995, 155)。各州有权订立停止营业时间的法规,所以店铺打烊时间在各州以及各市之间都可能大不相同。旅店餐饮业法允许根据公众的需要或者当地特殊的关系设定不同的打烊时间(旅店餐饮业法第 18 条第 1 款第 2 句)。旅店餐饮业法第 18 条的规定优先适用于该法第 5 条第 2 款及第 1 款第 3 项的规定。但是,也可以根据放射物质保护法来**额外规定**应当遵守的停止营业时间。根据放射物质保护法第 23 条第 2 款,州政府如果还不曾运用关于停业时间的授权立法权,则可以颁布放射物质保护法第 23 条第 1 款意义上的行政法规。

例:在拜仁州露天啤酒馆一案中,慕尼黑高等行政法院根据某露天啤酒馆的邻居的诉讼请求判定该啤酒馆每天必须提前打烊(BayVBl. 1996, 335; bestaetigt durch BVerwG, DVBl. 1996, 1201 f.)。拜仁州政府根据该判决,依据放射物质保护法第 23 条第 2 款,颁布了一个"露天啤酒馆法规",该法规规定了一个宽松的营业时间。但联邦行政法院认定该条例无效(DVBl. 1999, 863 ff.),因为该条例中没有对经营者提出防止噪音污染的要求,所以不符合放射物质保护法的立法目的(vgl. Jahn, GewArch. 1999, 271 ff., sowie die neue Bayerische Biergarten-Verordnung, abgedruckt im GewArch. 1999, 289 f.)。

如果**被许可人死亡**,其遗属可以享有**特权**,继续经营该旅店或餐馆(旅店餐饮业法第 10 条)。旅店餐饮业法第 11 条规定了有利于继承人的其他措施,如在获得最终有效的许可证之前,继承人可以用临时许可继续经营旅店或餐馆。根据旅店餐饮业法第 12 条所规定的简化许可程序,在特定事件发生期间短期经营的饮食业,可以不需要申请许可。

例:根据旅店餐饮业法第 12 条第 1 款,行政机关可以允许在法兰克教堂落成仪式期间,在帐篷内临时经营餐饮服务(vgl. VGH Muenchen,

BayVBl. 1999, 405 f.)。但这些经营活动也要满足一些较为宽松的要求，这些要求包括保护环境不受到破坏(该危害是指放射物质保护法第3条第1款所规定的情形)，在判断经营者是否满足条件时必须考虑以下两个因素，即这样的活动很少举行以及此类活动的特殊性。又如，某香槟酒厂在一个产品展示会上以每杯(5毫升)2.5马克出售自产香槟酒，以鼓励参展者预定该产品。该行为不需要申请旅店餐饮业法第12条第1款规定的短期营业许可，因为该行为是符合工商条例第68a条第1句所规定的无需许可的品尝活动。而且品尝活动也可以是有偿的(VGH Mannheim, GewArch. 2000, 155 f.)。

二、附加条款(Nebenbestimmungen)

颁发旅店餐饮业许可时可以附加条件，旅店餐饮业法第3条第2款、第5条对此作了明确规定。旅店餐饮业法第3条第2款允许颁发设定时间期限的许可，例如该法第9条至第12条就有关于时间期限的规定。许可期限也可以根据经营者的申请设定。此外，旅店餐饮业法第5条第1款允许为了保护该条款第1项至第3项列举的法益而随时设定附加义务。学界普遍认为(Michel/Kienzle, Das GastG, § 5 Rn. 2; Metzner, GastG, § 5 Rn. 9)“附加义务”的概念表达不太有技巧，不能被理解为行政程序法第36条第2款第4项规定的附加条件，其他的附加条件也应当与旅店餐饮业许可联系在一起。对于不需要许可的旅店餐饮业，旅店餐饮业法第5条第2款规定可以对其**事后提出要求**（nachtraegliche Anordnungen)，该要求是一个独立的行政行为。

三、撤销旅店餐饮业许可(Aufhebung der Gaststaettenerlaubnis)

撤销经营许可是对旅店餐饮业进行监督的一个最重要的手段。作为旅店餐饮业法的独立调整手段，撤销许可有时排斥适用行政程序法第48、49条及相应的州行政程序法的规定。撤销**理由**主要是经营行为违反了旅店餐饮业法第4、5条，旅店餐饮业法第9、10、21条对撤销许可起着重要作用。

为了准确地界定旅店餐饮业法第15条的适用范围，必须首先区别撤销违法许可和撤回合法许可。根据旅店餐饮业法第15条第1款,如果存在该法第4条第1款第1项所指的拒绝颁发许可的情形,而且不能认定经营者值得信赖,则**必须撤销**（Ruecknahme)已颁发的经营许可。在这种情况下,行政机关不享有自由裁量权(这不同于行政程序法第48条第1款的规定)。因为该条款并没有包括其他的撤销许可理由,所以针对其他违法颁发许可的情形,可以适用行政程序法第48条来撤销违法许可(Locher, in: Jarass, Wirtschaftsverwaltungsrecht, § 16 Rn. 60; Stober, Besonderes Wirtschaftsverwaltungsrecht, S. 90 f.)。

与撤销许可不同的是对合法许可的**撤回**（Widerruf),对旅店餐饮业许可的撤回只适用旅店餐饮业法第15条第2、3款规定的情形(BVerwGE 81, 74/78; BVerwG, NVwZ-RR 1994, 580)。根据该法第15条第2款,如果颁发许可后出现可以证明经营者不值得信赖的事实,而且该事实构成拒绝颁发许可的正当理由,则必须撤回已经颁发的许可。但对不可信赖的概念进行解释时必须符合基本法第12条和比例原则(BVerwG, GewArch. 1997, 242; VG Schleswig, GewArch. 2001, 44)。此外,如果存在该法列举的撤回许可的7个理由之中的任何一个,主管行政机关都可以行使自由裁量权来决定是否撤回许可。法院审查是否符合撤回许可的要件的时间点是最后一个行政决定作出的时间(BVerwG, GewArch. 1998, 254/255)。

撤销或撤回许可都必须满足**比例原则**,尤其是要符合必要性原则,必须采取最温和的手段。例如,根据旅店餐饮业法第5条、第18条、第21条所采取的措施都要注意遵守比例原则。即使存在撤销或撤回许可的理由,但如果撤销措施违反了比例原则,则也是违法的,在这种情况下,行政机关不具有自由裁量权(BVerwGE 49, 160/168 f.; BVerwG, NVwZ-RR 1997, 222)。

旅店餐饮业法第15条第2款和第3款第1、2、4项也适用于根据该法第9条颁发的代理经营许可的撤销或撤回(旅店餐饮业法第14条第4款)。

四、关闭旅店餐饮业(Schließung der Gaststaette)

与取消旅店餐饮业经营许可不同的是关闭旅店或餐馆,旅店餐饮业法第31条结合第15条第2款规定对此做出了规定。关闭店铺的前提条件是经营者无证经营,不论其是从来就没有许可证,还是许可证被撤销。

例:A经营一个迪斯科舞厅。警察在该舞厅发现较大规模的毒品交易和消费,主管行政机关撤回其经营许可,并作出警告:如果不遵守该撤回许可的决定,则处以1000马克的强制执行罚款。该行政决定合法吗?本案涉及的是经营许可的撤回,法律依据是旅店餐饮业法第15条第2款结合第4条第2款第1项。问题是,A是否具有从事该工商活动的令人信赖的品行。答案是否定的,因为他没有采取必要的措施来制止在其舞厅内实施的违反麻醉物品法的行为。所以,A违反了监督义务,不再能够保证将来合法经营该舞厅。A是否有主观过错对于判断其是否具有可信性无关紧要。

在该案中,需要审查的是:对不遵守撤回决定处以执行罚是否合法。石荷州行政法第228、229条和第237条可以作为法律依据。执行石荷州行政法第228条及其以下条款的前提是存在一个**可以执行的行政行为**(vollstreckungsfaehiger Verwaltungsakt)(州行政法第228条第1款)。撤回经营许可是一个创设权利义务的行政行为,并不是要求返还某物,或实施行为或容忍某行为或不作为,而是产生了新的法律关系。正是因为撤销许可具有设立新的法律义务的作用,A虽然不再有权继续经营舞厅,但如果他再继续经营的话,就需要另外一个行政措施来制止。在这种情况下就有必要根据旅店餐饮业法第31条结合工商条例第15条第2款做出一个**关闭店铺的决定**(Schließungsverfuegung),该决定根据州行政法第228条及以下的规定本身即具有可执行性。但强制执行罚本身不具有执行力,而且没有法律依据,所以是违法的(OVG Koblenz, NVwZ-RR 1997, 223)。

参考文献: Czybulka, in: Schmidt (Hrsg.), Oeffentliches Wirtschaftsrecht-BT 1, § 2 II; Ehlers, Handwerksrecht, in: Achterberg u. a., Besonderes Verwaltungsrecht I, § 2 Rn. 203 ff.; Frotscher, Wirtschaftsverfassungs- und Wirtschaftsverwaltungsrecht, § 13; Jahn, Die bayerische Biergarten-Verordnung, GewArch. 1999, 271 ff.; Locher, in: Jarass, Wirtschaftsverwaltungsrecht, § 16 II; Michel/Kienzle/Pauly, das Gaststaettengesetz, 14. Aufl. 2003; Pauly, in: Robinski, Gewerberecht, N.; Stober, Besonderes Wirtschaftsverwaltungsrecht, § 47; Vahle, Grundzuege des Gaststaettenrechts, DVP 2000, 57 ff.

第四章

商店关门法

第一节　基础和作用

商店关门法(Ladenschlussgesetz)的调整对象是商店必须关门的时间。商店的开门时间,也就是说,除了关门时间以外的时间,法律并没有做出规定,经营者可以自由决定。商店关门法以前也属于工商条例的组成部分(工商条例第七部分原第42a条),直到1956年才成为独立的部门法。

立法的首要目的是**保护雇员**不过度加班工作(BVerfGE 1, 283/297; 59, 336/352 f.),必须保证雇员有充分的工间和夜间休息时间以及周末休息时间(BVerfGE 13, 237/241; OVG Bremen, NordOeR 1999, 33/34)。此外,商店关门法还具有**保护竞争**的作用,即:保证所有经营者有相同的竞争机会(BVerfGE 13, 230/235; 59, 336/353);商店关门法追求平等的竞争机会,所以关门时间也适用于没有雇员的店铺。保护竞争的目的相对雇员保护来说,虽然是次要的,但是该法的竞争保护目的并没有仅仅局限于竞争中立的范围内,相反,由于该法从时间的角度针对每个竞争者设定了普遍适用的竞争条件,所以,该法对竞争来说也是较为重要的。如果某店铺的经营者违反了关于关门时间的规定,则竞争者可以从竞争法的角度来反对(例如,借助不正当竞争法第1条列举的典型例子"通过违法来获得竞争领先地位"),如果行政机关对此颁发违法的例外许可则可能侵害其他人的竞争自由(Wahl/Schuetz, in: S./S. - A./P., VwGO, § 42 II Rn. 320)。

从系统解释的角度,尤其对商店关门法的例外构成要件做系统解释即可以看出,该法也具有保护消费者的目的,例如,对于民众的特别供给需求,应当缩短商店关门时间（zu §§8，9 LSchlG OVG Bautzen，NJW 1999，2539）。如果商店关门法限制了消费者的消费自由，则需要经过利益衡量，制定例外规定来保护消费者。周日和节假日保护并不是该法的立法目的，因为商店关门法虽然与周末有关，但该法要优先保证其在世界观上的中立性。关于周日和节假日保护的立法是一种委托立法（见基本法第140条），该立法权授予各州，由其来完成有关周日和节假日保护的立法任务（Stober，Besonderes Wirtschaftsverwaltungsrecht，S. 183；a. A. Rozek，NJW 1999，2921/2929）。所以可以把商店关门法理解为实施周日和节日保护法的一个工具，该法充分尊重和支持各联邦州在周日和节日保护法方面的立法价值取向，但并不把周日和节日保护法作为自己的立法目的。工作时间法更明确地体现了上述原则，该法第1条第2项规定，周日和法定节假日是雇员休息和恢复身心健康的时间，这受到法律的保护。立法者应当公正衡量和对待商店关门法中涉及的相互冲突的法益（BVerfGE 13，237/241）。分析清楚需要保护的法益非常重要，因为立法目的决定了主观权利的设定，而主观权利的配置又决定了权利人是否享有诉权（行政法院组织法第42条第2款）。

如果雇员保护一如既往是商店关门法的主要立法目的，则必须注意在劳资协议中要优先保护雇员权利，同时要比商店关门法（尤其是该法第17条的规定）和工作时间法（1994年6月6日颁布，BGBl. I S. 1170）更加严格地保护雇员。

因为商店关门法涉及的法益相互之间冲突很大（如店主的利益、雇员的利益以及顾客的利益），所以自从该法生效时起，就存在制度政策和宪法方面的激烈争论。立法者经过多次修正，最后在1996年决定缩短关门的时间，也就是说，在工作日的营业时间可以从6:00－20:00（商店关门法第3条第1款第1句第2项）。但是由于人们购物习惯和休闲活动的改变，竞争压力日益增加、新型销售和经营方式的产生（如电子商贸、因特网）以及国外经验的影响，关于商店关门时间的讨论仍然在继续。例如，垄断委员会（BT－Drs. 13/5309，S. 41）强烈批评一个所谓的“半心半意的自由化”运动，该运动没有充分扩大个体营业者和消费者的个人活动空间。但在欧盟法层面则不存在自由化的压力，因为欧洲法院认为，商店关门法是根据各国和地区的特点而制定的法律,同时也受到经济和社会政策的影响(EuGH, NJW 1991, 626; NJW 1994, 2141 f.; EuZW 1996, 600; a. A. Emmerich, Das Recht des unlauteren Wettbewerbs, S. 377; naeher Nesemann, Der deutsche Ladenschluss im europaeischen Wirtschafts - und Wettbewerbsrecht, S. 86, 169)。无论如何,商店关门法并没有对外国产品做出歧视性的市场准入限制规定。因为该法也适用于国内产品,所以没有违反欧共体条约第28、43条的规定。立法者目前正在研究不同的立法建议,这些建议主张更大程度地放松商店关门法的管制,例如,建议完全废除商店关门法或各州的相关法律,或者适当延长周六的营业时间。

第二节 运用范围和法律体系

商店关门法并没有针对某一类特别的工商业,而是针对所有的**“店铺”**(Verkaufsstelle)。该法第1条第1款对店铺进行了法律定义,此外,第1条第2款又授权行政法规来规定哪些机构也属于店铺的范围。一般而言,店铺的重要特征是“在固定的场所向人出售商品”(商店关门法第1条第1款第2项)。如果在样品展示或品尝时也可以订货,则这样的活动也是出售行为,也就是说,是否为店铺并不取决于该活动是否具有经营性。随着新的销售模式的飞速发展,出现了以下问题:“网上商店”或者以电子商务的形式提供商品是否也属于商店关门法第1条所指的店铺?对该问题的不同回答可能导致截然不同的后果,例如,网上商店24小时售货的经营行为可能因为违反商店关门法第3条的规定而构成违法行为。但实际上该经营行为并不适用商店关门法,因为该法第1条第1款第2项要求必须是在固定的场所出售商品,而服务器或因特网并不满足该条件。供货者在服务器上的销售点也不能被认定为是店铺,因为商品并不是在那里被提供,而是在服务器使用者的住所被供给。上述观点也适用于移动电话商业交易,即通过移动电话(“WAP”)在路上办理商务。这种形式的商业活动也不是店铺交易活动,因为在商品提供的地方,也就是网上交易者的住所,并没有现成的商品“向特定的人”出售,这不符合该法第1条第1款第2项规定店铺必须向特定的人出售现成的商品。

商店关门法第 20 条非常重要的规定,在商店关门法第 3 条所确定的关门时间内,不允许在店铺以外的地方出售商品,这一禁止性规定把该法中定义的店铺交易与定点营业的工商业等同对待。适用该条款的关键是商业性售卖行为。因为“出售”意味着商品已经准备好,可以交货或出卖(Neumann, in: Landmann/Rohmer, LSchlG, § 20 Erl. 4)。电子商务不具备这一特征,因为通过网络交易的商品并不能够立即交货,所以不适用商店关门法第 20 条的规定,即电子商务不受商店关门法禁止性规定的约束。

该法的重点是商店关门时间,也就是说,店铺必须关门的时间(详细时间由商店关门法第 3 条第 1 款规定)。商店关门法规定了一般的关门时间(该法第 3 条)和特殊的关门时间(该法第 4 条)。立法者确定关门时间采取的是一般禁止,例外允许的许可方式。该法把营业时间作为关门时间的例外来定义,营业时间一般由不同的行政机关通过制定行政规范来具体调整(商店关门法第 8 条及以下条款)。制定例外规定的立法权限分配来自于基本法第 72 条第 2 款的宪法思想:如果为国家利益以及维护法律和经济的统一性有必要制定联邦法律,最高联邦行政机关有权制定行政法规,而地区或地方的特殊性使各州有合理合法的理由制定地方法规,因此,各州政府有权制定相应的地方法规。

除了商店关门法外,还要注意工作时间法和各州制定的周日和假日法(BVerwGE 90, 337 ff.)。

监督和执行该法的主管机关是各州。工商监督机关、主管健康和劳动保护的机关或者治安管理机关在进行经济和工商监督时都必须注意审查店铺是否遵守了关于商店关门的法律规定(请参照石荷州 1983 年 11 月 17 日颁布的“关于执行商店关门法主管行政机关的条例”,GVOBl. SH 1983 S. 455)。竞争者可以因为某店铺违反商店关门法而根据反不正当竞争法要求该店铺不作为,只要延长营业时间的计划已经公布或者该店铺早就意识到通过延长营业时间可以在竞争中处于优势地位,并且按计划实施了该不正当竞争行为(KG Berlin, GewArch. 2002, 207 ff.; Mueller, in: Stober [Hrsg.], LSchlG, § 3 Rn. 84, 89 f.)。

第三节 商店关门法的调整手段

最重要的调整手段首先是由**法律确定商店关门的时间**。除了一般的关门时间（该法第3条），还有针对经营方式、商品和店铺的特征确定的特殊关门时间（该法第4条）。做出特殊规定的目的在于满足消费者特殊的生活供给需要。

例：商店关门法原第6条第2款允许在一般关门时间以外的周日和节假日在加油站出售汽车配件和汽油。后来加油站不断扩大售货范围，并且24小时营业。由此产生的问题是：这种做法是否还符合商店关门法第6条第2款的规定。联邦行政法院（JZ 1994, 297 ff., mit abl. Anm. von Stober, JZ 1994, 300 f.）对该条法律做了宽泛解释，认定只要加油站出售的主要商品和附加商品之间存在内在联系，则出售驾驶员旅行必需的商品即可作为附加商品得到允许。立法者尊重了法院的判决，在1996年7月30日对原法做了修正（BGBl. I S. 1186），并制定了补充规定——允许加油站在关门时间之内出售旅行必需品。

法律确定特殊的商店关门时间表明，立法者特别重视特定人群，尤其是旅行者的供给需要，为此立法者破除了在时间上同等竞争的规定。

例：商店关门法第8条对火车站店铺关门时间的特殊规定；第9条对机场和码头店铺关门时间的特殊规定。

此外，商店关门法还包括大量制定法规的授权规定，根据这些规定可以对特定的商品、事件或人群设定特殊的商店关门时间。在此有问题的是周日售卖活动，有时法律政策鼓励周日售卖活动，而且试图通过制定商店关门法的例外规定来推行该活动。

例：在集市、博览会或其他类似活动举办之际可以不受一般的店铺关门时间的限制，允许在周日和节假日按照商店关门法第14条的规定以及节假日的前一个周六按照商店关门法第16条的规定营业。此外，在规定例外关门时间的法规中废除了商店关门法第 14 条第 1 款第 1 句规定的特别的商店关门时间，而做出了有利于店主的营业时间规定，即允许在特许的周六从 14 点起关门（BVerwG, NJW 1999, 1567 ff.; OVG Bremen, NordOeR 1999, 33 ff.; OVG Lueneburg, NVwZ – RR 2001, 736 f.）。但做出例外规定的理由必须是集市或会展带来过大的顾客洪流而不得不延长营业时间，而不是利用延长营业时间来吸引顾客（VGH Muenchen, NVwZ – RR 2002, 497 f.）。店铺在周日从 0 点到 5 点营业则不能以商店关门法第 14 条为法律依据（VG Duesseldorf, NVwZ 2002, 624 ff.）。

商店关门法原第 14 条第 4 款曾规定，药店不能在特许开业的周日营业，联邦行政法院（NJW 2002, 666 ff.）认为该规定不符合基本法而认定为无效。该法院认为这样的规定给药剂师行使职业自由造成了不成比例的负担。

商店关门法第 10 条授权可以通过行政法规规定，允许在特定的疗养和修养地，在一般的商店关门时间之外出售特定的产品，该规定目前得到了充分利用。有些联邦州通过“旅游规定”允许较长的营业时间，这些规定的目的是想逐步废除商店必须在周日关门的规定。但如果在首都的某商场内所有的商品都作为“柏林纪念品”出售，则会被认定为滥用法律。商店关门法第 10 条第 1 款第 1 句虽然做出了有利于某些产品的例外规定，但是日常用品并不在此之列（对该情形恰当的描述为“不适当的规避明确法律规定的企图”，VG Berlin, NJW 1999, 2988 f.）。

如果行政机关根据商店关门法第 10 条第 1 款的规定制定所谓的“旅游业规定”，则可以确定行政机关具有规避法律的意图。商店关门法第 10 条第 1 款规定，出于公共利益的迫切需要，可以不受该法第 3 至 16 条和第 18 至 21 条的限制而规定负有期限的例外的关门时间。

例：梅克伦堡—前波莫瑞州的“浴场和旅游业规定”则不是根据商店关门法第 10 条第 1 款颁发的行政法规，而是根据商店关门法第 23 条做出的一般决定（OVG Greifswald, NordOeR 2000, 66/67）。

目前存在过度利用商店关门法第 23 条授予的权利而做出例外规定的

情形。在很多情况下,并不存在该条法律所要求的公共利益,在此,公共利益一般是指迫切的供给需要。周日开业的例外规定更多的是为了增强竞争、增加本地吸引力或者出于消费者政策的考虑而制定的(反对观点见:OVG Magdeburg, NJW 1999, 2982 ff.)。而重大的、跨区域的、有重要意义的活动也并不必然构成该法第23条所指的迫切的供给需要(联邦花园展不具有迫切供给需要,见法院判决:OVG Magdeburg, NJW 1999, 2538 f.;外国顾客在边界购物的愿望也不是该法所要保护的公共利益,见法院判决:VG Schleswig, GewArch. 2002, 39 f.;2000年世博会具有需要保护的公共利益,见判决:VG Hannover, GewArch. 2000, 211 ff.)。但允许重大活动举行地的附近城市在周末营业则不具有迫切供给需要的理由,因为商店关门法第23条第1款的立法目的不是保护具体的或一般的竞争利益,而是保护民众迫切的供给需求(OVG Magdeburg, GewArch. 1999, 427/428; NVwZ - RR 2003, 112 f.)。这也就意味着,没有得到例外开业许可的邻近的经营者不能根据该条款要求行政机关给自己也颁发例外许可。但其可以在个别情况下对违法颁布的例外许可行使反对权。上述例证说明商店关门法需要继续改革。立法者必须采取措施来满足竞争要求,商店关门法必须进一步放松管制并更加灵活,但不能通过行政机关和店主违反现行法律的方式来实现这一改革要求(Rozek, NJW 1999, 2921/2927 f.)。

由此提出一个问题:通过什么手段,由谁来监督商店关门法的遵照执行。首先,经济行政机关和治安管理机关应当以经济监督的方式来监督该法的执行情况。如果不遵守商店关门法,可以通过治安管理决定禁止店主继续营业。此外,也可以把违反商店关门法的行为根据该法第24条的标准视为违反治安秩序的行为。某些违反商店关门法的行为,例如,店主通过超时工作而损害了雇员的劳动能力或健康,则构成违反刑法的行为(商店关门法第25条)。

商店关门法也可以通过受到不利影响的相对人的敦促而得到遵守,这些相对人的权益因店主不遵守关门时间或违反例外许可而受到了影响。因为商店关门法直接调整国家和店主之间的法律关系,所以该法是否具有第三人保护效力就很重要。公认的观点是,受到不利影响的雇员可以针对有关商店关门的例外许可而提起讼诉,因为商店关门法正是为了保护他们的利益而制定的。

例:某行政法规规定周日可以开业,但这违反了商店关门法第 14 条第 1 款第 2 句的规定,受到影响的雇员可以根据行政法院组织法第 47 条对其提起法规审查之诉(详见:OVG Bremen, NordOeR, 1999, 33/34 ff.)。

非常有争议的问题是,受到不利影响的竞争者能在多大程度上反对例外许可受益者延长营业时间。达成共识的意见为,如果营业时间涉及有雇员和没有雇员的店铺之间的平等待遇以及店铺和其他商业机构(商店关门法第 20 条所指的商业机构)之间的平等待遇问题,则保护平等竞争就是商店关门法的立法目的之一(Stober, Besonderes Wirtschaftsverwaltungsrecht, S. 195)。但在联邦行政法院的判决中(E 65, 167/172)否认商店关门法的例外规定(商店关门法第 23 条第 1 款第 1 句)具有保护第三人的效力,因为该法的立法目的是保护雇员,而不是竞争者。

例:根据商店关门法第 8 条第 2a 款制定的某规章允许火车站的店铺可以延长营业时间,Bautzen 高等行政法院否定该规章具有第三人保护的效力(OVG Bautzen, NJW 1999, 2539 f.),也就是说,竞争者不能针对店主起诉。法院的理由为,商店关门法第 8 条第 2a 款的立法目的不是保护竞争者的权利,而是为了满足旅客的供给需要以及保护雇员。值得注意的还有不来梅高等行政法院的判决(OVG Bremen, NVwZ 2002, 873 ff.),该法院以基本法第 12 条第 1 款规定的竞争自由为依据对商店关门法第 16 条进行了解释,确认该法条具有竞争保护和第三人保护的功能(但也有人反对该观点,认为其会引发民众诉讼,见: Schmitz, NVwZ 2002, 822 ff.)。

学界大多数人的观点是:商店关门法第 3 条、第 23 条(和其他法条)对于有雇员和无雇员的店铺的竞争关系并没有多大影响,这些法条只是为所有的店主创造一个平等参与竞争的条件(Wahl/Schuetz, in: S./S. – A./P., VwGO, § 42 II Rn. 320)。这种观点值得参考,因为商店关门法的规定只有通过**保护规范理论**的解释才具有第三人保护功能。第三人保护的范围很广,这与立法原意相符合,但这需要通过立法解释来确定。如前所述,商店关门法有意从时间的角度来调控竞争,所以,如果竞争参与者在竞争关系中因为营业时间而受到优先照顾,则受到商店关门法的调整。所以,从这个意义上说,商店关门法是**竞争公法的组成部分**,该法为经济行政设定了法律规范,违反该规范的行为都会侵犯其他竞争者的自由。此外,商店关门法也是(私人或公共)竞争者的**行为规则**,同时也调整颁发例外许可的国家机构的行为。

如果认同本书的观点,即商店关门法没有宗教保护、教会组织保护、周日或节假日保护的立法意图,那么教会就不享有该法意义上的第三人保护。

例:商店关门法第 3 条、第 23 条第 1 款并没有赋予基督教和天主教教会反对允许周日营业而提起诉讼的权利。该诉权可以来自其他的法律规定,如国家教会协议(OVG Greifswald, NordOeR 2000, 64 ff.),但不是来自商店关门法。

参考文献:Heckmann, E – Commerce: Flucht in den virtuellen Raum?, NJW 2000, 1370 f.; ders., Ladenschlussrecht, in: Achterberg u. a., Besonderes Verwaltungsrecht I, § 3; Kirste, Flexibilisierung des Ladenschlusses zum Segen des Sonn – und Feiertagsschutzes, NJW 2001, 790 ff.; Kollmer, Neues Ladenschlussrecht 1996, GewArch. 1997, 92 ff.; Nesemann, Der deutsche Ladennschluss im europaeischen Wirtschafts – und Wettbewerbsrecht, 1995; Rozek, Vorsprung durch Rechtsbruch?, NJW 1999, 2921 ff.; Stober, Besonderes Wirtschaftsverwaltungsrecht, § 52; ders. (Hrsg.), Ladenschlussgesetz, Kommentar, 4. Aufl. 2000; Tegebauer, Die Entwicklung des Ladenschlussrechts seit dem Jahr 2000, GewArch. 2002, 185 ff.; Wallerath, Ladenschluss und Konkurrentenschutz, NJW 2001, 781 ff.

第五章
电信法

第一节　基础和作用

随着科技的进步、社会的发展以及(反)市场管制立法的实施,产生了一个**新的**特别经济行政法**分支**。例如,国家逐渐退出以前的垄断领域并放手由市场调控(反经济管制),这就需要有新的法律框架对市场进行监管(法律监管)。废物经济法、能源经济法和电信法就是很时兴的例子。以下以电信法为例介绍新兴的特别行政法分支。电信法也是该新兴法律部门的重点(1996 年 7 月 25 日颁布,BGBl. I S. 1120)。

一、历　　史

电信法(Telekommunikationsrecht)的概念大约在 10 年前还不为众人所知。联邦曾经垄断**电信业**(Fernmeldemonopol),而且该垄断地位通过电信设备法(Fernmeldeanlagengesetz, FAG)第 1 条得到保证。德国联邦邮政的业务以前也属于电信业,曾经通过基本法原第 87 条第 1 款第 1 句纳入联邦自有行政事务的范围。但电信垄断不断产生经济政策和宪法方面的问题,而且欧盟法改革的压力也促使电信业进行广泛的改革,因此电信业从 20 世纪 90 年代末开始进行深刻的改革。在 1989 年 7 月 1 日生效的**第一阶段的邮政改革**中,作为联邦特殊财产的德国联邦邮政被划分为三个公用企业(见邮政组织法原第 1 条第 2 款)。在 1995 年 1 月 1 日起实施的**第二阶段邮政改革**中,一分为三的德国联邦邮政的三个特殊财产:德国联邦邮政邮寄业务(POSTDIENST)、德国联邦邮政储蓄(POSTBANK)和德国联邦邮政电信(TELEKOM)都改制为有限责任公司。目前正在对这三个企业进行**实质私有化**。本文重点研究的电信业经历了下述变革过程:1999 年联邦(现在通过联邦复兴信贷银行来控股)控股 65.18%,到 2000 年 6 月,经过进一步的股票交易投资,联邦仍持有德国电信公司 57.6% 的股份,所以可以说,此时德国电信公司还是一个公用企业。直到 2001 年 6 月国家控股才减少到 45%。各投资者的控股比例对于电信法立法的内容和任务都有重要意义。另外具有历史意义的是,随着 1996 年电信法的生效,从 1998 年 1 月 1 日起德国电信公司对电信业的垄断被消除了。经过多次个别变动,人们正在筹划到 2003 年对电信法进行深入改革,因为四个欧盟指令到 2003 年中旬必须转化为国内法(这四个指令是:框架指令、准入指令、普遍服务指令和许可指令)。

例:德国邮政有限公司的私有化改革没有像电信业那样深远,联邦仍然控制大部分股份(至 2001 年 1 月 31 日联邦控股为 69%)。此外,联邦邮政公司还享有 200 克以下信件投递业务的排他性专营权,但该垄断经营地位只保留到 2007 年 12 月 31 日(详见:Kaemmerer, DVBl. 2001, 1705 ff.)。

二、作用和归类

本章的研究对象是**狭义的电信法**(Telekommunikationsrecht i. e. S.)概念,该电信法是在以前的电讯法(Fernmelderchtt)基础上产生的。把电信法作为独立的部门法来研究也符合基本法在立法权限方面的规定,按照基本法第 73 条第 7 款联邦享有电信方面的立法权。1994 年基本法把电讯业的概念替换为电信,但内容并没有改变。电信法的内容包括电信法(TKG),以及据此制定发布的行政法规和电信设备法(FAG)。科技的急剧进步、经济和法律的发展导致人们对该法律部门的内涵界定并不一致(例如:Stober, Besonderes Wirtschaftsverwaltungsrecht, § 55: Medienwirtschaftsrecht)。在本书中排除所谓的"多媒体法",多媒体法包括电信服务法(TDG)和媒体服务国家合同(MDStV)。多媒体法为电子信息服务以及电信服务设定法律框架,而这些服务都是利用由电信法所调整的电信基础设施来传输数据。所以,媒体法的调整对象是电信服务产品(电信服务法第 2 条),也就是说调整电信基础设施的利用方式。相反，狭义的电信法关心的重点是必要的基础设施“是否”已具备，同时负责具体履行联邦负有的保证提供基础设施的义务（基本法第 87f 条第 1 款）。区分基础设施建设和利用基础设施提供服务的好处在于，可以更好地区分由于私有化所产生的**两个层面的监管**：基础设施监管以及基于该基础设施提供服务的监管。电信法律的重点是电信法，电信法就是对电信产业的基础设施进行监管的法律。

因此，电信法的**功能**就是**监管**电信业（电信法第 1 条）。以下三个立法目的需要通过监管来实现：促进竞争、保证适当的和充分的普遍服务以及确定频率使用规则。第二个监管目的表明，立法者通过电信法来具体完成宪法规定的保证基础设施供给的任务（基本法第 87f 条第 1 款）。从某种意义上说，电信法还是调整私有化结果的法律（Ruffert, AOeR 124［1999］, 237/246）。宪法制定者已经做出了一个基本决策，即通过消除电信业的国家垄断来完成该行业的私有化，所以，立法者和行政机关的任务就是对新的市场结构以符合宪法的方式进行监管。从这个意义上说，电信法开辟了一条从行政垄断**转变**到市场经济调控的道路。

立法者使用监管作为一个总括概念，**监管**（Regulierung）是指所有针对私经济竞争措施的国家调控措施（关于该概念详见：Schneider, ZHR 164［2000］, 513/515 ff.）。根据电信法实施的监管是对经济学领域主张反监管的一个回应，监管作为一项公权力职能被授予联邦来履行（电信法第 2 条第 1 款）。电信法的三个立法目的通过该法第 2 条第 2 款被具体化为六个监管目的，确立这些监管目的具有技术上的、经济上的和宪法上的必要性。从宪法的角度来看，电信法是对基本法第 87f 条的具体化。实现宪法上的保证基础设施供给义务主要通过电信法第 17 条及以下条款，该章节的标题为“普遍服务”，内容是保证电信方面的普遍基础服务，而且服务价格民众可以接受（请参见电信法第 2 条第 2 款第 3 项）。从技术和经济的角度来说，频率的稀缺性必然要求国家监管，只有确定的频率分配才能保证电信设备能够顺利运营。此外，基本法第 12 条第 1 款规定的职业和竞争自由也要求现在和将来的电信服务提供者都参与电信市场；并要求最晚在消除国家垄断以后，国家应当以法律框架的形式为新兴的电信市场提供一个公平的竞争起始条件。相关竞争法特别应当适用于从垄断中脱胎出来的公用企业——德国电信公司。由此可见,电信法不仅仅具有经济监督的传统职能(电信法第71条),而且还负有创立和保证有效市场竞争的责任,电信法因此也被归纳到竞争公法中。

三、管 辖

根据基本法第73条第7项,**联邦**享有颁布电信法律的**立法权**。如果不考虑个别问题(如电信法第50条)的复杂性,则基本法第73条第7项、第74条第1款第11项已经基本解决了关于立法权限的问题。但多媒体法的立法权限非常复杂,涉及很多不同的立法权限,有时各州也享有此类立法权。

实施监管的机关是电信和邮政监管局(RegTP)(电信法第66条)。在设定电信法的经济行政机构时遵循和贯彻了不同的监管目的,这些监管目的都具有不容忽视的政治色彩。例如,联邦电信和邮政监管局有权做出分配稀缺资源的决定,可以为了消除垄断而介入市场并干预影响德国电信公司或其他竞争者的竞争地位,以及实施危险防御性质的传统经济监督。立法者因此设立了一个集经济公法和经济监督众多职能于一身的监督机构,为履行这些职能该机构必须尽可能的独立和具有较高的专业性。该机构独立性的底线是基本法第87f条第2款第2句,该条款规定国家监管职能必须属于联邦自有行政。因此,虽然联邦电信和邮政监管局是下设在联邦经济和科技部下的联邦行政机关(电信法第66条第1款),但该联邦行政机关在很大程度上享有专业职能和政治上的独立性(Oertel, Die Unabhaengigkeit der Regulierungsbehoerde nach §§ 66 ff. TKG, S. 104 ff.; Schneider, ZHR 164[2000], 513/535 ff.)。该独立性在民主合法性方面并不是没有问题的,但鉴于实施监管所面临的各种利益冲突,监管机构又必须具有一定的独立性。如前所述,联邦所有的德国电信公司仍然是电信市场的主力军,所以国家对电信业的监管决定也会在很大程度上损害国有企业的利益。国家的监管活动可以根据竞争公法的基本原则与国家的盈利性经营活动相区别。电信和邮政监管局职能中的**政治色彩**主要体现在设立一个**咨询委员会**(Beirat),该咨询委员会具有咨询职能,该职能是为了贯彻电信法第2条第2款所规定的监管目的。

电信和邮政监管局的另一个职能是贯彻执行电信法所确定的监管目标，即确保电信市场平等有效的竞争。因为德国电信公司一直具有市场统治地位，所以实现该监管职能非常不容易。值得注意的是，电信和邮政监管局的管辖职能与联邦卡特尔局在其他市场领域的职能非常相似（见电信法第33条）。所以，在立法前期，曾有人主张由联邦卡特尔局来行使电信和邮政的监管职能。但立法者还是决定制定一个专门的法律，并设立一个专门的机构履行监管职能。电信和邮政监管局与联邦卡特尔局地位平行，也按照反限制竞争法来监督竞争，电信法明确规定了二者的平行性，例如，电信法第82条规定电信邮政监管局要与联邦卡特尔局合作采取某些监督措施，而电信监管局本身的组织结构以及程序也都体现了两个机构的平行性和近似性。譬如，电信和邮政监管局通过**决议委员会**（Beschlusskammern）来做出某些决定，这与联邦卡特尔局的决议部门一致，而且程序也很相似（详见电信法第73条及以下条款）。监管局的一项非常重要的职能是对具有市场统治地位的企业进行**价格监管**（Entgeltregulierung）（电信法第23条及以下条款）。

与提供电信服务相关的一个问题是，在取消国家垄断并对德国电信公司逐步私有化后，**国有企业**能否以及在多大范围内积极参与电信市场竞争。该问题涉及很多新成立的**乡镇电话公司**（kommunale Telefongesellschaften）。在关于此类公司的合宪性争论中，正反双方都依据基本法第87f条第2款第1句来论证自己的观点：乡镇可以（或不可以）在电信市场从事经济活动。如果对基本法第87f条第2款进行系统解释则可以得出结论，宪法制定者通过该条款只允许国家机构的组织私有化，而没有做出国家能否从事竞争行为的决定，所以，无须再根据该条款对该问题进行深入讨论。该问题涉及的不是电信法的问题，而是**经济公法**的一个一般性问题，在讨论该问题时也要考虑到基本法第28条第2款第1句以及其他的法律规定，如反不正当竞争法、反限制竞争法。乡镇电话公司的真正问题在于所谓的**“本地原则”**（Oertlichkeitsprinzip）（译者注：乡镇公司不得超越其所在地从事经济活动），该原则是乡镇自治职能范围的固有原则。因为基本法第28条第2款第1句以及各州宪法都只允许乡镇对**地方事务行使自治权**，所以，乡镇不具有经营全国范围甚至全世界范围内电信业务的权限（Hoesch，GewArch.

2000,1/10)。

第二节　电信业的概念

与其他特别经济行政法相似,符合电信的概念特征是适用电信法的前提条件(见电信法的条文表述:第1条"在电信业范围内",第2条"电信业监管")。电信法第3条第16项对电信进行了法律**定义:"电信"**(Telekommunikation)是指**任何借助电信设备以符号、文字和图像或者声音方式发送、传输和接受信息的技术过程**。根据电信法第3条第17项的规定,"电信设备"是指把可识别的电磁或光学信号作为信息传送、中转、接收、调节或控制的技术设施或系统。所以,电信的概念包括**在一定距离内借助技术手段所进行的信息交换**。信息的具体内容则不属于电信范畴。

第三节　电信法的调整手段

电信法适用者必须首先熟悉许多新的法律概念。例如,"监管"作为行政法概念在电信法颁布之前并不为人所知(法律定义见电信法第3条第13项);又如,"特许"作为市场准入的关键概念也是新引入的。进一步考察可以确定,虽然电信法具有很多新概念,面临很多新挑战,但还是与一般行政法的体系和调整手段相适应的(Ruffert, AOeR 124[1999],237/280)。因为篇幅的原因,不能一一详述电信法上的每一种监管手段,只对重要的监管方式予以介绍。基本上每种营利形式的电信服务都受到行政机关的监督,都负有申报义务(电信法第4条)或许可申请义务(电信法第6条)。

一、(事前)预防性经济监督(Praeventive Wirtschaftsueberwachung)

(一)申报义务(Anzeigepflicht),电信法第4条

根据电信法第4条第1款的规定,提供电信服务的每一个经营者都必须对**营业的开始、变更和终止**等事项在一个月内向监管机关进行书面申报。该条款的目的是避免违法行为,尤其是防止规避行为的发生。同时,通过申报可以提供必要的基本信息,从而保证电信和邮政监管局以及市场参与者

获得公开透明的有据可查的电信市场信息。因此,该法第4条是典型的经济监督手段,而且根据特别法优于普通法的原则,优先适用于工商条例第14条。

每一个从事电信服务的经营者都负有申报义务(Anzeigepflicht)。申报内容是**营利性的电信服务**以及向第三人提供的转播服务(电信法第3条第18项)。**“营利性服务”**(gewerbliches Angebot)对于履行申报义务非常重要,为了解释什么是营业性服务,工商业的概念在此发挥重要作用。从语义解释和系统解释的角度来说,“提供”电信服务始于对外从事相关活动,例如,在商业登记册中注册或开始做广告。注册期限是一个月。违反该规定将作为秩序违法,根据电信法第96条第1款第1项受到惩罚。

电信和邮政监管局可以根据电信法第4条第2句**公布申报的重要内容**,以保证市场的公开透明。至于什么是**“重要内容”**,必须通过**利益衡量**来确定,因为公众的知悉权也可能与企业保守商业秘密的权利相冲突。

(二)特许(Lizenz),电信法第6、8条

随着**电信垄断的取消**,电信服务更多的只是一种**工商业活动**,一般来说,受到基本法第12条第1款和工商条例第1条第1款所规定的工商业自由的保护。为了实现有效的监管,尤其是经济监督,以及有效管理有限的电信频率,立法者对某些特定的电信服务(电信法第6条第1款)施加了**特许申请义务**(Lizenzpflicht)。根据电信法第3条第7项,**特许是指特别许可向公众提供特定电信服务**。这意味着在此实行的许可原则是**一般禁止、例外许可**。特许作为需申请的行政行为(电信法第8条第1款第1句),是一种行政法上的监督许可,可以据此进行事前监督,审查相对人是否遵守执行了一般工商法和特别法上的要求。颁发特许证意味着对申请人的解禁,即**允许其进入电信市场**。

审查申请人是否符合**特许条件**时要特别注意电信法第8条的规定。电信法第8条第3款规定了**必须拒绝许可的理由**,如果出现此类情形绝不能颁发许可。尤其是电信法第8条第3款第1句第2项第a目突出了许可的**工商法特征**,即是否颁发许可要根据申请人的可信性、履行能力和专业水平来确定。同时,电信和邮政监管局也可以在行政规章中要求申请者提交哪些证明材料。这些要求涉及基本法第12条意义上的**从业主观许可限制**。

有问题的是电信法第 8 条第 3 款第 1 句第 1 项所规定的**客观拒绝理由**，根据该条规定，如果电信和邮政监管局没有可以利用的频率，则无法颁发许可。该理由作为基本法第 12 条第 1 款意义上的**客观的许可限制**只在下述情形下才具有合宪性，即**从狭义**的角度来说，拒绝许可是无频率可供支配情况下的最后一个别无选择的做法。在频率用尽之前必须根据电信法第 10 条限制特许的数量，并且要根据电信法第 11 条实施招投标程序（BT-Drs. 13/3609，S. 38）。

此外，根据电信法第 8 条第 3 款第 1 句第 2 项第 b 目，如果**特许**会危及到公共安全和秩序，则不能颁发许可。该拒绝许可理由是一个**概括性的客观兜底条款**。第 8 条第 2 款第 1 句规定在颁发许可是要注意遵守该法第 2 条第 2 款规定的监管目标，但该注意义务并**不构成拒绝许可的理由**。监管目的不能使拒绝许可合法化，但是可以借助附加条款对**许可内容**施加影响（Spoerr/Deutsch，DVBl. 1997，300/306）。

另外，还必须从**法律后果**的角度来界定特许的性质：特许赋予特许证持有人一项**主观公权利**来经营信息传送义务和/或者电话服务业务（请比较电信法第 6 条第 1、2 款）。这项权利是**可转让**的，但转让需要经过许可（电信法第 9 条）。特许可以因为频率的稀缺性而设定**期限**（电信法第 8 条第 4 款），而且为了实现电信法第 2 条第 2 款规定的监管目的可以在颁发许可的同时规定**附加条款**。

存在问题的是**频率分配和特许经营之间的关系**。没有获得频率就不能从事电信传送业务（如移动电话服务），所以在这种情况下特许证对持有人来说就毫无价值了。颁发特许的程序分为**两步**，电信法第 8 条第 5 款对此做了详细规定。在颁发特许证时还未做出关于频率分配的决定，该决定要经过频率分配程序后才能做出（电信法第 44 至 48 条）（关于频率分配计划见：Hoffmann-Riem/Wieddekind，FS Hoppe，S. 745/757 ff.；Holznagel，FS Hoppe，S. 767/780 ff.）。有争议的是，被特许人是否**有权要求获得频率**（Anspruch auf Frequenzzuweisung）。虽然电信法第 8 条第 5 款没有明确规定，但大多数人都认为被特许人有这项权利。如果对电信法进行系统解释，则这种观点是正确的，因为不应该有不具有频率使用权的被特许人。在频率有限的情况下，电信和邮政监管局可以根据电信法第 10 条限制特许的数量，而且认真执行电信法第 11 条规定的招投标程序。此外，电信法第 8 条第 3 款第 1 句第 1 项所规定的拒绝许可理由也表明，获得特许证但却不具有频率使用权并不是立法者所希望的法律结果。频率的使用许可根据电信法第 47 条来颁发，如果频率使用许可没有被包括在特许经营中，则颁发频率使用许可也是一个行政行为（电信法第 47 条第 5 款第 1 句）。

如果可使用的频率的数量由于技术原因受到限制，则可以根据电信法第 10 条第 1 款的规定限制特许经营的数量。这样一来对有限的特许经营就需要进行**招投标（电信法第 11 条）**，招投标程序包括了不同层次的行政程序（关于行政法的内容详见：Mueller-Terpitz, K&R 2002, 75 ff.）。电信法第 11 条第 4 款规定了作为常规程序的**竞拍程序**（Versteigerungsverfahren）（详见：Koetter, DVBl. 2001, 1556 ff.），通过竞拍可以确定哪个投标者最适合，能够最有效地利用被拍卖的频率。只有在竞拍程序不适合发放特许时，才适用**招标程序**（电信法第 11 条第 5、6 款）。

例：最有名的竞拍事例是 2000 年 8 月对 UMTS 移动电话特许经营的竞拍，有 6 家企业参与竞拍价值约 1 亿马克的 12 个频率的使用权。在竞拍程序中出现了明显的法律问题，直到今天其都没有被完全解释清楚。对该竞拍的合宪性和合法性有不同的观点（认为其合法的有：Storr, K& R 2002, 67 ff.，认为其违法的有：Becker, Die Verwaltung 35［2002］, 1 ff.）。参与竞拍的某企业曾经提起诉讼，后因高额的诉讼费用撤回了起诉。联邦宪法法院只针对联邦和各州之间的收入分配问题从财税宪法的角度做了判决，同时也认定该竞拍程序是法律允许的（BVerfG, NJW 2002, 2020 f.）。

颁发特许经营许可和频率许可都要**收费**（电信法第 16、48 条）。收费事项和费用额度都由电信特许收费条例规定。

例：对收费额度和 30 年许可的管理费用都曾有过诉讼争议（VG Koeln, MMR 1999, 373 ff.；OVG Muenster, CR 2000, 222 ff.）。联邦行政法院（BVerwG, NVwZ 2002, 858 ff.）认定作为收费依据的电信特许收费条例无效，因为该规章只被授权征收与颁发特许证相关的管理费用。电信法第 16 条规定的特许费用不包括电信和邮政监管局大量的职务活动开支，而且借收费来资助行政机关的职务活动也不符合基本法第3条第1款。至于UMTS竞拍费用是一种特许费还是其他性质的费用则存有争议(Schumacher, NJW 2000, 3096 ff.; Storr, K& R 2002, 67/74 m. w. N.)。联邦宪法法院(BVerfG, NJW 2002, 2020)只是强调,该竞拍费用是基本法第106条意义上的不需纳税的收入,但对该费用的法律性质问题未做出明确解答。

颁发特许证的另一个**法律后果**来自电信法第50条第2款第1句。根据电信法第50条第1款,为公共目的服务的电信线路可以**无偿使用交通道路**,根据第6条第1款第1项以及第8条,该项权利也随着特许证的颁发转让给特许证持有人。无偿使用交通道路的合宪性自电信法生效起就有争论,但联邦法院的判决肯定了其合宪性。

例:有10个乡镇针对无偿使用道路的规定,联合向联邦宪法法院提起了乡镇宪法抗告,理由是:禁止对穿过本地的电信线路征收费用,是对基本法第28条第2款第1句所保护的乡镇的财政主权的不具有合理性的侵犯。联邦宪法法院对宪法抗告并没有做出判决(DOEV 1999, 336 ff. = JA 1999, 930 ff.)。财政主权虽然保护自治行政以及乡镇对其财产的经济利用,但并不保护每一项单独的具有财产价值的法律权利。如果乡镇被禁止利用个别的财产来获取收入,但财政主权并没有因此受到影响(Koenig/Siewer, NVwZ 2000, 609 ff.)。此外,电信法第50条第1款第1句所规定的对道路的无偿使用权的范围很广泛,从第一次铺设管线就开始了,而且允许免费在公路上安置和堆放建筑辅助材料(BVerwG, DVBl. 2001, 1373 f.; BayVGH, BayVBl. 2001, 747 ff.)。根据电信法第57条,是否具有电信服务特许并不是因修建电信网而利用私人土地的前提条件(BGH, DVBl. 2001, 71/73; bestaetigt durch BVerfG, NJW 2003, 196 ff.)。

(三)收费许可(Entgeltgenehmigung),电信法第23条及以下条款

为消除垄断,保证电信服务的竞争,对电信市场最深入的介入措施就是对价格的监管(电信法第23条及以下条款)。电信法第23条及以下条款调整的是不能归入普遍服务,但必须申请特许的电信业领域。对于普遍服务领域的电信价格监管由电信法第17条第2款第3句结合电信普遍服务条

例(TUDLV)做出特别规定,这些条款对价格监管主要考虑的是顾客的可接受性(电信法第17条第1款第1句),而电信法第23条以下的价格监管的目的是防止滥用垄断地位和促进竞争,所以,价格必须围绕能够提供有效服务的成本来设定(电信法第24条第1款第1句)。价格监管法对于电信市场上**有效竞争**的快速发展具有**重大意义**,因为以前由某个企业垄断市场,不可能保证竞争理论所推崇的以"充分竞争"为前提的自由定价。

价格监管的功能在于,当具有市场统治地位的企业运用自由定价这一市场机制时,要受到**国家价格监督**的约束。具有市场统治地位的企业在一般商业条款中规定价格或与价格相关的内容时都要由**电信和邮政监管局批准**(电信法第25条第1款)。这种预防性的经济监督的**目的**首先在于保护主导市场的企业的竞争者,这些竞争者应当受到保护,保证其不会受到大企业利用其统治地位所制定的价格的损害。价格监管在经济行政法和竞争法上的特征在于,该监管不仅是通过防止滥用垄断地位来实施,而且通过事前监督措施来实现,例如,收费价格必须经过许可。电信法第24条、第27条第1、2款规定了**价格监管的标准**(Maßstaebe der Entgeltregulierung)。电信和邮政监管局享有特定的程序权利,值得一提的是该法第31条第1款第1句第1项规定的**问询权**(Auskunftsverlangen),根据特别规定优先的原则,其优先适用于该法第72条第1款规定的监管局的一般性职权。

电信法第28条第1款规定企业负有**提交收费计划的义务**(Vorlagepflicht)。这不是行政程序法第22条第2句第2项意义上的一个单纯申请程序,而是一个在紧急情况下可以由行政机关依职权实施的**价格监管程序**(Preisregulierungsverfahren)(VG Koeln, CR 1999, 161/163),这可以从监管局的程序权利和行政执行权,尤其是可从电信法第31条第1款第2句中推导出来。电信和邮政监管局一般必须在收到收费计划后的六个星期内做出决定(电信法第28条第2款)。这可以说是对一般行政程序法中的加快程序(行政程序法第10条第2款)的具体化。有争论的是,电信和邮政监管局迟延做出决定应当承担什么法律后果。由于缺乏明确的法律规定,可以**推定**申请的价格方式和额度得到了**默许批准**(Genehmigungsfiktion),虽然该推定许可不是很有说服力(Schuster/Stuermer, in: Beck'scher TKG-Kommentar, § 28 Rn. 14)。逾期不做决定的法律后果也可以根据一般原则来确定，也就是说，逾期在一定情况下可视为违反职务的行为，很可能导致行政赔偿（VG Koeln, CR 1998, 668/669）。

收费申请如果存在电信法第27条第3款所规定的拒绝许可的情形，则电信和邮政监管局必须拒绝颁发**收费许可**。具体细节由依据电信法第27条第4款制定的电信价格监管条例（TEntgV）来规定。针对收费申请做出的决定是一个**行政行为**。如果该收费申请被批准，则通过电信和邮政监管局的公报发布（电信法第28条第4款）。

除了上述预防性价格监督以外，电信法第30条还规定了一种**事后的价格监督**（repressive Preiskontrolle）方式，以保证有效地进行经济监督。

（四）承担普遍服务义务（Inpflichtnahme fuer Universaldienstleistungen）

"普遍服务"（Universaldienstleistungen）是指"对公众提供的最低限度的电信服务，该服务具有已确定的特定质量，而且服务的价格必须让所有使用者不论其住址或商业住所远近都可承受。"通过普遍服务的法律规定，基本法第87f条规定的**宪法上的保证基础设施供给的义务**（verfassungsrechtlicher Infrastrukturgewaehrleistungsauftrag）在普通法上得到了具体化。关于普遍服务的更具体的规定参见依据电信法第17条第2款颁布的电信和普遍服务条例第1条（TUDLV）。

例：提供标准信息也属于电信服务的基础服务，该义务作为普遍服务必须得到遵守（电信和普遍服务条例第1条第2项第a目；比照：zur Rechtslage vor Inkrafttreten des TKG LG Bonn, ArchivPT 1997, 67 ff.）。

基本法第87f条第1款、第2款第1句规定的宪法任务意味着，电信服务不再必须由国家自己来提供，国家只是保证提供相应的服务。在电信领域国家责任已经从实际履行转变到保证基础设施供给。为了实现宪法任务以及电信法的另一个立法目的——促进竞争，立法者规定在提供电信服务的基础服务时以**向私人施加义务的方式引进私人服务**。其立法思想是：普遍服务应当普遍、适当和充分地向市场提供。但实践中是否果真如此，则是电信和邮政监管局的责任。如果电信和邮政监管局确认，普遍服务没有达到充分、适当的标准，或者根据其估测，具有这样的危险，则根据电信法第18条第1款第1句的规定，可要求符合法律规定条件的私人企业来协助完成普遍服务。该确认决定由电信和邮政监管局的决议委员会做出（电信法第73条第1款第1句），并且在监管局的公报中以一般决定的形式公布（电信法第19条第1款第1句）。随着确认决定的公布，电信市场上所有相关的企业都可以接受该义务来承当普遍服务的职责。如果在规定期限内，没有人自愿承担该义务，电信和邮政监管局就可以遵照电信法第19条第2款规定的条件指定一个被特许人担负起提供相关普遍服务的义务。如果某企业是以这种方式负有提供普遍服务的**义务**，则该企业在满足电信法第20条所规定的要求的情况下，有权要求**财政补贴**。必要的财政补贴将根据电信法第21条，以**普遍服务税**（Universaldienstleistungsabgabe）的形式，从附近的特定的有市场影响力的被特许人那里征集（批评意见参见：von Danwitz, NVwZ 2000, 615 ff.）。

对私人企业施加提供普遍服务的义务作为从业规制需要审查其是否符合基本法第12条第1款的规定[见第二编第二章第三节（三）]，但电信法第19条的宪法依据是基本法第87f条第1款、第2款第1句（详见：Ruffert, AOeR 124 [1999], 237/270 ff.）。通过给予财政补贴（电信法第20条）使附加普遍服务义务符合了比例原则的规定。

二、事后监督（Repressive Wirtschaftsueberwachung）

除了事前预防性监督外，电信法中也规定了很多传统的事后经济监督措施。

（一）电信和邮政监管局的程序权利

电信法赋予电信和邮政监管局一些超出一般行政程序法规定的特殊程序权利和调查权。立法背景是立法者希望保证程序顺利进行并使监管机构的决定得到快速执行。电信法第80条更体现了快速执行监管决定的目的，该条排除了电信法第73条第1款第1句规定的前置程序（第80条第1款第8句），同时也排除了起诉停止执行行政决定的特殊规定（关于起诉停止执行见行政法院组织法第68条第1款第2句和第80条第2款第3项）。

另一个立法理由是，电信和邮政监管局只有掌握了广泛的事实情况才能有效地完成法律赋予的任务。因为短暂的时间迟延都会导致快速变动的电讯市场的竞争混乱，所以，必须**顺利及时地确定事实情况**。在监管机构拥有的程序权利中值得强调的是**电信法第 72 条**。该条第 1 款至第 3 款规定，为了公共利益，市场参与者必须及时提供信息，第 10 款还规定不及时提供相关信息将被处以 50 万欧元的执行罚。电信和邮政监管局可以根据该条要求电信企业**提供关于经济关系的信息**，而且可以**查看和审查商业文件资料**。其中的“经济关系”要从广义上来解释（VG Koeln，ArchivPT 1998，395/396）。

例：为了有效的实施对**滥用垄断地位的监督**（电信法第 33 条第 2 款），电信和邮政监管局必须掌握相对人的信息，因为只有相对人才掌握影响决定的重要信息。从目的解释的角度以及考虑电信法第 33 条第 2 款的规定，可以得出以下结论：不应对“初始嫌疑”提出过高的要求，初始嫌疑使电信法第 72 条第 1、2 款规定的信息通报义务具有合理性。如果某竞争者主张某企业滥用市场垄断地位，而电信和邮政监管局根据估计，不能排除该企业从一开始就存在该滥权行为，则对有嫌疑的该企业进行问询和审查都是适法的（OVG Muenster，NJW 1998，3370 f.）。

与电信和邮政监管局的问询和审查权对应的是电信法第 72 条第 3 款明确规定的**企业的义务**，即答复问询，提交商业资料，以及容忍监管机构审查商业资料和在正常的营业时间进入其经营场所。进入经营场所的必要的法律依据是电信法第 72 条第 4 款。此外，依据法官命令可以对经营场所进行**搜查**并**没收**物品或商业资料（电信法第 72 条第 5、6 款）。

对于电信法第 73 条第 1 款所提到的情形由监管局**决议委员会**（Beschlusskammern）做出决定，电信法第 73 条规定了特别的决定程序。该决议委员会还有部分**调查权**（Ermittlungsbefugnisse）（电信法第 76 条），而且可以根据该调查权没收可能用作证据的物品（电信法第 77 条）。电信法第 75 条第 1 款规定了程序参与人的听证权。对电信法第 73 条及以下条款可以补充使用行政程序法和相应的州法。

例：被通知参加电信价格监管程序的第三人具有行政程序法第 29 条第 1 款第 1 句、第 13 条第 1 款第 4 项、第 2 款所规定的阅卷权。在行政程序法第 29 条第 1 款第 1 句规定的“必要的”构成要件中必须考虑作为监管程序相对人的对市场具有统治地位的企业的商业秘密。所以，电信法第2条第2款规定的监管目的不具有加强程序第三人参与权的作用，即第三人不能享有超出行政程序法一般原则的权利。因此，监管机构无权在价格监管程序中向第三人透露对市场具有统治地位的企业的经营和商业秘密（OVG Muenster，NWVBl. 1999，423 ff.）。

（二）取消特许

被特许人不仅受到特许颁发程序的事前预防性监督，而且在随后的经营活动中也受到事后经济监督。如果其违反了特许义务或电信法上的义务，电信和邮政监管局就可以直接禁止其继续从事经济活动，因为在这种情况下特许作为行政许可不再具有使其行为**合法化的作用**。如果运用较温和的手段不能保证法律的遵守，则可以吊销特许证。取消特许是行政行为的撤销或撤回。**电信法第15条**是**撤回特许**的特别法律规定。从目的解释的角度来说，该条款并不是撤回许可的唯一理由，而只是除了行政程序法以外的额外的撤回理由。**行政程序法第49条规定的撤回**和**第48条规定的撤销**都可以同时适用。

如果企业在被撤回或撤销特许后仍然从事需要特许的业务，电信和邮政监管局即可根据电信法第71条第2款的规定做出禁止营业决定。这种禁止方式等同于其他竞争公法领域的监督手段，如工商业法或旅店餐饮业法中的规定。

（三）禁止经营决定（Untersagungsverfuegungen）

电信法也包括了做出禁止经营决定的授权法律依据，通过禁止决定可以确保法律规定得到遵守。以下举例说明可以做出禁止经营决定的三种情形：

· **电信法第71条第2款**规定，需特许的电信服务业提供者，如果不再具有有效的特许证，电信和邮政监管局可以禁止其继续经营该业务（对比工商条例第15条第2款第1句）。上述情形也包括被特许人的许可证被撤回的情况。做出禁止经营决定的前提条件是电信法第71条第2款的规定，即：没有其他方式来保证维持合法的状态。所以，禁止经营决定是**终局决定**，这也可以通过电信法第2条第2款第1、2项的监管目的得到解释。禁止提供某项电信服务会给用户带来巨大的影响，因此，首先要审查形式违法性。只有特许的实质条件不再满足而且不能再恢复到合法状态时，做出禁止经营的决定才是正确的。在此不包括电信法第96条第1款第3项规定的因无特许证而经营电信业务构成的秩序违法，也就是说，对此类违法行为可以直接做出禁止经营决定。

电信法第33条第2款是采取监督措施保障竞争的重要法律基础，该条款是以反限制竞争法第32条和第19条为模本制定的。其允许电信和邮政监管局介入**滥用市场垄断地位的行为**，尤其是关于入网方面的问题。对违反前款做出的允许或禁止入网决定，该条款做出了惩罚性规定，通过这些惩罚性规定应当保证使跨网的电信业和新进入的小型电信企业也**有能力参与竞争**。在做出禁止经营的决定前应该首先提出**警告**（电信法第33条第2款第2句）。与此相关的一个重要问题是电信法第33条第2款第3句所规定的立法推定，即推测认定什么时候发生了滥用市场垄断地位的行为。具有市场垄断地位的企业承担**举证责任**，该企业要证明它造成其他企业不平等的竞争地位具有正当理由。除了做出禁止经营的决定外，电信法第33条第2款第1句还明确规定了可以做出**施加义务**的决定。

例：德国电信公司由于其历史上曾是一个市场垄断者，所以当提到市场垄断地位时，德国电信公司总是众矢之的。在固定电话领域德国电信公司被认定具有市场垄断地位，而且有滥用垄断地位的行为，所以，电信和邮政监督局根据电信法第33条第2款第2句做出的责成改正通知以及根据电信法第33条第3款第1句做出的附加义务的决定都被法院认定是合法的（OVG Muenster, NVwZ 2000, 697 ff.）。但关于所谓的电信传送网线，德国电信公司被认定不具有市场垄断地位（OVG Muenster, NVwZ 2000, 704 ff.）。联邦行政法院（NVwZ 2001, 1399 ff. = JA 2002, 373 ff. m. Anm. Schliesky）确认和强调，垄断市场的企业所负有的无歧视地提供接驳准入义务应该以如下的方式来实现，即：企业可以通过比较来自由选择以何种方式向终端消费者提供电信服务。

（四）有权做出影响私法合同效力的行政行为

为了有效贯彻监管目的，立法者允许电信和邮政监管局做出能够**影响**

私法合同效力(privatrechtsgestaltende Wirkung)的行政行为。例如,如果垄断市场的企业与顾客达成了一个价格许可以外的收费协议,则电信和邮政监管局可以根据电信法第29条第2款第2句的规定,在价格监管时禁止执行该法律行为(请比较电信法第30条第5款)。在企业滥用市场垄断地位时,电信和邮政监管局可以宣布其所签订的合同全部或部分无效(电信法第33条第2款第1句)。

参考文献:Buechner u. a.(Hrsg.), Beck'scher TKG-Kommentar, 2. Auflage 2000; Geppert/Ruhle/Schuster, Handbuch Recht und Praxis der Telekommunikation, 1998; Hoffmann-Riem, Telekommunikationsrecht als europaeisiertes Verwaltungsrecht, DVBl. 1999, 125 ff.; Holznagel/Enaux/Nienhaus, Grundzuege des Telekommunikationsrechts, 2001; Manssen, Das Telekommunikationsgesetz (TKG) als Herausforderung fuer die Verfassungs- und Verwaltungsrechtsdogmatik, ArchivPT 1998, 236 ff.; Oertel, Die Unabhaengigkeit der Regulierungsbehoerde nach §§ 66 ff. TKG, 2000; Ruffert, Regulierung im System des Verwaltungsrechts, AOeR 124 (1999), 237 ff.; Scherer, Die Entwicklung des Telekommunikationsrecht in den Jahren 1998 und 1999, NJW 2000, 772 ff.; Spoerr/Deutsch, Das Wirtschaftsverwaltungsrecht der Telekommunikation - Regulierung und Lizenzen als neue Schluesselbegriffe des Verwaltungsrechts?, DVBl. 1997, 300 ff.; Trute, Regulierung - am Beispiel des Telekommunikationsrechts, in: FS Brohm, 2002, S. 169 ff.; Windthorst, Der Universaldienst im Bereich der Telekommunikation, 2000.

术 语 索 引

Allgemeiner Gleichheitssatz	一般平等原则
– Willkuerverbot	一般平等原则的滥用禁止
Allgemeine Handlungsfreiheit	一般行动自由
Antike	古希腊罗马时期
Arbeitnehmerfreizuegigkeit	人员流动自由
Aufgabenprivatisierung	任务私有化
Auskunfts- und Nachschaurechte	问询权和查看权
Ausstellungen	展览
Beauftragte	被委托人
Bedarfsmarktkonzept	需求市场概念
Befaehigungsnachweis	资格证书
Beihilfe	补助
– Durchfuehrungsverbot	补助的禁止执行
– Notifizierungspflicht	实施补助的报告义务
– Rueckforderung	返还补助的要求
Beihilfenkontrollverfahren	补助审查程序
Beliehene	被授权人
Berufsfreiheit	职业自由
– Berufsausuebungsregelungen	对从业自由的规制
– Drei-Stufen-Lehre	三阶段理论
– Regelungsvorbehalt	职业自由法律规制保留
– objektive Berufswahlschranken	对职业选择的客观限制

position	
– Vertrauensschutz	信赖保护
– Vermoegen	财产
– Verwendungs- und Verfuegungsbefugnis	财产的使用权和支配权
Einfuhr- und Ausfuhrbeschraenkungen	进出口限制
Einschaltung Privater	吸收私人参加
Empfehlung	建议
Euro	欧元
Europaeische Gemeinschaft	欧共体
– Gemeinsame Politik	共同政策
– Zielsetzung	欧共体的目标
Europaeische Waehrungseinheit（ECU）	欧洲货币单位
Europaeisches System der Zentralbanken（ESZB）	欧洲中央银行体系
Europaeisches Waehrungsinstitut（EWI）	欧洲货币局
Europaeisches Waehrungssystem（EWS）	欧洲货币体系
Fernmeldemonopol	电讯垄断
Formelle Privatisierung	形式私有化
Frankenreich	弗兰肯帝国
funktionale Privatisierung	功能私有化
funktionale Selbstverwaltung	功能自治
funktionaler Unternehmensbegriff	功能意义上的企业概念
Gaststaettengewerbe	旅店餐饮业
– Begriff	旅店餐饮业的概念
– Erlaubnispflicht	许可申请义务
Gaststaettenrecht	旅店餐饮业法
– Aufhebung der Gaststaettenerlaubnis	吊销旅店餐饮业经营许可
– Erlaubnispflicht	许可申请义务
– Instrumentarium	旅店餐饮业法的调整手段
– nachtraegliche Anordnungen	事后提出要求

– stehendes Gewerbe	定点经营的工商业
– Untersagung wegen Unzuverlaessigkeit	由于经营者不可信赖而禁止其营业
– Zustaendigkeiten	工商业的管辖机关
Gewerberecht	工商业法
– Grundsatz der Genehmigungsfreiheit	无需许可原则
Gewerbeueberwachung	工商监督
Gewerbeuntersagung	禁止营业
Gewinnerzielung	营利
Gewinnerzielungsabsicht	营利目的
Geschaeftsraeume	商业场所
Grundfreiheiten	基本自由
Grundrechte	基本权利
– der EG	欧共体条约中的基本权利
– des Grundgesetzes	基本法中的基本权利
Grundsatz der Verhaeltnismaeßigkeit	比例原则
Handwerk	手工业
– Begriff	手工业的概念
– Berufsbild	手工职业
Handwerksbegriff	手工业的概念
– Handwerksfaehigkeit	具有手工业性质的
– Handwerksmaeßigkeit	以手工方式经营的
– Kernbereichstheorie	核心内容理论
Handwerksinnung	手工业同业公会
Handwerkskammer	手工业协会
Handwerksordnung	手工业条例
– Betriebsuntersagung	营业禁止
– Eintragung in die Handwerksrolle	在手工业者登记簿中注册
– Großer Befaehigungsnachweis	大资格证书
– handwerksaehnliches Gewerbe	类似手工业的工商业

Interessenbekundungsverfahren	表达自身利益的程序
Internet	因特网
Interventionismus	国家干涉主义
Jahreswirtschaftsbericht	年度经济报告
Kapital- und Zahlungsverkehrsfreiheit	资本流通自由和支付往来自由
Kameralismus	官房学
Kammern	行会
Kartellverbot	卡特尔禁止
Koalitionsfreiheit	结社自由
Kommunale Selbstverwaltungsgarantie	保障乡镇自治
Konsumfreiheit	消费自由
Konvergenzkriterien	趋同标准
Konzentrationswirkung	集中审批的作用
Kreishandwerkerschaft	县手工业联合会
Ladenschlussrecht	商店关门法
– als Bestandteil des Oeffentlichen Wettbewerbsrechts	商店关门法作为竞争公法的组成部分
– Anwendungsbereich	商店关门法的适用范围
– Drittschutz	商店关门法的第三人保护效力
– Gesetzeszweck	商店关门法的立法目的
– Grundlagen und Funktionen	商店关门法的基础与作用
– Instrumentarium	商店关门法的调整手段
– Systematik	商店关门法的体系
– Vereinbarkeit mit Europarecht	商店关门法与欧盟法的一致性
– Zustaendigkeiten	商店关门法的管辖机构
Ladenschlusszeiten	商店关门时间
Landesinnungsverband	州同业公会联合体
Liberalismus	自由主义
Maerkte	市场
– Einstandspflicht	会展活动被许可后必须举行

– Festsetzung	举行集市会展活动的许可
Marktbeherrschende Stellung	市场统治地位
Marktmacht	市场力量
Marktordnung	市场条例
Marktregal	市场主权
Marktwirtschaft	市场经济
materielle Privatisierung	实质私有化
Maßnahmen gleicher Wirkung	具有相同效果的措施
Medienwirtschaftsrecht	媒体经济法
mengenmaeßige Beschraenkungen	配额限制
Merkantilismus	重商主义
Messen	博览会
Missbrauchsaufsicht	滥用权力监督
Missbrausverbot	禁止滥用权力
Mittelstandsschutz	中等企业保护
Monopol, staatliches	国家的垄断
Multimediarecht	多媒体法
Nachfragetaetigkeit der Oeffentlichen Hand	国家的采购行为
Neuzeit	近代
Niederlassungsfreiheit	开业自由,设立分支机构的自由
Notifizierungspflicht	通知义务
Oeffentliche Auftraege	公共采购
Oeffentlicher Zweck	公共目的
Oeffentliches Interesse	公共利益
Oeffentliches Auftragswesen	公共采购
Oeffentliches Unternehmen	公用企业
– Beteiligung	国家参股的企业
– funktionaler Unternehmensbegriff	功能企业的概念
– gemischtwirtschaftliches Unternehmen	混合经济企业
– public private partnership	公司合作伙伴关系

Oeffentliches Wettbewerbsrecht	竞争公法
– Rechtsschutz	法律保护
– System	法律保护体系
– wettbewerbstheoretische Grundlegung	竞争法理论基础
Oertlichkeitsprinzip	本地原则
Organisationsprivatisierung	组织私有化
Oeffentliches Wirtschaftsrecht	经济公法
– Begriff	经济公法的概念
Pflichtzugehoerigkeit zur IHK	加入工商协会的义务
Plangewaehrleistung	保证计划执行
– Plangewaehrleistungsanspruch	保证计划执行请求权
Privatisierungsfolgenrecht	私有化的法律后果
Preisstabilitaet	价格稳定
privates Wirtschaftsrecht	经济私法
Privatisierung	私有化
Privatisierungspflicht	私有化的义务
Privatisierungspruefpflicht	私有化的审查义务
Postreform	邮政改革
Realakt	事实行为
Recht am eingerichteten und ausgeuebten Gewerbebetrieb	建立和经营企业的权利
Rechtsstaatsprinzip	法治国家原则
– Bestimmtheitsgrundsatz	法律确定性原则
– Grundsatz der Verhaeltnismaeßigkeit	比例原则
– Rueckwirkungsverbot	禁止法律具有溯及力
– Vertrauensschutz	信赖保护
– Vorbehalt des Gesetzes	法律保留
– Vorhang des Gesetzes	法律优先
Regulierung	监管，管制
Reisegewerbe	流动经营的工商业

– Begriff	电信的概念
Telekommunikationsrecht	电信法
– Anzeigepflicht	申报义务
– als Bestandteil des Oeffentlichen Wettbewerbsrechts	电信法作为竞争公法的组成部分
– Beschlusskammern	决议委员会
– Entgeltgenehmigung	收费许可
– Frequenzzuweisung	频率分配
– Inplichtnahme fuer Universaldienstleistungen	普遍服务的义务
– Lizenz	特许经营
– Lizenzentzug	撤销特许证
– Geschichte	电信法的历史发展
– Grundlage und Funktion	电信法的基础和作用
– Instrumentarium	电信法的调整手段
– privatrechtsgestaltende Verwaltungsakte	影响私法合同效力的行政行为
– Regulierungsbehoerde fuer Telekommunikation und Post	电信和邮政监管局
– Untersagungsverfuegungen	禁止经营决定
– Verfahrensbefugnisse	电信和邮政监管局的程序权利
– Zustaendigkeiten	电信和邮政监管局的管辖
Transparenzrichtlinie	透明条例
UMTS-Lizenzen	UMTS 特许经营证
Umweltschutzprinzip	环境保护原则
Unzuverlaessigkeit	不可信赖
Verbandskompetenz	联合体的权限
– der Gemeinden	乡镇联合体的权限
Verbaende	联合会
Vereinigungsfreiheit	结社自由
Vergaberecht	招投标法
Vergabekammern	招投标裁判庭

译 后 记

农历立春时开始着手，繁花烂漫的仲夏搁笔，历经半年多的翻译、校对和润色，终于收获了这个小“成果”——《经济公法》。

一本书终于完工了，按照惯例，总要写些心得作为结语。首先，与读者朋友们交流本人对经济公法的一点领会：德国经济公法研究的视角不局限于德国法，而是从欧盟法的高度论述；研究对象也不囿于经济行政法，而是以经济宪法为出发点，因为经济宪法是经济行政法的源头和基础；研究内容也不落入概念范围之争的窠臼，而是从规范国家行为，保护竞争者和公民基本权利的角度，研究所有与国家相关的经济活动。因此，经济公法的体系完整清晰，却不与其他部门法交错重叠。此外，对特别经济行政法的深入研究又反过来丰富和完善了经济行政法的基本理论。这些研究方法和理念都值得我国在建构规范国家经济活动的法律（不论称其为经济法、经济行政法还是经济公法等）时学习和借鉴。

其次，也愿意与大家一起分享我在翻译过程中获得的其他领悟和思考。这些都源于一位已过古稀之年的法学教授。我与老教授共处于一间办公室，有时一起共进午餐。他时常给我讲述些轶闻趣事、历史掌故，我们也常讨论时事和法律问题。老教授曾是欧洲法院的大法官，是受人敬仰的欧盟法专家，用著作等身来形容其学术成果一点儿不为过。本来他可以在家休养，安享晚年，但老教授非常勤奋，仍旧笔耕不辍，不为名利，只为革除社会不公。例如，他撰文主张废除夫妻应纳税分割计算法（Ehegattensplitting），因为单亲和低收入家庭以及子女并不能从中受益，从保护弱者和社会公正的角度，老教授积极主张废除该制度，虽然他自己是制度受益者。文章几经退稿后终于发表了，响应者寥寥，多为反对之声。联邦政府换届后，他就写信给新上任的联邦部长们，要求其在税收改革时考虑该建议。我当时为他的执著而感动,也觉得他有些天真地可爱,暗想,日理万机的部长们会认真对待这样的来信吗?老教授似乎看出了我的疑虑,便自豪地向我讲述了他如何用笔、用文章与社会不公正做斗争的其他故事,有成功的,也有失败的。例如,他曾于1997年在公共行政杂志发表文章,批评德国基本法原第12a条第4款第2句禁止妇女在军队中从事使用武器的职业,认为该条款违反了欧盟法平等原则和职业自由原则。该文章成为一个导火索,前后有三个妇女提起诉讼,要求在军队中享有与男性同等的就业机会,官司一直打到欧洲法院。在此过程中,老教授一直支持原告,为其提供法律帮助。最后的结果是,联邦议会于2000年12月19日修改了该宪法条款。我敬佩地称他是一个为公正而战的斗士,老教授平静地回答:"对,因为我是一个法律工作者!"最后,他补充道,不论最后的税收改革结果如何,他都会坚持斗争,一如从前。

之后,我开始为自己沾沾自喜于丁点的成果而汗颜,同时也不断考问自己:我为什么在做法学研究?追求学术成果的目的和动机是什么?评判一个学者是否成功的标准是什么?我想,老教授的学者风骨为上述问题做出了最好的解答。

最后,感谢求学路上关心帮助我的亲人、老师和朋友!感谢吴越师兄的鼓励和支持以及法律出版社教育分社丁小宣社长的辛勤工作,谢谢西南政法大学研究生何碧欣同学的文字校对!

喻文光

2005年12月6日于法兰克福

图书在版编目(CIP)数据

经济公法/(德)施利斯基著;喻文光译. —北京:法律出版社,2006.6
(德国法学教科书译丛)

ISBN 7-5036-6432-0

Ⅰ.经… Ⅱ.①施…②喻… Ⅲ.经济法—德国—教材 Ⅳ.D951.622.9

中国版本图书馆 CIP 数据核字(2006)第 060865 号

Utz Schliesky
Öffentliches Wirtschaftsrecht
2. Auflage

著作权合同登记号
图字:01-2006-2650

责任编辑/吴 昉 刘 辉
装帧设计/乔智炜

出版/法律出版社
编辑统筹/法律教育出版分社
总发行/中国法律图书有限公司
经销/新华书店
印刷/永恒印刷有限公司
责任印制/张宇东

开本/A5
印张/10.5 **字数**/290 千
版本/2006 年 6 月第 1 版
印次/2006 年 6 月第 1 次印刷

法律出版社/北京市丰台区莲花池西里 7 号(100073)
电子邮件/info@lawpress.com.cn
销售热线/010-63939792/9779
网址/www.lawpress.com.cn
咨询电话/010-63939796

中国法律图书有限公司/北京市丰台区莲花池西里 7 号(100073)
全国各地中法图分、子公司电话:
第一法律书店/010-63939781/9782
西安分公司/029-85388843
重庆公司/023-65382816/2908
上海公司/021-62071010/1636
北京分公司/010-62534456
深圳公司/0755-83072995
苏州公司/0512-65193110

书号:ISBN 7-5036-6432-0/D·6149
定价:22.00 元

(如有缺页或倒装,中国法律图书有限公司负责退换)

德国法学教科书译丛

吴 越 主编

《国际法》 【德】魏智通 主编　　吴越　毛晓飞 译

《物权法》 【德】沃尔夫 著　　吴越　李大雪 译

《法理学》 【德】魏德士 著　　丁晓春　吴越 译

《欧洲法》 【德】赫蒂根 著　　张恩民 译

《民事诉讼法》 【德】尧尔尼西 著　　周翠 译

《刑事诉讼法》 【德】罗克信 著　　吴丽祺 译

《行政诉讼法》 【德】胡芬 著　　莫光华 译

《著作权法》 【德】雷炳德 著　　张恩民 译

《劳动法》 【德】杜茨 著　　张国文 译

《法哲学》 【德】拉德布鲁赫 著　　王朴 译

《法律科学与法哲学导论》 【德】霍恩 著　　罗莉 译

《社会保障法》 【德】吉特 著　　石平 译

《刑法总论I——犯罪论》 【德】冈特·施特拉腾韦特　洛塔尔·库伦　　杨萌 译

《经济公法》 【德】施利斯基 著　　喻文光 译

《侵权法》 【德】福克思 著　　齐晓昆 译